LOCUS

LOCUS

白馬換鐵馬

咁無卡畫

重返西遊記

李後璁・李怡臻——著

前言一

夢想不是一個人可以完成的！

很喜歡保羅．科爾賀所寫《牧羊少年的奇幻之旅》中的一句話，「當一個人全心全意的追逐夢想時，全宇宙都會聯合起來幫助你」。

一開始，這個夢想計畫只是兩個孩子小時候的胡思亂想，隨著年紀增長，開始想一步步圓夢。但築夢過程，一帆風順只存在於天真的幻想中，真正出發前，一次又一次的失敗撞擊著出發的意志。

大學第一次嘗試：樹德科技大學築夢計畫徵選，決賽落敗（評審說風險過高）。

退伍第二次嘗試：雲門流浪者計畫徵選，失敗（評審說己贊助過類似行程）。

工作兩年多後第三次嘗試：客家委員會築夢計畫徵選，落選（同一組徵選者要騎中東，被割愛）。

在一次次的失敗中，到達了工作與生活角色變換的30歲臨界點，現實的壓力像是要你做出選擇，「放棄」或「放手一搏」？天平兩端「現實」與「夢想」在搖晃著，一切都等著做出取捨那一刻。

因為一個人，我做出了決定，那是在醫院病床上一張緊繃著對生命憤恨不滿的年輕臉孔，那是一個與重病父親相依為命未滿25歲的年輕人，在父親過世後幾個月，因積勞成疾腦中風住院，癱瘓在床。幾個月的期間，眼睜睜看著一個年輕生命慢慢萎縮直至凋謝，活生生的無常例子就在眼前，憑什麼我們就可以永遠健康？憑什麼我們不是下一個？當意識到生老病死誰也躲不過時，突然了解所擁有的一切都是過往雲煙，犧牲一切所得到的功成名就真是你最深切的渴望嗎？

比起好工作高收入舒服愜意的生活，我願選擇在絲路的烈陽風沙中一步步前進，比起銀行裡不斷累積的數字，我願自行車碼錶上的公里數一寸寸累積，順應著心裡最深切的渴望，認真思考這一趟數千公里的旅程，究竟要怎樣才能完成？

在醫院工作的兩年多，每天騎來回八十分鐘自行車上下班省錢兼鍛鍊，四次自行車環島與一次徒步環島訓練長途旅行的經驗，考取緊急救護員執照為了能處理路上的緊急事故，一次又一次拆裝自行車、自修學習維修技術，每年參加鐵人三項比賽，強化體質與堅毅心志，不論是下班後社區大學的進修或是空閒時不間斷的鍛鍊，一切的一切都是為了一件事「我要騎著自行車去取經」！

身體可以鍛鍊，知識可以學習，資金與裝備可以想辦法存錢找資源，沒有人脈的兩人用最笨的方法，在自行車展與運動休閒展裡帶著計畫書一家家的拜訪廠商，一次一次討論著計畫與合作的可能，100次的拜訪只要有10間願意回應就是對我們莫大的鼓舞，在半年時間裡與4間廠商談定了合作方案，似乎一切就緒，98年9月就要正式出發，沒想到真正的考驗才正要開始。

2009年7月5日，新疆發生了舉世震驚的維吾爾人暴亂（簡稱七五事件），光是烏魯木齊的暴動就死了數千人，贊助商們紛紛以風險因素放棄贊助，一瞬間所有的努力回到了原點；同年8月，兩位先行出發的母女檔自行車騎士在甘肅發生幾乎死亡的重大車禍，接二連三的事情讓身邊的反對聲浪達到高峰，這一切似乎都在說著一句話「放棄吧」！

離出發不到兩個月，沒有任何贊助而路途情況更加艱險不明，說沒有動搖決心是不可能的，正徬徨不安時回想起這幾年來不斷努力累積的一切，那躺在床上懨恨不甘的臉孔，發覺這一切彷彿是上天安排好考驗出發「決心」的最終測驗，你真的下定決心不論險阻也要穿越障礙嗎？就算沒有人支持也要堅持想走的道路嗎？因為七五事件、因為這所有反對的一切，反而讓我真切的定下非去不可的決心，無論如何都要突破險阻，準時出發！

奇蹟就在下定決心後發生了，就像是呼應我們的決心，短短兩個月裡談定了五間贊助廠商，同時獲得網路徵文比賽首獎五萬元的肯定，身邊的朋友們更是組成應援團般出錢出力出點子，一件件困難的問題突然水到渠成般解決，計畫更是在多方支援下益加完善，衆人的祝福與支持讓還未遠走的行囊己然充滿能量，又回想起了那句話，「當一個人全心全意的追逐夢想時，全宇宙都會聯合起來幫助你」。

不覺間嘴角微笑，感謝那曾幫助過我們的人們，沒有你們，這個夢想將少了友情關愛的炫麗色彩，沒有你們，旅程無法走到那未曾想像的遙遠彼方，當我們歸來，最重要的莫過於與你們分享這一趟「共同完成」的旅程，僅以此書，獻給一路上與我們一同歡笑哭泣與努力的朋友們，謝謝你們，這個夢想是我們共同完成的。

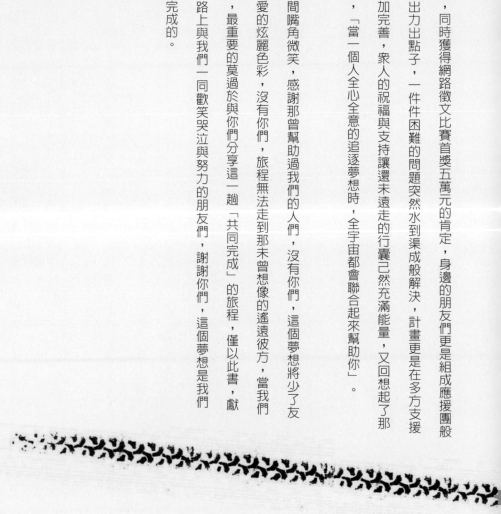

前言二

認真的兒時夢想

誰是橫貫古今的超級冒險王？

現代的冒險傳奇無論是前期訓練、後勤補給皆配套完善。（前期訓練＝盡義務似的甩手跑操場，以示兩老「有在準備」的假象。）

過去的冒險者沒有那麼多的裝備與經費，但身邊少不了眾多實用的部下。日本有一顆桃子帶著雞犬猴的打鬼傳奇家喻戶曉；好萊塢有如洋蔥般有層次的史瑞克帶隻單口相聲驢子；而我們東方是否也有正港的傳奇冒險王？（你還真敢講啊！）

要走過怎樣的路途才能稱之為「冒險」？

一趟彷彿要「往生」（上西天）才能抵達的距離夠長嗎？（不論是長長隧道出口有道光還是一生回顧跑馬燈，這次都給我們看到了。）

路邊是雪山沙漠百里戈壁火焰山當作風景夠看嗎？

皇室贊助外掛神佛保佑是他的後勤補給，一路上結識的各路妖魔鬼怪是不大友善的新朋友，這位帶著三個徒弟騎著白龍馬穿越千山、克服萬水的勇者是誰？

阿彌陀佛～恭迎當之無愧的中國冒險王——唐～～三～～藏（如有不識此人者，請翻閱中國四

大奇書之《西遊記》）

是的，就是那位手下有無敵神猴、好色小豬、存在感薄弱河童，外掛如來觀音的超級和尚（後台超硬啊！）。

猶記在容易熱血沸騰的天真孩提年代，和妹妹一起被催眠，咬定真有其事外還認真規畫小屁孩幻想式的西遊記（多麼天真無邪啊～）。（不一定無邪，但肯定天真。）

升級書包小鬼頭後才發覺唐三藏的故事竟是歷史課本裡的一頁傳奇！《西遊記》由真人真事《大唐西域記》改編！

原來「唐三藏」本名「玄奘」，出發時不僅沒有皇家贊助商還兼偷渡客；沒有滿天神佛的加持外掛，也沒有神級屬下，僅有「赤瘦老馬一匹」（相較之下，鐵馬真是勇健多了）。路過的風景依然是雪山沙漠百里戈壁火焰山，路上的新朋友換成強盜流氓，一樣殺人不眨眼。

看看這一段，「入大流沙，沙則流漫，聚散隨風，人行無跡，遂多迷路，是以往來聚遺骸以記之。乏水草，多熱風，風起則人畜昏迷，因此成病。時聞嘯歌，或聞號哭，視聽之間，恍然不知所至……」——摘自《大唐西域記》

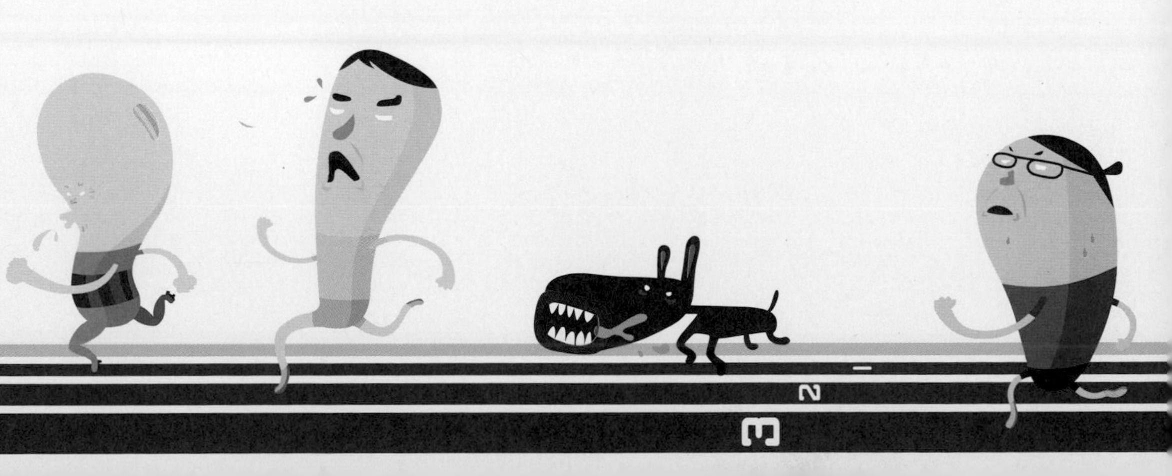

大意是說：「走進流沙漫天的沙漠之中，沙子隨著風聚散飛舞，前人走過的足跡經風沙一吹就難以辨視，因此有許多人就這樣迷失在大漠裡，只能用前人遺留下來的屍骨來標記路途，在沙漠之中很少看見綠洲，偶爾沙漠裡會吹起一種熱風，當這陣熱風吹過人或是牲畜常常因而得了熱病，而夜裡風吹過的聲音有時像長嘯或是有人啼哭，恍惚之間就讓人迷失了方向……」

隻身走完一趟要「往生」才能抵達的「西天」，十萬餘里跋涉、十九年的奔波，穿越中國、中亞（今巴基斯坦與阿富汗境內）直達印度（古稱「天竺」）的超級冒險王旅程。真的有人做到嗎？這趟旅程竟真實存在！

兩個好天真的小孩升級成好勇敢（好傻）的社會人士，昔日小屁孩幻想式的西遊記仍在腦海裡熱血沸騰。

兄妹二人，懷著尚未失去的夢想，打算再闖西遊（自小起，腦海裡已闖過千百回），少了白馬坐騎，但兩匹鐵馬甘嘸卡緊？（請用台語發音）外掛滿腔熱血與幾年工作的存款要去見證。（是的，讓我們用熱血去燃燒存款吧！）

路過的風景依然是雪山沙漠百里戈壁火焰山？

路上的新朋友應該已經改邪歸正了吧？

馬上出發！（其實是上馬出發……冷〔抖〕。）

讓我們一同見證，這趟重回一千四百年前的西遊記超級冒險王傳說。

很喜歡窮和尚與富和尚的故事，堅信「千里之行，始於足下」絕非空穴來風、老師說說而已。

時間回到2004那年洋溢著青春汗水的夏天，圖書館靜謐空氣中混雜著西北雨的潮溼氣息，縮在一角的我正絞盡腦汁的將夢想藍圖「鐵馬西遊記」逐步建構成一張張（自以為）圖文並茂的計畫書……一回頭，2009日曆已撕過半，處在紅塵打滾與為了五斗米低頭的日夜中，青春小鳥也飛走很久很久，總覺得，是時候翻出塵封已久的夢（幻）想計畫書，然後一如往常般——還沒準備好，但出發了。

前言三

重返西遊記

說話兄妹兩人想要實踐那「兒時童話」，攤開地圖，手指依著謎樣的未知劃過由西安出發跨過秦嶺，30秒不到穿過了黃土高原和河西走廊，轉眼間手指迷路在新疆的寬廣。（當時躺臥在地圖上連綿千里的祁連山、埋藏在地理課本深處的烏峭嶺、葡萄溝中不斷飛旋起舞的維吾爾姑娘、還是那火焰山腳下吐魯番，全顯得超現實般的遙不可及。）

離開中國，過巴基斯坦與阿富汗在三角形的印度順時針走一圈。出發、再回來。十萬餘公里與十七年的光陰，光是用手指頭走一趟就快抽筋了啊！

古代中國一個出門還自帶「唐朝牌濾水器」（註1）的年輕僧侶，怎有辦法走過這幾近「往生」的路？也不是沒人勸過，「從古至今，很少人能越過險惡多變的大漠、流沙和冰封雪埋的蔥嶺啊！您要珍惜自己的軀命，才能弘傳佛法。」

結果呢？

「冒越憲章，私往天竺」寧可犯法也要偷渡出關（註2）。

註1｜唐朝時的僧侶在飲水時為了避免喝到水中的微生物而犯了戒律，會自行準備以層層特殊織物做成的濾網先行過濾後才飲用，玄奘在沙漠迷路時就曾因濾水時手不穩而失去所有的飲用水。

「忍饑寒，頂風雪，鬥盜賊，雖九死其猶未悔，歷天險而志愈慷慨，遭兇賊而神彌厲勇，不至天竺，終不東歸一步。」

大意是說：「可以忍受饑飢與寒冷，頂著風雪前進也不退縮，和盜賊周旋也不退卻，雖然經歷九死一生也不感到後悔，歷經天險的考驗反而讓鬥志更加慷慨，就算遭遇兇狠的盜賊也不感到害怕，不到西方的天竺，決不往東走回家。」

「寧可就西而死，豈歸東而生！」

大意是說：「寧可一路往西死在求經的道路上，也不願意放棄目標回到家　而活下去。」已經說到「就算死也要去」的程度，就這樣玄奘帶著「堅定心念」與「虔誠信仰」（都吃不飽卻很重要）混在飢荒難民中由長安（今陝西西安）出發，走向那八千里路雲和月啊～（請自行代入主題音樂）。

玄奘西遊路線

玄奘這一路主要由中國的西安（古稱長安）出發，一路穿越天山走進中亞，再由現今阿富汗與巴基斯坦的領土進入印度。

註 2｜當時唐太宗李世民剛成為皇帝，因國家根基不穩而採取鎖國政策，玄奘與同行者多次上奏請求出關（像是現在的申請護照）皆被退回，在同行者一一放棄下，只有玄奘寧願犯法也要偷渡出關，私自出國前往古稱天竺的印度求取經書。

去程（中國）：

長安（陝西西安）▼秦州（甘肅天水）▼蘭州▼涼州（甘肅武威）▼瓜州（甘肅安西縣東南）▼玉門關▼伊吾（新疆哈密）▼高昌（新疆吐魯番）▼阿耆尼國（新疆焉耆）▼屈支國（新疆庫車）▼跋逯迦國（新疆阿克蘇）▼凌山（天山穆蘇爾嶺）

去程（中亞）：

▼大清池（吉爾吉斯斯坦伊塞克湖）▼素葉城（即碎葉城，吉爾吉斯斯坦托克馬克西南）▼昭武九姓七國（烏茲別克斯坦境內）▼鐵門（烏茲別克斯坦南部茲嘎拉山口）▼阿富汗北境▼大雪山（興都庫什山）▼阿富汗貝格拉姆▼巴基斯坦白沙瓦城▼印度

回程：

學成後經巴基斯坦翻過崑崙山（今紅其拉甫口岸）▼中國（喀什）▼絲路南道▼敦煌▼唐朝首都長安（今西安）。

而現在到了21世紀，兩個人騎著自行車就要出發，帶著「兒時天真」與「所有積蓄」（梭哈啦~一定要講的很豪邁，但闊氣之下其實也沒多少銀兩（羞））踩著全身家當由西安出發，心中再次響起了八千里路雲和月（請再次代入主題音樂）。（大陸尋奇的江山萬里情也是常伴我們心啊！）

白馬換鐵馬

將白馬換成鐵馬之後，天真兩兄妹打算怎麼重返西遊記呢？我們原本計畫全程騎乘自行車，起點為中國陝西省的西安，一路走過河西走廊穿越甘肅省，在新疆走漢唐時的絲路古道通過新疆抵達最西方的城市喀什，再挑戰平均海拔高達5千公尺的喀什崑崙山脈抵達巴基斯坦，再由巴基斯坦入境印度，完成重訪當年玄奘之路的願望。

但計畫趕不上變化，出發前，巴基斯坦2009年初於預定行經地點（斯瓦特河谷）發生政府軍與塔利班組織的內戰，而另外一條翻過天山經吉爾吉斯的路線，需經過阿富汗，同樣危險與風險過高。

因此我們旅程的開始是先搭飛機抵達深圳轉公車至廣州，再搭乖火車由廣州抵達西安，停留數天後再取道河西走廊穿過甘肅進入新疆，沿路參考《大唐西域記》與《西遊記》的記述探訪路線與遺跡，經由敦煌至東疆的哈密與吐魯番，走過古時的高昌故城，騎在傳說中的火焰山脈，再進到南疆的庫車、阿克蘇抵達中國最西邊的城市喀什，再騎行至世界海拔最高的國界紅其拉甫口岸（註3）返回喀什。

回到喀什後轉火車至烏魯木齊再搭機轉飛至台灣，再乘飛機抵達印度，以火車、客運方式環旅印度，除了玄奘當年取經目標「那瀾陀寺」外，足跡更由東到西，最遠到達印度最南端的科摩林角，深入追尋、朝聖玄奘當年遊學印度的路線與遺跡。

註3｜紅其拉甫海口為中國與巴基斯坦兩國的海關，因地處喀什崑崙山脈，海拔高達4千公尺以上，為世界最高的兩國口岸。

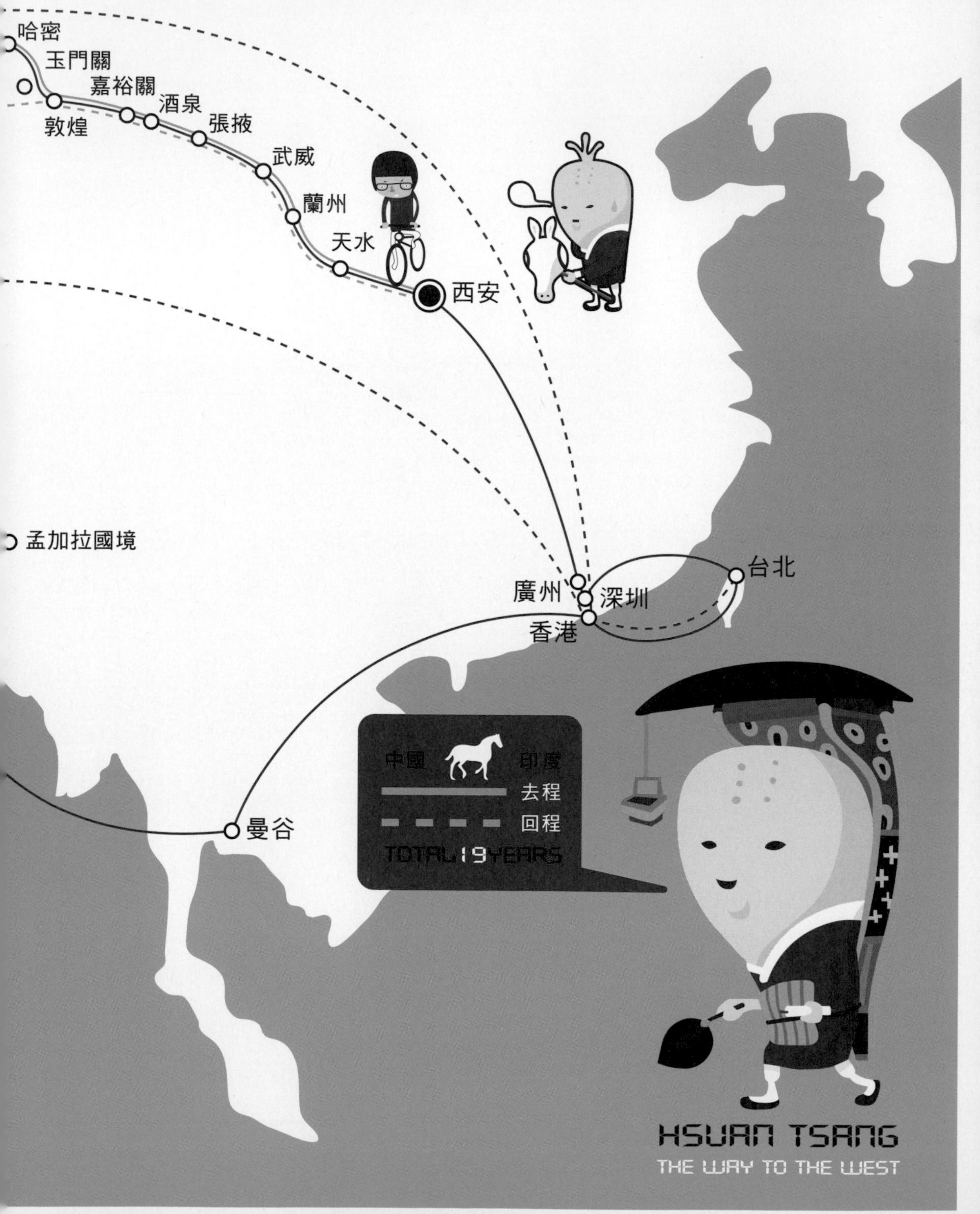
哈密
玉門關
嘉裕關
酒泉
敦煌
張掖
武威
蘭州
天水
西安
孟加拉國境
廣州
深圳
香港
台北
曼谷
中國
印度
去程
回程
TOTAL 19 YEARS
HSUAN TSANG
THE WAY TO THE WEST

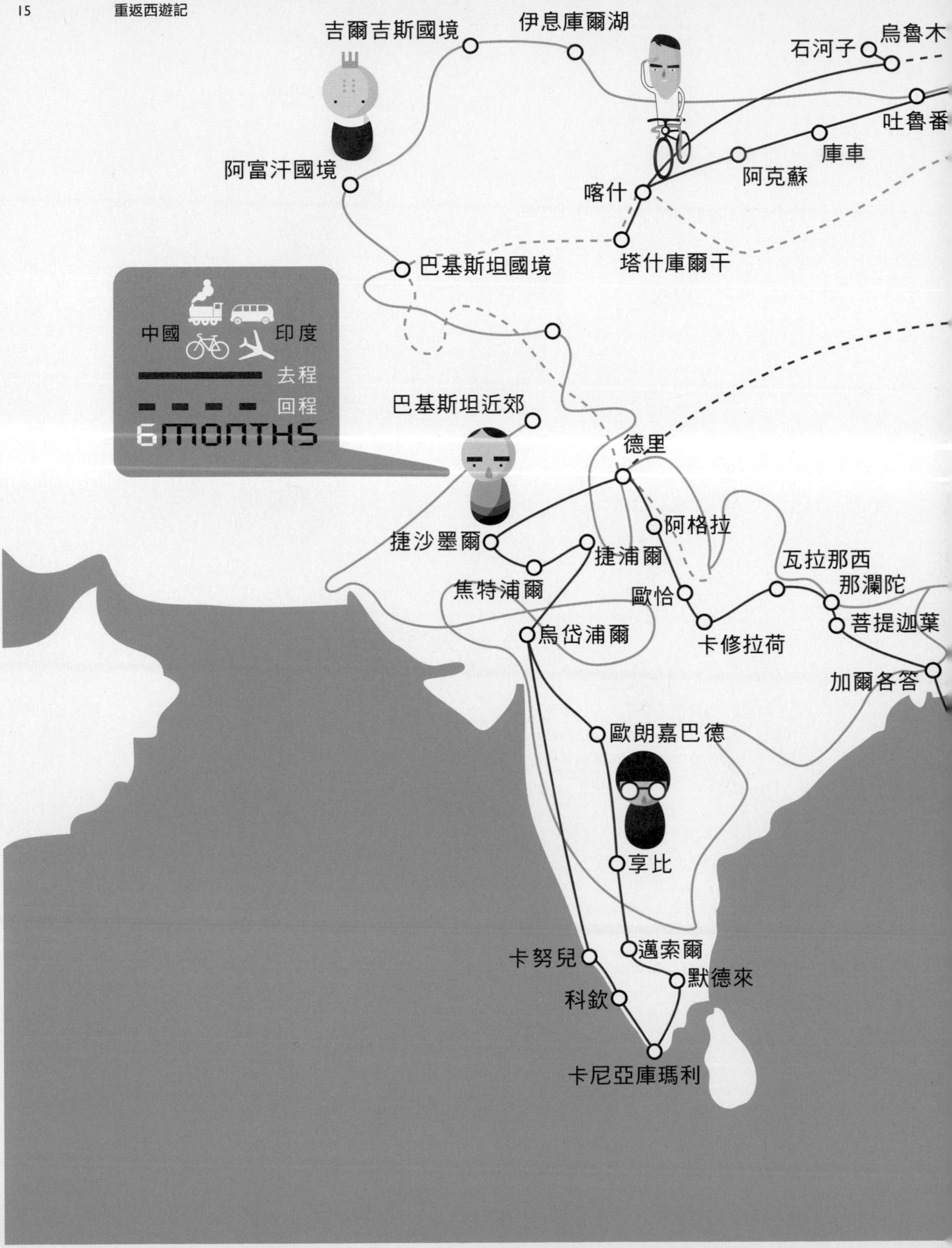
吉爾吉斯國境
伊息庫爾湖
石河子
烏魯木
吐魯番
庫車
阿克蘇
喀什
塔什庫爾干
阿富汗國境
巴基斯坦國境
中國
印度
去程
回程
6MONTHS
巴基斯坦近郊
德里
阿格拉
捷沙墨爾
捷浦爾
焦特浦爾
歐恰
瓦拉那西
那瀾陀
菩提迦葉
卡修拉荷
烏岱浦爾
加爾各答
歐朗嘉巴德
享比
邁索爾
卡努兒
默德來
科欽
卡尼亞庫瑪利

絲路千里行。

0KM

0DAYS

400

TOTAL

白馬換鐵馬——重返西遊記

喀什
番外篇-千里家書
烏魯木齊
新疆
甘肅
黃土高原
西安
陝西
戈壁沙漠
火焰山
玉門關
西安 喀什
4000KM
TOTAL60DAYS
GO
台北 2hrs 深圳
深圳 2hrs 廣東
廣東 27hrs 西安
TOTAL31HRS
台北
START

出發前夕，總是嘴裡唸著「出發，就準備好了」。

直到整理行李一夜沒睡到背著全身家當準備搭上往深圳的飛機時，才發覺事實是「還沒準備好，但要出發了」。不是要，是已經！

看著這計畫由兒時空想→青少年漫談→青年真正開始計畫→到了現在（人都老了）上路。層層的超現實感包圍了坐在深圳航空坐位上的我，一個多小時，意識還不及跟上現實（太快啦）。

「各位旅客，深圳機場要到了，請各位旅客準備下機。」

一切努力過的不確定與未知都在離開機門口那一刻成了一種莫以言狀。首次踏足「對岸」，在當地經商的鄭師伯幫助我們在深圳落了腳。航程延誤加上海關刁難，我們錯過與鄭師伯的會面，雙方多等了近一小時才碰面相認（才第一晚就受了不少驚嚇），若不是師伯的幫助，

台灣到西安

菜鳥出發啦！

兩個大陸菜鳥可能第一天晚上就被生吃了啊。當晚，聽著師伯訴說著當地最血淋淋的犯罪故事，不禁對這明明都是相似臉孔的土地加深了一層戒慎恐懼。（菜鳥一整個就是很好嚇。）

在旅館房間裡組好了車，感覺擁有了些許的踏實（只有一點點），未來的旅程還是問號，而今天已經要結束，不到 8 小時，身旁的一切已翻天覆地般的改變，明天開始，兩個人兩輛車，千里之行始於足下，旅行正要開始。

幾天下來昏天暗地的前置作業所帶來神經緊繃後鬆弛的無力（都還沒開始踩、人就累了），連同來不及說再見轉眼間已身處異鄉的不真實感，一轉眼已坐在冷氣充斥、昏暗的商務酒店，呼吸著對岸帶有煙塵味的空氣。但，內幕永遠不像文字般寫意，托

箱子有部分沒在磅秤上，一定是我們
↓ 太不小心了，一切都是意外啊！

運過磅時的斤斤計較（靠著角度投機取巧成功過關）；登機前機場狂奔，好讓無法通關的活動板手（組車工具）即時隨行、入境時的「牛關」立即失血200人民幣和出境後尋無人的茫然，說明了現在的寧靜都是得來不易……第一天啊！

好不容易坐著飛機不到一個小時就抵達了深圳，原以為天下太平即將開始旅程，不料又過不了關，這次的「問題人物」竟是我們最重要的行李自行車！毫無預期下竟要抽取「高價物品」入關的關稅？被帶到一小房間裡直接開口就要抽取車價的百分之20做為關稅，也抽太重了吧！，當時說一台是人民幣500於是兩台硬生生的被抽走了人民幣200元！換算台幣將近1000元……好你個中國海關初體驗的見面禮啊。

台灣人大陸事

話說在機場，兄妹兩人終於與「相見三不識」的鄭師伯碰上了面，再歷經一番辛苦將兩輛自行車與配備塞進師伯的小轎車開往旅社。也許是擔心我們人生地不熟，師伯在車上開始娓娓道來這裡各種驚險恐怖的都市故事。例如路上搶匪直接扯下耳環搶走後發覺是鍍金，還回頭賞你一巴掌；街上搭訕攀關

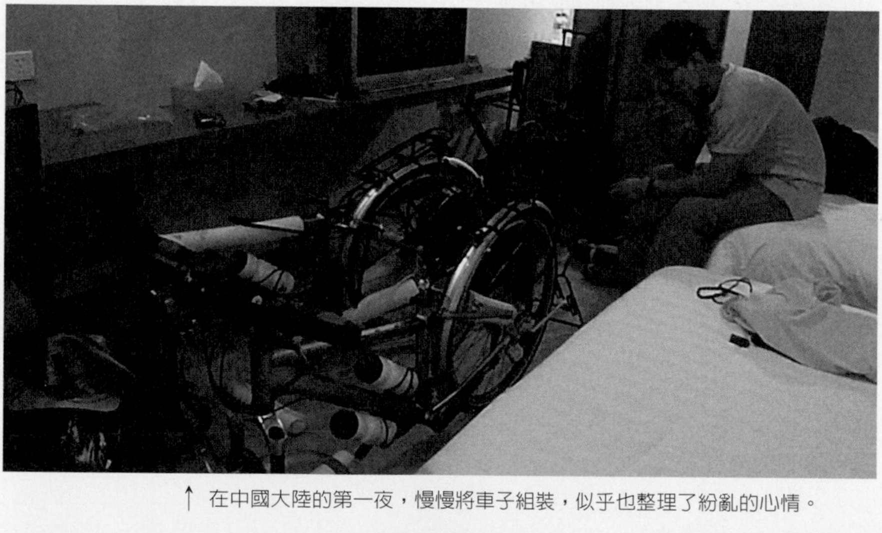

↑ 在中國大陸的第一夜，慢慢將車子組裝，似乎也整理了紛亂的心情。

係，一開口將人迷昏（口臭？）帶至暗處洗劫後順便「偷」器官；過高速公路收費站沒繳錢，將被「一群」收費員（收債？）毒打一頓……諸如此類的「奇幻」寫實故事洋洋灑灑，只讓人越聽越驚（旅行第一天膽子超小的啊）。

師伯解釋，因大量低教育背景農民工於深圳、廣州等地流動，易被吸收成犯罪分子或是因缺錢花用而偷竊、搶劫等無惡不作，故在沿海城市較能聽到此類「誇張」傳聞，高度城市化發展而文化水平跟不上是常見的問題。

師伯的那些故事聽得我和妹妹嚇得膽汁都快流出來了，在旅程一開始的前幾天，只要超過晚上十點，我們連旅社大門都不敢出……師伯不去專門講嚇人的故事太可惜了啦！

過了心驚驚的第一夜，帶著閃亮的自行車配備的兩人在人群中就像貼著「肥羊」標籤，等候巴士時一位當地人騎著小折來搭訕，一開口就問：「車子很帥喔～」

「很有錢喔～這車要多少錢啊？」「打哪來的啊？要去哪呀？」

我倆提高警戒隨口應付，心裡想著一開口迷昏人把腎帶走的恐怖故事……總算撐到巴士來，心懷感恩的上了車，小心駛得萬年船，旅程才要開始哪～膽子小到快消失了。

↑ 暴力收費（債）員。

↑ 「口臭」迷魂客。

27小時火車初體驗

深圳到西安，公里數：1千9百公里，移動時數：27小時。在中秋節一位難求的鐵路運輸下見識到了什麼叫「農民工大移動」。❶

雖然每逢過年過節台北火車站也是人山人海，但是到了大陸，發覺要比「量」的規模，恐怕是世界第一。明明火車站就己經大得不像話，好像是三座台北火車站的大小，月台等候區裡明明就有近兩百人以上的座位，卻非常驚人的塞滿所有的空間，而且挑扁擔的、拉行李箱的、背幾個大麻布袋的林林總總讓人目不暇己。努力在人群洶湧的廣州火車站游泳似的前進，在與聽來陌生的大陸口音工作人員奮戰數小時才成功的託運車子，再三確認車子不會因中秋節而延遲送達的時間（因近中秋，託運量大增，會延遲約七天不等），才總算放下心頭重擔。一看車票，上面整整橫跨了兩天日期，需走過1千9百公里，橫跨大陸五個省分，從東南的沿海城市一路走到西北方的陝西省，仔細一算這竟是一趟27小時的火車之旅！

在人滿為患的等候區，隨著時間流逝，身邊的人開始大聲喧嘩吵鬧，以及無視大聲廣播禁止吸菸的警告與貼在各個牆上的標示大口吞雲吐霧的人們，明明己經擠到沒空氣了還有二手菸放送，最好笑的是廣播裡還不斷強調吸菸與二手菸的危害，對於身陷菸陣的人們真是有滿滿的無奈。

也不知等了多久，人群開始蠢蠢欲動，原來開車時間近了！這時人海就像大張潮般往月台的

❶

農民工大移動

農民工，泛稱所有在外打工的農村人，通常簡稱民工。每當逢年過節，出外至其他省分的打工民眾準備返鄉，據說移動人口數以千萬至億計，曾讓用衛星偷窺的美國以為中國準備發動戰爭。

方向淹去，身陷「人海」的我們只能在一群手持扁擔與巨大行李的瘋狂群衆間奮力「游」向月台，在人潮流動間終於也讓我們上了車，這才發覺側掛在行李旁邊的自行車水壺已被「潮水」捲去，出師未捷身先死，給人摸個精光！好不容易找到了座位，原以為能安頓下來，而這時的我們還沒發覺，這是一次充滿二手菸與汗臭味的硬臥戰鬥之旅啊！

火車移動時，城市↓鄉鎮↓城市在快速前進的窗外切換著景色，除了超級的火車長度外（大於20節），更對超級的城市感到訝異，無論是大小與規模都讓人眼界大開。車子一路往西北方前進，在經過一些大型的城市如長沙都會用車內的廣播播放城市的特色與名產，平常開車時也不定時的播放流行音樂或是相聲段子（這很有趣），最有意思的是到吃飯時間總會連續廣播各類菜名半個小時，唸到後面連講稿員都偷起懶來，像是西紅柿番茄炒蛋唸超快，變成「西～柿～蛋」，還蠻好笑的（可見我在車上有多無聊）。

從廣州出發時是正中午，車上的乘客除了同月台上的表現一樣大聲喧鬧無視禁菸宣告努力抽菸外，一進車廂就看到一群大漢將上衣脫個精光，開始大聲吆喝玩起撲克牌。

在情緒高漲下，汗水與菸味交融，讓密閉式的車廂陷入彷佛瓦斯毒氣室的恐怖狀態，短短的27小時，讓我和妹妹至少收集了一年份的二手菸，好你個大陸人，菸能不能少抽點啊……隨著往北方走，天氣也明顯往乾冷發展，赤條條的大漢們也將衣服穿上，窗外的風景也在不知覺間變了樣，火車還沒開到一半就體會到這塊大地上有那麼多不同的風土人文。到了天黑，旅客們漸漸的都開始準備就寢，這是在火車上的第一夜，在關了燈的車廂裡，第一次沒有菸味與人聲，總算在精神緊繃的一天後沉沉睡去。

過了一夜，經歷27.5小時後終於到了西安，這陝西第一大城市的火車站素以扒手騙子聞名，但在大陸60大壽將至，大環境風聲鶴唳下，站內不斷廣播如何防範受騙等等（有沒有那麼誇張啊），街上的公安、交警加上民間組成的保安隊數量驚人，但，我們還是被「騙」了。說好一起寄到的自行車還在1千9百公里路上的某一處慢慢前進，身上掛著原本要架在車上的行李，覺得自己活像是自行車的行李架而笑了。晃悠悠的離開火車站，走進這千年古都，這是一座周圍有古老城牆包圍的城市，空氣中老的新的舊的有趣的討厭的種種味道與體驗似乎都混雜在一起，在天黑漸漸變暗後慢慢混沌成一片。在預先訂房的背包客棧裡躺下，突然想到已經身處在西安，這就是旅程即將開始的第一站啊！想著想著不知覺夜深了，明天又會是怎麼樣的一天呢？

經過多番折騰一路顛簸，誤點時間不斷延長，但終究是到了，咬牙再擠過一次人山人海，前去領車，但……車還沒到！當初他們誓言旦旦車比人早的保證勒？只得先到青年旅社，公車一趟路1元，非常的實惠。卸貨後前往回民街覓食，優勢一近，二便宜，三道地，從此回民街成了我們在西安的廚房。回民街的生態與價格與台灣的夜市雷同，只是面孔不同，空氣中的氣息瀰漫著截然不同的麵食饗宴，街上載客載貨的電動三輪車來回穿梭，喇叭聲吆喝聲不曾斷過。吃了個烤饢（0.5元），再次出發前往火車站贖車，循著路人指引，晃到騾馬街（當初一直誤以為是羅馬街，心覺真是氣派……）裡的沃爾瑪超市豪邁的買了4個包子，總價也不過4塊人民幣，帶著滿意的微笑繼續前行，沿途進購參考書籍、延長線、大鎖，也領到車了！可是，在西安市中心騎車不是冒冷汗可以解決的，公車東殺西衝在台北不是沒見識過，但除了面積與人口是好幾倍之外，殺氣值也不是可以用倍數衡量的……西安天深沉，人也累了，電視裡成龍演著〈醉拳2〉，說著繞舌的奇妙口音，催眠著我昏昏睡去……

↑ 人體行李架。

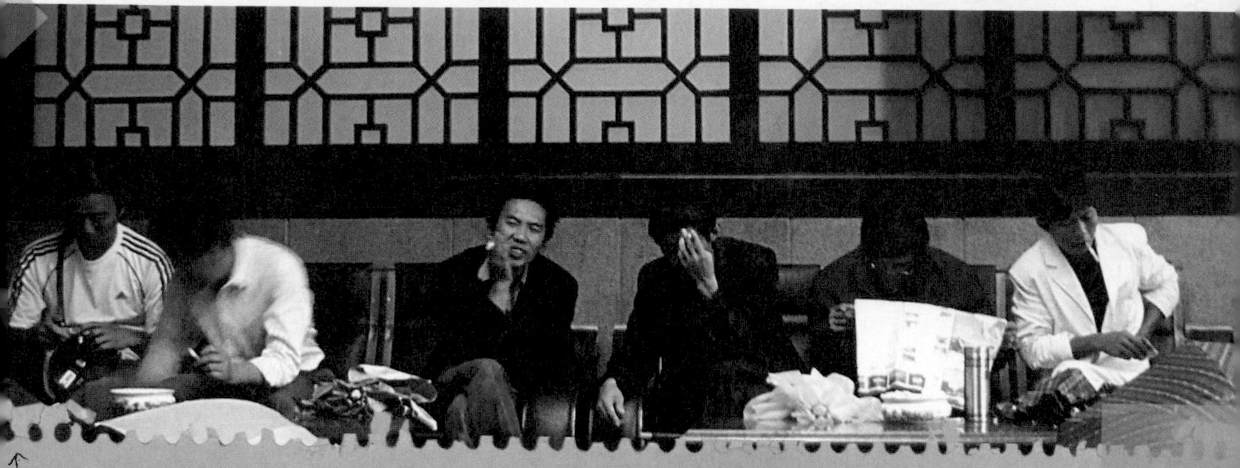

中國大陸抽菸的人口驚人且幾乎毫無顧忌，不隨時來上一根好像會要他的小命。

在這小小的床鋪待了 36 小時，
其中吸了將近 30 個小時的二手菸。

上火車前托運的自行車。

中國火車移動初體驗

◎硬式臥舖車廂

90% 男性光著胳膀

95% 車內主食泡麵

5% 乘客遵守車廂內不抽菸（注意：已包含本來就不抽菸人口）。

100% 汗流浹背

◎車內廣播

1. 每到觀光大點有景點介紹與歷史簡介，非常用心，但火車行駛聲音過大，基本上聽不到（殘念）。
2. 播歌→陶晶瑩的〈離開我〉之山寨舞曲版，諸如此類……
3. 煙霧迷漫中的貼心廣播「在室內不抽菸的人吸到密閉空間的二手菸等於抽菸一年的量，請大家不要抽菸」，很好！！可惜沒人鳥！

架式十足 1 串 1 元。

西安的大夜市「回坊」，
如同台灣夜市般滿是各式特色小吃，
五花八門又經濟實惠！

台灣到西安

路程的起點

西安的第一天，在搭火車的疲憊與新環境的衝擊下睡得彎晚才起床，才醒來就聽見外頭是滴滴雨聲，這雨一下就是三、四天，如同梅雨般不停歇的雨，掛在陽台的衣服與自行車全成了落湯雞，自行車還沒正式上路就先受了千里托運的折騰外還淋了一夜雨。

在時間換取金錢的最高原則下，坐了飛機上了小車轉了巴士搭上火車，一路顛簸百般折騰也給咱們到了四大古都之一，西安。眼看柏油大路兩旁充斥著高樓、古蹟，高矮並列，街上型男靚妹參雜著各色觀光客有如浪潮般的川流不息，低頭看著身上為求低調而準備的全套民工裝，兩個城市鄉巴佬在人車聲鼎沸的摩登古城、意外顯得極其高調。走著晃著轉身從大街踏入小巷弄，一旁是個男孩頂著白帽烤著**饢**，一邊是靠在小攤上旁的招牌上頭用紅墨寫著烤肉30串／10元。人還來不及適應所謂新舊間的衝擊，一手已拿著飄香的桂花糕、口中大嚼著騾馬街上剛出爐的一元南瓜包，心中也踏實了起來。

在細雨漫漫的西安待了五天，走訪了不可不去的秦始皇王兵馬俑，也爬上了華山看看金庸小說裡華山論劍的傳說場景，最重要的是前往大雁塔，一睹偶像風采。

← 坐落在西安市區西側，312國道起點的「絲路群雕」，象徵我們正式跨上鐵馬踏上絲路。

大雁塔

經過了幾天休息準備，整裝出發，而此行的第一個朝聖地為「大雁塔」與塔前的大慈恩寺，此處是玄奘回國後所主持的寺院與譯經的所在。在正殿前為即將開始的旅程禮佛、供養，也祝福在台灣的親朋好友們，離開大雁塔後，下了幾天的雨勢總算稍歇，灰沉沉的天空似乎也清爽了許多，午後斜陽照向身後雁塔，明天會是個適合出發的好天氣嗎？真是個好兆頭呀。

↑ 傳說中的玄奘，我們的偶像。

西安是虛擬的《西遊記》和史實的《大唐西域記》裡都有描述的地方。在《西遊記》裡，玄奘出發取經前，唐太宗與其結拜兄弟，除了口裡尊稱「御弟聖僧」外，在出行的黃道吉日辦了一場盛大的送行會，禮物有御賜紫金缽盂還備有兩個隨從與好馬一匹，帶齊通關文牒風風光光出發取經去。而在史實裡發生了什麼事呢？

幼時出家的玄奘隨著年紀增長，在博覽宗論典籍時發現各宗所說彼此不一，於是發願西行天竺求法取經，「唯有將原典精確地譯出，以釋眾疑，佛法才能繼續在東土弘傳，利益世人」！

雖然立願很好，但當年唐太宗剛剛登基，國內情勢混亂，幾次上奏請求朝庭同意都未獲批准，就這樣一天過一天，有幾個當時一起立下取經宏願的人紛紛退出，最後只剩玄奘一人暗自下了決心，趁著那年長安發生飢荒，「乘危遠邁，策杖孤征」，除了沒有皇家贊助還獨自一人偷渡出關，混在一群飢民中獨身策杖離開長安，出發取經。

在21世紀的台灣，咱們兄妹倆也挑了個有便宜機位的良辰吉日，帶著江東父老

↑大慈恩寺前有亞洲最大的音樂噴泉，站在大雁塔上就可以一覽無遺！

↑在此誠心祈願，一路順利、平安。

親朋好友同學死黨的點滴愛心，從贊助商御賜的頂級鐵馬兩匹、專業藥師親自加持因應各式突發狀況的十全七彩大藥丸、由頭包到手指頭的超全面防曬外掛配備到香醇可口強健身心的奶粉隨身包，1個人5個車包、4瓶水、2個水袋，全部扛上肩，也這麼浩浩蕩蕩的出發了。

之後的故事就是歷經19年，從中國走到西域再到天竺取經的冒險故事了，當玄奘功德圓滿帶了經書在敦煌上奏朝庭請求回國時，當時的皇帝唐太宗除了赦免當年偷渡的罪，還舉國盛大歡迎。於是由西元267年（貞觀三年）一個偷渡出關、飽受通緝的「罪犯」，到修成「正果」取得經書，震動全國、飽受天子禮遇的一代宗師，都發生在西安，這裡除了是玄奘一生最大的成就地，也是他譯經事業的起點與人生的終點，現在的西安仍矗立著當年由玄奘親自設計，甚至「親負簣畚，擔運磚石」（就是親自下去施工）大慈恩寺裡的大雁塔，建成千許年來多少過往遺風，多少歷史痕跡，唯一不變的是一代偉人風華的深刻印記。

↑慈恩寺歷代高僧的埋骨處，走在其間自有一種肅穆之氣。

↑寺前的仿古銅像，平添了幾分古意。

到了華山才覺得原來武俠小說裡描述的都是真的，好「金庸」的山啊！

兵馬俑

在前往世界遺產兵馬俑途中會經過楊貴妃洗澡的華清池與最近人工搭建的秦王地宮，在佔地廣闊的兵馬俑博物館周圍會有許多導遊詢問是否需要付費導覽，建議一個最實惠的方法，因為導遊的素質良莠不齊，與其花錢碰運氣（36塊人民幣）還不如租一個電子導覽（10塊人民幣），自由自在想聽啥就聽啥，還可以隨時看哪個導遊講得有趣就跟在旁邊聽（不過會被導遊白眼，不要跟得太過份），隨著每個人的說法不同再搭配電子導覽補充，說不定是最完整的遊覽兵馬俑行程也說不定。

華山行

原本打算自行前往華山，但睡過頭錯過了開車時間，只好跟團前往。在這裡和各位分享，若是自由行，每日在西安火車站前有公家開設的巴士來回華山，由火車站為起點，開往華山遊客中心（來回票價44塊人民幣），抵達遊客中心後再花費20元轉乘中型巴士至華山山腳的纜車驛站，來回票價為105元，可以由華山山腳直達華山北峰附近，除了省去至少六小時走路時間外，還可在纜車上飽覽風光。全程車資加上門票150元，加總起來共364元，而跟團價格一般喊價370元，

← 華山山頂不知為何而立的「華夏之根」。嗯，果然好大一根。

努力比價（或殺價）後價格為320元（對方還會特別叮嚀別和別人說喔）。好像算起來有省錢，但是自由行，約早上10點就可以在華山自由自在，若是跟團呢？一大早先在城裡換了一台又一台的小巴中巴收集旅客，拖到9點才離開西安，中間還帶你去賣藥場所拿出很像陽具的中藥拖時間，最後送到華山時已經下午1點，而6點準時開車回程，呃~5個小時能走遍華山嗎？

雖然很不幸成為跟團的受害者，但受了一肚子氣後到了華山，仍然被她的山景所震撼，多麼壯麗的山形、奇險怪狀的山路、連有趣的挑夫都很值得一看，由於時間有限直接攻上最高的南峰（2160公尺），正讚嘆最高峰果然景色不凡，卻在那看到了今日最好笑奇觀，山頂那兒為啥要立著一根約有三、四層樓高的「華夏之根」？光是運送的難度就讓人嘆為觀止，但外形也太不可思議了吧！好震撼，原來大陸這邊還蠻開放直接的，雖然跟團有點悶，但華山真的值得一遊！

成千上萬的人將願望刻於鐵鎖，長長鏈條上承載了多少願望？也許在成真之前拿來曬棉被比較實在。

這是我們的早餐，
豆漿和油條都是五毛錢人民幣。
酸梅汤
烤肉
30串10元

幾乎每日三餐都在回民街上解決，
出外人覓食的好地方啊！

從陝西到甘肅的交界，就慢慢進入了黃土高原的區域，標準的學術位置在「中國北方太行山以西，烏鞘嶺以東，秦嶺以北，長城以南」，相信大家都還給地理老師了，簡單來說就是進到甘肅省後，就會走在古稱河西走廊的所在，望眼看去是一望無際的黃土高原，代表的是騎之不盡的連綿上坡，路上的黃沙風塵解釋了這裡的貧瘠（中國倒數第二）與水土流失的嚴重（倒數第一）。而地理課本裡的河西四郡就如同傳說，是在黃沙中閃耀的翠綠明珠嗎？

綁著一身家當，鐵馬如蝸牛般吋吋向上爬行的當下，不斷思考到底是下車推快些還是在車上踩快些的同時，車輪輾過的是記憶中只有出沒在考試卷上才有實質意義的黃土高原，層層疊疊的黃土梯田印入眼簾，耳裡傳入的是對向驢車踏著輕快步伐所組成響板般輕脆規律的踢踏聲。

黃土高原

黃土高原之無間隧道

自西安出發遠離城市，進入宛如時光倒退般的中國農村，隨著高度提升，黃土高原的全景也慢慢出現眼前，廣大寬闊的峽谷高原讓人騎行其間極其渺小。自行車背負著行囊，前方一座座黃土堆成的高山讓人不禁「望之而彌高」，總令人生畏也讓人實際上腿軟，但在黃土高原的中心地帶，是我們李姓家族的發源地，一個在甘肅境內稱作隴西縣的小縣城，那裡的土地雖然貧瘠，發展並不發達，卻是孕育我祖先的發源地啊（最有名的祖先莫過於創立唐朝的唐太祖李世民）。

鄉間房舍上無一處不寫著各式的標語也是一絕，從「消除性別歧視促進男女平等」、「斷指到協和醫院」到「前無醫院請自行小心」等諸多經典名句一路常伴相隨。

己經過世的阿公在生前身體仍然健朗時，曾用了一個多月的時間追溯先祖從內陸搬遷發展到延海城市的路途，由台灣的祖宅一路追根溯源的回到發源地，那時走在黃土高原上的阿公身影總讓我在路上前進時遙想與懷念，而出發到現在，雖然環境遠比台灣艱苦，食物衛生更是挑戰每一次的運氣與腸胃，但神奇的是身體沒有出現任何的水土不服，是身體深處的DNA還記憶著生活在此地的回憶嗎？如果血源裡能保有對原生土地的記憶是否能比一般外鄉人更快的適應故土的風土氣候？回想起阿公娓娓說著走在黃土高原時的口氣，這就是阿公口裡描述的「留存在血液裡的根」嗎？

高速公路傳說

中國西部大開發，是中國大陸幾年前開始的政策，為了開發西部的資源需要交通來支持，所以幾年間一條條鐵路與高速公路破山穿洞的在西部的高原、荒漠間穿越，連青康藏高原都硬架了條鐵路直達拉薩，遠在台灣看到消息到騎行在大西部，才親眼見證「開山劈石、架橋造路」。

為了在群山間開出一條條高速公路，需要大量的砂石來製作水泥，於是在路上，一條條的河流都有怪手挖運河砂，而一台接一台的砂石車不間斷的運走砂石，每座經過的山都有開腸破肚的大洞讓眼前的美景加入了人工造成的破壞。在路上來來回回各式各樣的大型施工車輛將鄉間小路弄得烏煙瘴氣，到達一個城鎮前先看到的都是不間斷排放廢氣的水泥加工廠，進入小鎮後只有不見天日的灰頭土臉，高速公路的建設帶來工作機會並加速「城鎮發展」，但是當高速公速落成後呢？被破壞的河床不會回來，高聳的群山也學不會哭泣，也許城鎮進步了繁榮了，但失去的再也追不回來，騎著自行車在其間除了看到無限制的開發是如何的暴力對待環境外，也讓我們的旅途有了第一個難以克服的困境。

古代的絲路成了名副其實的砂石車路，毫不減速的巨大卡車擦身而過，伴著

↑ 在群山峻嶺間開出的高速公路。

刺耳的喇叭不斷呼嘯著唯我獨尊的霸（殺）氣，高速挾帶著氣流衝擊下只有緊握手把，使搖晃的車身即時找回平衡點，不論是在鄉間小路或是斷壁峽谷等各式地形也絲毫不妨礙其衝刺，假如古代西遊記的關卡是妖魔鬼怪，那當今的大魔王非砂石車莫屬。

自出發後由大陸的陝西省終於要跨省到達甘肅省，而寶雞（陝西）往天水（甘肅）的316國道為兩地唯一通路，因為西部大開發讓來來去去的工程車輛與一般往返的民眾車輛困在狹小的四線道泥巴路上，不但需要翻山越嶺，且路上的大小孔洞彷彿乳酪般，更別提需要與各式大型車輛一起通過13個沒有照明且狹窄的隧道，騎這條路簡直是玩命！（恐怖程度約是10年前行駛蘇花公路的5倍……不誇張！）

最後在火車站無頭蒼蠅般問了不少當地人，才知道三天後寶雞往天水將開通高速公路，除此之外，火車？早早被人訂滿了！公車？不好意思三天後高速公路開通後再來！騎上316國道？很好，你家人很快就會收到壽險的理賠金，想旅程從頭到尾都騎自行車卻也不想放棄生命，左思右想總是沒有頭緒，到了最後也只能問當地人是否有任何門路？

想不到最後也是唯一的選擇是條未開通的寶天（寶雞到天水）高速公路，與當地的摩托車司機在討價還價後帶我們偷走小路（當地人常常偷偷的走）上未開通的高速公路，傳說中那是一條一路平整暢通好走，到天水就像郊遊的嶄新八線道。我們當時還沒意會到，傳說都是說說而已……

果然，一路上人車稀少（還沒通車嘛），路平景美好自在（沒有了老按喇叭的駕駛，加上路大條到任你蛇行亂騎），在怡人早晨與美麗大山大水（中國的規模都超大）中快速前進，邊幻想著一天到達天水多令人得意，看著在橋下遠處凹凸不平的316舊國道上排隊前進的大卡車車陣與混亂的路況暗自稱慶，總算脫離那擾人喇叭與萬惡大卡車啊！

抱著愉快的心情騎進了甘肅，事情也從此開始急轉直下……直到令人不敢相信。

無間隧道

三天後開放的寶天高速高路其實是為了大陸60週年國慶日搶通，因此有部分路段仍然在趕工維修，總有一些工人正揮汗搶著時間勞動，而我們兩個騎著車帶著一身裝備彷彿身上寫著「招搖」般出現在眼前的那一瞬間，幾乎所有的工人們都停下手邊工作靜靜的看著我

們，直到遠去才在身後爆出混雜著鄉音的熱烈討論，其實我們超怕被施工的工作人員活生生給趕回去啊！想到要騎回頭路最後又回到原點就讓人冷汗直冒，就這樣硬著頭皮闖過一關又一關，直到我們碰上了矗立在面前的「大魔王」！

那是在路上各個小工地未曾看到過的陣仗，一個龐大的隧道入口聚集著少說十台大型車輛與近百名的工人，從遠處竟看到入口處立了一個牌子「施工中禁止通行！」讓人倒抽一口冷氣，難道到了非回頭不可的時刻嗎？

利用一路上通過各個工地的苟且心態硬想闖關，騎沒幾公尺就被裡面的工頭揮趕出來，正無計可施時才發覺左邊逆向車道的山洞入口有車子進出耶！

在怎樣都不想回頭的前提下，兩個來自台灣、膽大包天的白目兄妹就利用工作人員不注意的空檔騎進了那隧道的黑暗之中。

騎不到幾公尺，洞口的光線已透不到裡面，想開自行車車前燈才發現居然有一具壞掉了！於是只能一人騎在前方一人緊跟在後勉強前進，因為是偷偷摸摸進來，也沒認真注意隧道路口的距離標示，心裡想著「很快就到了」「出口就在前面了吧」等等，想撐過這一段在全然黑暗裡的騎乘。

就是這道光（淚奔）！前面是畫道路標線的工人，塗料的味道很重。

後來我們才知道，這就是亞洲第二長、貫通麥積山的麥積山隧道（全長1萬2千268公尺，比雪隧長三倍），只搶通了單線道，沒有燈、沒有抽風系統，充滿趕工的人員與車輛（這樣也讓我們偷混進去，不愧是大陸）。空氣之糟糕與路面之危險超出常人的想像（至少完全超過了我們的想像），只依靠一個前燈，就進入這能見度極低（是全黑的好嗎？）路途極長的隧道。幾乎無法順利呼吸，好似一直走下去會到達莫名的異世界，黑暗中工人們的聲音好似很遠，而騎著好似完全沒有盡頭的惡夢漫遊，慢慢的居然有了想睡的感覺（二氧化碳濃度過高），開始有了瀕死經驗的恐怖感（工作人員位階較高者配有氧氣罩），在這黑暗中摸索了不知多久（後來估算約一個半小時），仍然沒任何盡頭的跡像，開過的車輛尾燈由大變小消失在黑暗之中（代表還很遠＝絕望感），心力交瘁下我們在裡頭摔了幾次車（損失車前袋一個），心裡暗想如果到達了出口一定要大字型躺在路上感受陽光與溫暖（洞內溫度只有10～12度）。就如同惡夢終有醒來之時，總算，總算在不知過了多久後（約莫2個小時）看到了洞口的微光，歡呼哪！大叫！「我們終於活著出去了！！！」

「好昏好沉好想睡啊」「傻啦！電影都有教，睡著就掛了」，抱著隧道開通後才被發現兩具台灣人躺在隧道中會很糗的心態下，在伸手不見五指意識漸漸模糊的無間隧道中不知被多少施工暗器絆倒，苦情兄妹檔輪流「犁田」，一路跌跌撞撞，也終於讓我們看見前頭的光。

←我們終於活著出去了！

一点飞上天；　黄河两道湾；
八字大张口；　言字往进走；
你纽我也纽；　你长我也长；
中间加个马大王；心字底 月字旁；
拿个刀刀挂麻糖；坐个车车回咸阳。

餐廳門前掛著一個字，
這、這……怎麼唸？

無間道前的小憩，吃根香蕉補
充體力，殊不知前方……

黃土高原

誤入桃花源

從第一天騎進黃土高原過了快一個禮拜，總算慢慢習慣那不斷爬升的上下坡，算算，出發也快要兩個禮拜，兩個人騎車的節奏也開始能互相配合，雖然騎車上路還是對旁人的眼光感到畏懼與擔心，但路仍然一直往前延伸，似乎也開始習慣每天騎車在路上的日子。走在甘肅省，貧瘠略帶點酸性的土壤大範圍的種植玉米，有些區域則是大片的蘋果園，有時騎在大型車輛較少的縣級道路，一路上一起前進的夥伴常常是早上正騎著自行車要去上學的小朋友，或是將農作物堆得老高的貨車呼嘯而過，每每幾十公里總會進到一個又一個的農村小鎮，只要不是在主要建設高速公路的道路上，鎮上的光景仍讓人像是走進時光隧道，那是與過去台灣極為相似的農家景象啊！

雖然己有大部分如此農村景象的村鎮己在大開發的前提下改變，有許多原本安靜的小鎮被高速公路的施工車輛揚起的塵沙漫天掩蓋，怒衝衝揚起的喇叭聲更是在唯一的道路上幾未停過，當地居民臉上帶著怒意與不耐。雖然我們僅是過客，但想到這一路上的一切是否己被

↑ 迷失在桃花源。

↑ 桃花源指路仙人。

大開發定了型？是否過往的寧靜小鎮再也不會存在？

直至某日，一大早我和妹妹就開始挑戰一座座山區的起起伏伏，在幾個上坡與下坡後突然發覺闖進了一處未曾開發過的地區，路上的車輛漸行漸少，當各式怒氣騰騰的大型車輛少了，只有載運著農作物的各式農車安靜的從身邊駛過，山與山行進間經過一個未經開發的小鄉鎮，裡頭的安靜和安詳讓人震驚，沒有塵沙只有純淨的空氣，沒有喇叭只有鳥語花香，這和一路上經過的城鎮是同一個區域嗎？為什麼這裡那麼安靜，這裡的人們面孔看起來是那

←他們是要騎到哪啊？

麼知足而又快樂？

騎了近百公里，停下腳步在此稍微休息片刻，正想吃點什麼補充能量順便享受自然風光，正開心的閒聊時，村裡走出一位可愛的阿公，除了有一副很潮流的眼鏡外，還有著一種自然親切的純真笑容，雖然三句裡有兩句都是濃濃的當地鄉音，但仍然是一次愉快的交談。最重要的是聊到接下來我們的目的地，阿公依然是親切的笑了笑，然後不急不徐的緩緩說出「啊～～您兩位走錯路啦～」，才發覺原來早上出發時已走錯了方向！啊～～那些已經爬過的一座座山，那些上上下下的起伏啊……雖然心裡對即將回頭這件事感到無奈，但卻是一次偶然的誤入桃花源！

原來那些現在已是水泥工廠的鄉村原本的模樣是可以如此的安詳，這些壯麗的美景在人的力量介入破壞前可以展現如此的動人景觀，環境與開發原本就是個大課題，我們也沒有足夠的學問與知識去討論，只能述說這一路上所看到、所感覺的，希望能有一天，發展與環境間取得平衡，畢竟有些東西要取得太困難而破壞又是太過容易。

多虧翻山越嶺後的飢腸轆轆、在停下腳步的同時遇見好心人指路，也多虧這次陰錯陽差走錯路、意外看見滾滾沙塵以外的人間淨土。

農村的青壯人口外移嚴重，最常見的總是老人與小孩。

蘋果堆疊的紅山丘。

陝西十怪之一，手帕頭上戴。

小鎮的蔬菜攤。

黃土高原

李家祖祠 溯本追源

走過河西走廊也過了幾週的時間，自行車一天一百多公里的速度讓我們慢慢接近了位處甘肅省中央的隴西縣，而我們李姓家族的發源地就在此，回想起阿公當年完成了他人生中最後一趟追本溯源的長途旅行，回家後沒有旅行後的疲累只有滿滿的什麼在阿公的眼神裡，雖然那時的我還無法理解隱藏在眼神的意義，但仍記得從那時阿公問過我的一句話「你從哪裡來？」。

當時的我，無法回答。現在，一吋吋走在這塊土地，一天天去感覺這裡的風土氣候人文，或許我仍然沒有辦法回答，但是能說出「我曾回來過」，感受過血脈的起源。走在阿公當年溯源曾走過的路，覺得總算能對阿公當時的問題有了一些答案，至少，可以微笑著和阿公聊著，他所在意、所認真看待的尋根之路。

追尋著阿公當年尋根之路，慢慢的到了李姓的故鄉隴西縣，大年初一時在台灣大溪老家的故居大廳上懸著的堂號仍高掛著「隴西堂」，而現在人到了甘肅省的這兒了，一步步沿著大街

問著街坊，想要找到最初的祖先宗祠所在。隨著指引，慢慢走入了人少僻靜的小巷，在泥土砌成的房舍裡穿梭找尋，不知為何居民們大都不見蹤影，而久未見到的陰鬱天空像是配合心情般，突然風起雲湧開始有了暗雲雷鳴之聲，雨就快下來了。

大雨未正式落下時，在街巷的最裡頭找到了李氏宗祠，此時天空中累積的鬱悶像是要盡情發洩般，就在門前扣下第一聲敲門聲時如配合好一般，雷雨嘩啦啦地下來，轟咧咧的雷聲配合閃電的亮光映著宗祠的緊閉門扉讓人不禁心緊揪了幾分，我們就只能走到這裡嗎？

在門前的屋簷躲著雨，耐著沮喪試著拍門，望著一時間無法停止的雨，氣溫驟降，看著門沿前滑流的雨水，天真的涼了。

這時門突然開了，竟是有人在管理的，門是因為下雨而緊閉。我們被請了進去，現在的李氏宗祠又名李氏龍宮，已經成為大陸官方二星級的觀光景點，也因此我們必須買門票才能進門，這才回到了老家。

靜靜的看著一間間屋子陳列的歷代先祖事蹟與歷史，想像阿公當年走到這裡的情景與心情，雨仍在外頭下著，天色也因雨水顯得暗沉，只有偶爾略過的閃電帶來一絲驚心的強光，但走在這裡感覺很安心，似乎閃電暴雨與此再沒關係，大雨中沒有任

文革時期，李氏龍宮差點遭到破壞，最後在許多人努力下將其轉為國小教室才得以保存，也因此留下了許多上課用的遺跡與有趣傳說，據傳曾在這間國小就讀的李姓學生，表現都會特別出色。

↑站在追本溯源的扁額下，心情複雜。

↑驢子在此地真的很重要，連亡者都需要。

何其他遊客，只有我和妹妹走在這偌大的廳堂與院子裡，慢慢看著一草一木等著雨停，天亮了，雨後的天空帶著一抹靛藍，安靜的在祖宗牌位前焚香靜禱，訴說這一趟的旅程的起源和路程，並祈求先祖們能保佑接下來的路程平安順利，結束後在心裡說著：「阿公，我也回來了。」

到了甘肅隴西縣這塊土地，有位阿婆推著一車曬乾的向日葵沿街叫賣，黃撲撲的土房子接著黃撲撲的小路、一排斜屋頂後背景是大片陰鬱的天，百轉千尋踏盡泥濘路，終於踏進了李氏宗祠。其實，沒有返鄉的激情。畢竟這段歷史真的太遠，放在櫃上最右端那本沉甸甸的祖譜，井然有序寫下列祖列宗的陳年往事，泛黃的書頁和依舊飽和的墨跡訴說著歷代那些叱吒風雲的豐功偉業，對我早已成了過去，如今因緣際會下到了李氏宗祠，沒有勾起悠悠的思古情懷，反倒是遙想起了千里遠的台灣。

木樁沾血肉淋漓，肉販睡攤了。

台灣到西安

天堂小鎮與烏鞘嶺

離開追本溯源的隴西縣後，又經歷了幾次要人命的超級上坡和下坡，心裡對於黃土高原這四個字的後兩個字「高原」算是有了深切體會。騎自行車旅行的有趣也許就在於以自己的雙腳走過眼前所看到的景色，當你回頭一看那已然經過的綿延山區，會打從心裡出現一種感動。在車上也許是晃眼即過的景色，但是當你坐在自行車上，每一個爬坡都是一次挑戰與流汗的過程，於是每一段路都留下了屬於它的意義。啊～這個上坡我爬得好累，但是上面的景色如此動人，呼！這一段路正好有樹蔭能讓我們稍微休息，諸如此類的小小感動都會在路上留下一個個印記，累積起來的過程無論艱苦或歡愉都是回憶。果然啊，親身走過用身體與汗水一吋吋刻印下的心情，果然是最最鮮明的記憶！

過了甘肅一半後來到了中國母親河流過的西部第一工業大城，蘭州。那工業化的巨大城市

讓一路上已習慣小城鎮的我們著實驚嚇，也因為是河西走廊上工業化最主要的城市加上大量的城市人口，嚴重的空氣污染是在此地的第一印象，有多嚴重呢？

離開蘭州的早上，一大早我們為了避開上班的人潮車潮早早出發，一出門就發現整座城市似乎被清晨特有的晨霧所圍繞，涼涼的晨霧應該會讓人精神一振，卻怎樣也沒這種感覺，正納悶著還是得繼續上路。慢慢的時間到了快十點，太陽高高掛的狀態下，怎麼所謂的晨霧還不散去，空氣中的味道還有越來越奇怪的趨勢，到了城市近郊才恍然大悟，看到的是一排排不斷排放黑煙白煙連紅煙都看得到的工業區。雖然我知道中國什麼都大這個特色，但是工業污染的規模實在超出我的想像太多，無法理解，看著被工業污染的濁白色空氣包圍的蘭州，我無法理解在所謂驕傲的西部工業化第一名的大城市裡，人們要如何生活在這樣的環境裡？

離開黃河流過的蘭州大城後（空氣污染這麼嚴重了，該不會污水都是流進俗稱母親河的黃河裡吧？），準備面對的是橫在眼前甘肅境內最高的挑戰，海拔 3 千公尺的烏鞘嶺！

從蘭州開始，就要開始面對傳說中長達 2 百多公里無間斷的上坡，中間只有景色無變化的黃土片片，少了植物遮陰，高原上的陽光會直直的在你身上留下溫度的痕

這不是晨霧，是覆蓋整座蘭州市的空氣污染。

跡，漫長的上坡到了最後只有重重的呼吸聲與沉沉的腳踏讓人感受到前進。還記得在一天溫度高達39度的中午，好不容易找到在一戶門前種有兩顆大樹的人家，顧不得一切，在路旁拉了紙板就在樹蔭下呼呼大睡。在大陸騎車騎久了，行為舉止都隨興了起來，稍事休息後來顆當地特產的蘋果，發著呆看著眼前一路上坡不停的路，苦笑數聲後開始下午場的奮鬥，大太陽的枯燥上坡路為何總是令人無力？

天堂小鎮

經過幾天的努力，熬過了幾百公里的上坡，這一天預定騎乘目標為35公里遠的天祝，準備放鬆一下。說到天祝這個藏族自治區的縣城，遠在一百公里以外就看到路邊的廣告牌大大的寫著「天上有天堂，人間天堂在天祝」，從照片上看就是個如詩畫般美麗的地方，除了獨特的藏族民族風味外還擁有為全世界唯一特產「白犛牛」。犛牛一般毛色皆為深色例如是黑或是深褐色，但在甘肅的藏族自治區天祝縣城附近竟產有一種出生毛色就是白色的犛牛，據當地人說全世界就此地有這品種，故極為珍貴有名。而且傳說在市集就可以買到世界唯一的白犛牛牛奶耶！白犛牛的奶和一般奶會有何不同呢？而照片上的風光水秀會不會也讓人驚豔？在又臭又長的枯燥上坡路裡總幻想著這美侖美奐的所在，可說己成為了心靈支柱也不為過！心裡想著只需35 公里的今天肯定是最輕

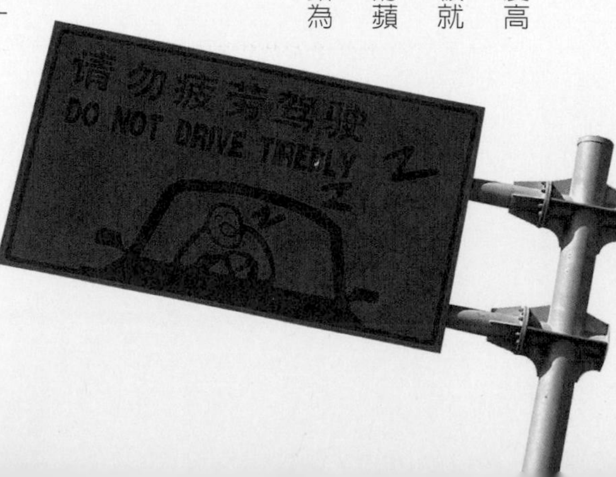

鬆快樂的一天吧！

但是！「天算不如人算」！是的，實在是充滿意外變數驚嚇不斷的一段旅程。如此美好的地方我們肯定去了吧？

沒有，連城區也沒得進，更別說喝牛奶，還差點被人趕著走回頭路！一切最根本的原因就是「國情不同」。在台灣有警察臨檢，而大陸的公安也會在路邊來上一下，未進城區前就被路邊圍堵埋伏的公安叫到路旁（緊張）開始調查身分，登錄證件、盤問目的等等，在台灣被臨檢就讓人緊張了，何況是在人生地不熟的甘肅深山啊！一口鄉音的公安表情嚴肅的檢查我們的台胞證，從抵達大陸入境的時間到沿路經過的城鎮等等細節都不放過，越問公安大哥的表情是越暗沉，連帶著我們的心情也越緊張，最後過了幾十分鐘，公安大哥靜靜的將台胞證還給我們，結論是此地為藏族自治區，外國人不準通行！就一句話「這兒不給過，回頭下山吧！」（只有這種時刻才把台灣當外國看，啊你們不都是一國兩制？可見還是認同台灣為獨立的國家？在旅行時因為這樣的模糊地帶發生了不少麻煩事。）

只想用一句話打發我們下山，啥米東西啊！是要我們回頭騎回西安嗎？那花了好幾天才騎過的幾百公里上坡路即將化為烏有嗎？心裡不只涼了半截簡直要嚇傻了，只能發動求情模式，將重訪玄奘取經路的壯舉以悲壯的口吻重頭描述了一次。好說歹說，這位鐵面公安才勉為其難的說要請示上級，在打通了電話後還頻頻回頭看著我們，呃~是打算怎樣啊……心裡著實緊張。講電話的時間可能不過15分鐘，在一旁的我們感覺時間卻像過了一個小時般漫長，上頭長官的一個回答竟然決定了這趟旅程的成敗，左思右想還是很不甘心，也體認到人在國外有太多事是身不由己或是操之在別人手上。

最後鐵面公安掛上電話，一副不置可否的表情說：「上頭勉強同意讓你們通過，不過不可以在縣城內停留或是食宿。」一聽這話，我倆連忙同意，馬上騎上鐵馬離開檢查哨，只要離開檢查哨就天大地大任我行了，誰還理你呀！至少，這趟旅程沒有因為這種亂七八糟的原因結束，在騎車一段路後回頭一看，遠處的鐵面公安像是貓抓老鼠般仍緊盯著我們，加速離開他的視線範圍才稍微安心後發覺，這是第一次與大陸公安的接觸經驗！

在鐵面公安的警網下，我們不敢進城也不能多做停留，唯一剩下的選擇就是直接挑戰明天的預定目標，甘肅境內海拔最高（約3014公尺）的烏鞘嶺！原本只要騎35公里的路程，突然拉高到海拔3千多公尺，拉遠到150多公里，原本打算慢慢騎過今天的我們特別晚出門，這下子悠閒行程變成趕路拼命行程。

兩個人怕天黑了還在山裡掙扎，只得悶著頭快快騎車，隨著高度拔升，路邊的景色益加壯

你瞧，多囂張的車隊。

路邊就是怡然自得的牛兒們。

羊群也是四處趴趴走，蹦蹦跳！

闊動人，雖然無法在此落腳心有不甘，但人間天堂在天祝的形容詞並沒有誇大，一眼望去是入秋後金黃色樹葉以雪山做背景隨風飄散，走得更遠一些，樹少了草原開始在視野裡無限延伸，原本是遠處的群山慢慢的近在眼前，高山草原上的風無拘束地在流淌路邊的羊群上，遠望過去移動中的羊群就像是被風吹動的白毛球，極是有趣！

雖然美景動人，但隨著高度越騎是越冷了，靠近山頂前有一段大風穿行的道路，人們稱作「風口」，在近山頂時風口揚起了大風，10度下的低溫在強風助長下發揮出刺骨的威力，一陣陣的強逆風像是抗拒著我們接近，硬撐著冷至發僵的雙手、無視流鼻水好像壞掉水龍頭的鼻子一路逆風而上，最黑暗的時刻總會過去，一吋吋的前進，總有一天是讓我們爬到山頂！這裡就是甘肅最高的烏鞘嶺嗎？我們真的做到了嗎？

意識抵達的那一瞬間，心裡的滿足感壓過了身體的疲累，過去所談論的計畫與期望變成了當下活生生的現實，環顧四周騎行而過的一座座山嶺，還記得在蘭州出發時令人望之生畏的悸動嗎？不論多遠只要方向正確步步踏實，總有一天你會登上山巔！想起努力籌畫到今天，立在烏鞘嶺之上，開心的大喊：「我們做到了！」（想起差點被趕下山，更顯得格外珍貴與踏實啊！）

時日逼近大陸國慶，到處風聲鶴唳提高警戒，公安們更顯得鐵面無情把關甚嚴。我也只

這就是甘肅最高點，烏鞘嶺。

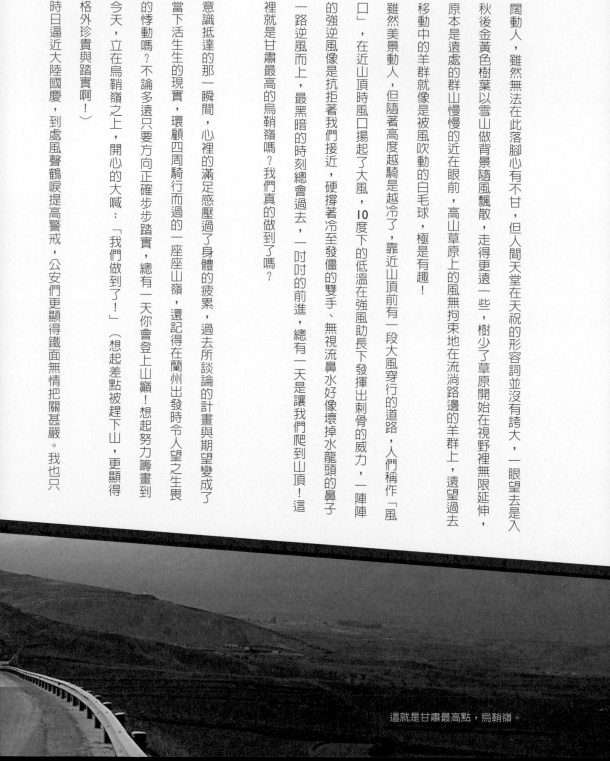

不過想要在人間天堂喝上一口白犛牛奶啊！這下沒什麼好說的，就帶著兩行失落淚痕一路向前吧！

埋頭頂著風低頭盯著碼表上的緯度慢慢上升與溫度漸漸下降，聽著自己呼吸聲伴著大紅外套摩擦下產生的沙沙聲一邊數著心跳，終於，上了烏鞘嶺才知道烏鞘嶺上不是黑的，是青黃的。

幾天辛苦的不斷上坡，終於也到了償還爬坡的時刻啦！自行車界有一句爬山時安慰人的名言「有上就有下」，果然不錯，一口氣由海拔 3014 公尺直下到海拔 2000 公尺，無間斷的下坡像是追著狂風在路上盡情滑翔般好不暢快，一路上彷彿車上裝著馬達般時速高達40～50公里，過去的枯燥上坡全部都在此刻得到回饋，從高山草原的風景慢慢又下到了有森林與樹木的範圍，幾經辛苦也總算在天黑前抵達山腳的城鎮古浪。

也許是這城鎮少見到騎著自行車的騎士，在路上特別引人注目，無論是大街或是小巷，人人都停下腳步行注目禮直到我們遠去，膽子大一些的小孩還會在路旁大喊「Hello~Hello」（我們都把臉整個包起來，看起來像外國人）。好不容易找到住宿的旅社，才停下車，身後突然有人喊了一聲「Hello~」還以為是小孩追上來，

轉身一看竟是和我們一樣騎著重裝備旅行車的三位外國朋友！

正所謂興趣相同自然臭味相投，相約晚上一起吃了頓成行來最豐盛的大餐（苦情兄妹一直以來捨不得花錢吃大餐）。餐桌上除了久違的大碗米飯（西北多麵食、米飯較貴），幾盤熱炒，連順口好喝的大陸啤酒都有哇！（疲累了一整天後來一口啤酒真是太讚啦！）

原來他們一行三個德國中年男子也碰上了和我們一樣的難題，本來也是預定留宿天祝，結果需要一天趕下山，一起被迫在這山腳的小城鎮落腳，卻也因此成就了一頓愉快晚餐，黑夜裡一行五個人在酒後的微醺下看著遠處烏鞘嶺的山影，不禁想為這難以預測的一切再乾上一杯！

沿途遇上了各路英雄好漢，請隨時保持機警，藉機搭訕，以交換行程資料之名行「騙吃騙喝」之實。

有多大？三個月餅占滿一整張桌面！
愛心饅頭也是一般的三倍大。
讓哥哥難以啟齒的德國起士。

路上遇到的兩位德國老外，都是開公司的老闆，
來騎自行車享受人生（外國人的養老方式和我們真是不同）。
遇到他們，吃了不少好料！

河西走廊

騎進河西走廊

自從離開了蘭州，就要正式進到河西四郡範圍了，這片方向在黃河以西又狹長如走廊，被稱之為「河西走廊」的地方，直到漢唐時期才正式納入中國的版圖，當年雖然名義上是版圖之內但已進入古時候「西域」的範圍，也開始有了我們心目中「絲綢之路」的形象。

絲綢之路，簡單來說是東（漢唐）西方（羅馬）交流貿易之路線，當時西方極為喜愛中國生產的絲綢，但由於山高水遠路途極長加上當時僅有中國能生產，故在羅馬絲綢極為值錢，而促成了許多商人為了可觀的利益而連接起這條「絲綢之路」。

這條路線有個特色，因為橫跨歐亞大陸，需要經過許多高山外，還需通過中國西部的廣大沙漠地帶，而古時商旅行進沙漠時，各個補給水糧的綠洲就至為重要了，中國段過了黃河以西，水資源快速減少，也因此進了河西走廊就開始了沙漠、綠洲、沙漠為主的前進模式，而我們也開始了體驗當年絲綢之路裡大漠風沙的第一堂課。

這堂課的主題是一天之內在沙漠裡前進160公里的漫漫長路，附贈在乾旱酷熱的戈壁中連續上坡70公里後看見綠洲的喜悅，怎麼說會感到喜悅呢？因為在乾旱難以生存又毫無樹蔭的高溫戈壁下行進漫長時間後，當看見代表「安全、飲水、食物、休息」的綠洲後，你所感受到的是生命得以延續的歡樂，就像是出海的水手在長時間航海後靠岸休息的安全感。這沙漠一望無際、看不見盡頭只有地平線無盡延伸而去的景象，人們便稱為「戈壁海」，比起當年的商旅只能依著舊有的經驗行走在荒涼無指向的路上，又得擔心強盜的危害，今天我們在筆直的柏油路上騎著單車可說是幸運多了。

一條筆直的柏油道路橫躺在戈壁上蔓延，沒了拔地聳起的大樓多了遍地的碎石沙礫與無垠的遼闊，戈壁將一切化繁從簡直逼人反璞歸真。凌晨時分背著日出一路向西呼吸著零下五度的清冽，日正當中豔陽頂頭直逼三十度的汗直流，直到眼看橘紅夕陽一片完美落在前方地平線，心中沒有美麗的哀傷只有找無落腳處的憂愁。日出上馬日落而息的生活倒也簡單，不能說輕鬆但也快活。

雖然比較過去要幸運，但仍是一堂不易上的課，日正當中時騎在戈壁路上，太陽直辣辣遍灑而下，沒有停下休息的選擇，只能低著頭忍受上坡與酷熱的煎熬，除了道路左邊的遠方是頂著皚皚白雲的祈連山脈之外，就是一望無盡藍得刺眼的天空接著戈壁的黃土顏色，稍微能體會當年商人們走進綠洲的心情，漫長路途讓抵達城鎮時只要有任何一絲樹蔭都讓人愉快，遠遠的在地平線出現了綠色的影子，那是代表休息與生命的綠色有水地帶啊！開心的騎進綠洲，在一整天的太陽曝曬後體會到樹蔭是多麼的可愛，也學到最重要的道理就是「下課最快樂」啊。

路再漫長再荒無人煙還是得吃喝拉撒，只是這回沒了飯桌、廁所，地點全成了路邊橋下。一望無際的戈壁絕非不毛之地，但是耐旱頑強的沙漠植物總是生的太過短小精幹，連隻兔子上廁所屁股都見光的狀況下，陸橋下自然成了維護隱私通風良好的公廁和中午時分提供遮蔭的絕佳野餐地。**PS.**公廁食堂兩者合一絕無衝突，用餐時雖前人排泄物群觸手可及，但其實早已風乾無味，只要不要伸手碰，一切都很衛生啦。

↑ 日出時刻。騎著騎著，總能迎接這樣的日出。

↑ 天還黑著就開始騎車上路，回首一看，天已微亮。

熱情小鎮的國慶預演

武威（古稱涼州），名稱來自於漢朝的霍去病在西域大破匈奴，漢武帝為了彰顯其「武功軍威」而將此地命為「武威」，三國時代改稱涼州。玄奘當年所處時代，此地也是個佛教勝地，是因為翻譯佛經而著名的鳩摩羅什大師的舌頭就埋在這裡的寺塔之下。羅什圓寂後焚，唯獨舌頭久焚不化，「三寸不爛之舌」即成佛典。厲害了吧！

當年玄奘出發後，曾在此地應邀講解佛經而一講成名，在此地留下的名聲後來傳揚西域，也因此展開西域揚名的第一步，雖然現在城裡沒有玄奘的遺址，但因講經而種下的因緣，對未來的路程影響相當深遠，所以仍可算是玄奘一路西去求法重要的開始地之一。

相比玄奘我們也在此地得到了一大突破，自西安出發至今在路上總是小心翼翼，以不引人注目為最高原則，只要有人高聲大喊「Hello~」什麼的，幾乎都是加速離開。但自從過了烏鞘嶺後與三位德國人組成了五人車隊一起上路，雖然俗話有說「外國的月亮沒有比較圓」，但是外國人的腳

↑ 順著陽光的方向前進。

↑ 日出前夕。牛群正好站在稜線之上。

還真的比較長，一路上以高達30公里以上的車速前進還有說有笑並排騎車是怎麼回事？為了不給咱們台灣丟臉，咱倆可是死命的踩不願落後，就這樣一行五輛車以「擋我者死」的氣勢，「非常引人注目」的在鄉鎮街道間穿梭。原本什麼車都怕，但變成一行五個人的車隊後，變成什麼車都不怕了，連最為狂妄的砂石車都讓著我們！整個就是囂張啊！至此，就算之後與這群德國人因路線不同而分開騎車，但心理障礙打破後，騎起車來也輕鬆多了！身為台灣人的驕傲，憋著氣咬牙緊跟還得裝做若無其事的談天練英文，幾天下來，腳程快了肺活量也著實擴張了不少。

在途經一座名叫謝河鎮的小鎮時，無意中看到居民在空地排演國慶節目（10月1日中國國慶），國樂聲與淳樸的歌聲高揚著，外國人一馬當先停在旁邊就拿起相機照了起來（連問一聲都沒有，非常的直接），讓一直以來拍照謹慎的我們大吃一驚！二話不說，咱們也立刻當機立斷跟著拍，而當地居民的反應竟是熱烈的招待，除了馬上擺好姿勢外，還全體換裝，開始以我們為觀眾，表演準備已久的國慶節目！鎮長還親自出場擔任指揮，讓場面熱鬧又精彩，那從未聽過的甘肅民歌響徹廣場，一場為我們演出的現場LIVE秀就此展開！我們不過是路人甲乙丙啊！

劇情雖然完全看不懂，歌詞在唱什麼也因為鄉音太重聽不懂幾句，但重點是心意啊！就看那熱情的大嬸努力搖擺大羽扇，認真的變換隊形，一群人努力的在大太陽下的廣場又唱又跳，汗珠似乎未落地就被熱情所蒸發，好一場在地味道濃厚的歌舞表演！

表演後，鎮長熱情的與我們閒聊，一聽到我們來自台灣眼神忽地閃閃發亮，緊緊拉住我的手，說著他對中台關系與大陸60國慶感言，用真誠的語氣說著國家有今天都是因為毛澤東、鄧小平、江澤民等等的功勞，雙眼直勾勾的注視著我，炙熱的眼神像是等著肯定，而我只能微笑以對，確實感受到那份對國家的熱愛。想到了我們的家鄉，有許多人高喊著愛台灣，而有多少人（尤其是政客）可以用這樣發自內心的眼神、語氣和行為，確實的告訴別人呢？我相信絕對有的，因為大家都是深愛養育著我們的土地台灣啊！

說起這愛國心，兄妹倆絕不落人後，但一路西遊總是盡量隱藏台灣身分，不得不啊！雖然現今已有許多台灣人在大陸活動，但越往內陸去，發覺裡面的資訊仍停留在十幾年前沒有更新，對於台灣人都有一個主觀印象——「很有錢」

為我們特別演出的鎮民，中間的是導演兼鎮長

「在台灣生活過得很好」，有時聊聊天說到我們來自台灣，總是會顯露出羨慕神情或是一種莫可名狀卻讓人心生警惕的神情，且很「奇妙」的，若聽到是台灣來的，物價總是莫名的上揚，直接問為何與先前講好的價格不一樣，竟得到一個回答：「反正你們那麼有錢，沒差這點吧！」無論在哪壞人總是少數，但出門在外平安就是一切，於是慢慢練就了一口大陸口音，被聽出有異也發展出一套保身招術，截至完成旅行，竟也無人戳破我們的三重回答……

行走大陸與人萍水相逢時他們劈頭總是問：「你從哪兒來呀？」第一重回答：「我們從西安來的」（的確是從西安開始騎，也沒騙人），有些出身自西安或閱歷較豐的人會發覺不對，會問：「可是聽您的口音不像啊！」這就中了我們的第二重啦！強壓心中的驚慌，我們不急不徐的說：「咱老家在廣東啊，我們從西安騎過來的呀！」（由祖譜看我們家族起源的確在廣東沒錯，沒騙人，口氣最真實。），大部分的人都在這裡打住，畢竟見過世面能理解南部沿海與台灣口音的人已經不多了，但是！還是有人愛裝熟，會接上：「廣東那兒我去過呀！在廣東哪兒呀？」此時只能啟動第三重的最後防線回答：「咱們老家在廣東紹安呀？」（這也考據過祖譜，保證百分百真實）。

其實都是為了路上的平安，一開始多聽少說，了解哪些口語是當地常用，盡量

記下，再配合一口捲舌音就差不多可以蒙混過關了。

實在不是有心欺瞞社會大衆，或是羞於表示台灣人的身分，而是當人們知道是從對岸來的，總是眼露羨慕神情，接著說「台灣生活很富裕吧！」然後不知怎麼著，價錢就開始向上飛揚或天知道有什麼下一步……一切都是為了最高準則「安全、安全還是安全」啊！

百塔寺

說來有趣，那日中午還經過一個民族主義濃厚的景點白塔寺，這裡記念一位元朝時西藏的宗教領袖，當年他受邀到涼州白塔寺進行一場有名的「涼州會談」並發表了「薩迦班智達致蕃人書」，文件內容大意是此後西藏正式納入中國的版圖之類，而該宗教領袖最後沒有回到西藏而在此地過世，死後涼州修建了高35.28公尺的大白塔，周圍有99個小白塔的墓區（剛好一百座白塔）。今日，此地就成了中國大陸官方宣告西藏歸屬中國版圖歷史的見證地（藏人會以什麼心情看待呢？）

走在百塔寺裡看著廣場上的大大紅字「白塔寺現為省級愛國主義教育基地」，而今日正逢中國大陸的60大壽，在墓區行走時，麥克風不斷播放

進行中的閱兵典禮，語氣充滿慷慨激昂熱血沸騰，想起那一群在廣場上跳著國慶舞的大嬸阿姨們與鎮長熱切的眼神，配合此時此景真是好一個愛國氣氛滿滿的一天哪！

↑ 許多城市都有這一樣一座鐘鼓樓，這會兒都裝飾上慶祝國家慶典的字樣。

陝西麵條像條小褲帶！

第一怪
面条像裤带
三秦面条真不赖
擀厚切宽像裤带
面香筋道细又白
爽口耐饥燎得太

第三怪
辣子是主菜
虽说湘川能吃辣
老陕吃辣让人怕
辣面拌盐热油泼
调面夹馍把饭下

第四怪
碗盆难分开
老陕饭碗特别大
面条菜肴全盛下
一碗能把肚填饱
老碗会上把话拉

小小一碗嗆辣有勁。

河西走廊裡有四個最重要的綠州，合稱「河西四郡」，分別為武威、張掖、酒泉、敦煌，其中最大也最肥沃的的綠洲為張掖，古稱金張掖或甘洲，因來自祈連山、中國第二大內陸河「黑河」的滋潤，將這片盆地轉變為一片沙漠戈壁裡的綠色奇蹟，也因此成為血染黃沙的兵家必爭之地，當年霍去病拿到此地，漢武帝將此地稱為「斷匈奴之臂，張漢朝之掖」，故稱張掖。除了多產的農作物與水果外還盛產水產，其豐饒程度又名「小江南」，為西北方的農作第一大城，城裡甚至還有座森林公園呢！

眼前的綠洲景象恍然一變，由成群的樹蔭圍著水湖成了高樓繞著圓環，樹蔭下駱駝驢子的位置成了各式路邊攤，城市綠洲裡車水馬龍人潮依舊。四處打轉時遇上一個善心在地人領路，我說打掉那些古色古香的老建築多可惜，他帶著訝異的眼光回說新建高樓大房才是漂亮啊！

← 大佛寺裡的藏書之一：《大唐西域記》。

騎久了乾旱地區，確切感受到此地的神奇與重要，離開張掖很快就要到達那春風不度的玉門關，那漫漫長路與滿天風沙的塞外風情啊！背景音樂，出塞曲：那只有長城外才有的清香，誰說出塞歌的調子太悲涼，如果你不愛聽，那是因為歌中沒有你的渴望……

大佛寺與英勇豬八戒

張掖有座擁有亞洲室內第一大臥佛的寺廟大佛寺，始建於西夏，匯集藏傳與中土佛教兩者特色，在寺廟完整時有金、木、水、火、土五塔，但現今金塔遭人盜走，而水、火兩塔在文革中毀滅，僅存木、土兩塔，皆各有特色。此地除了是古時佛教重鎮外，更因地處於絲路的咽喉之處，無論是經由北、中、南道都需經過張掖，也因此自古繁華、文化昌盛，也是佛法東傳與東西文化交流融合的根據地。

大佛寺內除了最為有名的臥佛外，還是個藏經寶庫，當年明朝皇帝曾將全套三藏佛經抄錄（近千卷佛經）運送千里至張掖，而這套佛經就在此藏經千年，有許多人為其付出許多，甚至是生命才讓這些經卷躲過了歲月摧殘與文革的破壞。

寺內記錄，當年文化大革命開始前，廟方將經卷藏至設有暗門的牆壁內，安排了一位女尼守護經書，這位女尼在此地一守就是22年，期間守口如瓶，沒有任何人

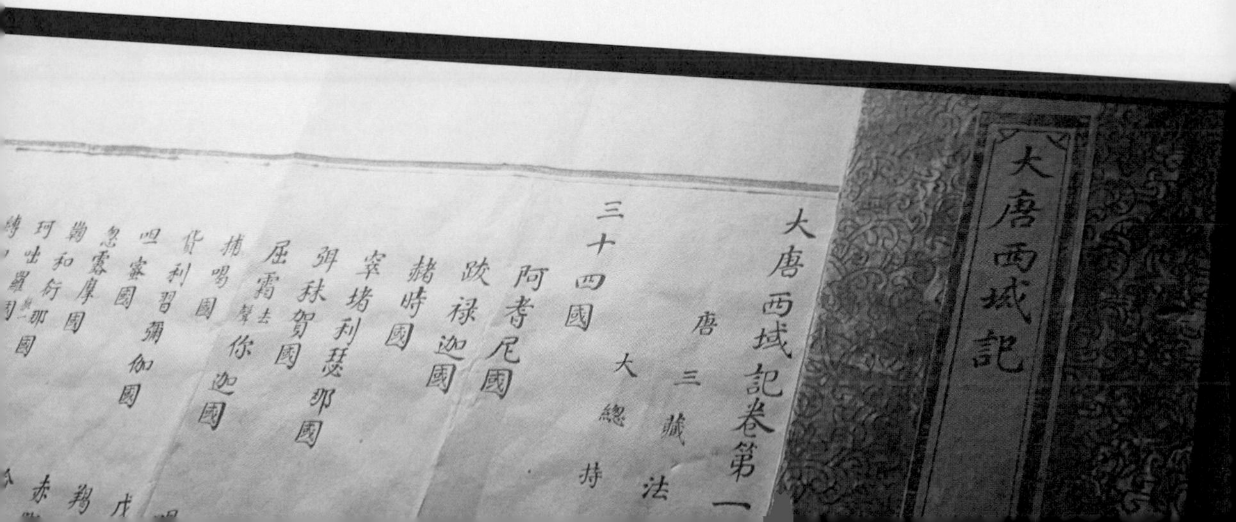

↑張掖大佛寺

知道這壁內藏有佛門至寶。直至一年冬天夜裡，女尼炕上的火星燒著了僧衣，竟引起一場大火將女尼活活燒死，後人收拾遺物時才發覺牆壁裡竟藏有天大的祕密藏經庫，而那時文革己結束，此處所藏的經書是中國僅有的完整佛經，一時轟動天下，眾人皆所感佩。

雖然故事結尾是佛經得以完整保存並重見天日，但聽到這結局時仍令人不禁色變，為何這可怕意外竟是促成佛經重現的因素之一？這又是怎樣的人生與宿命？

大佛殿內除了臥佛外，四面安置有108羅漢的雕塑，四面的牆壁更繪有各式佛教故事的壁畫，很有趣的是其中一幅正是描繪「西遊記」，但內容和我們常聽到的版本卻有了點不同。

話說豬八戒高老莊搶親，孫悟空化做假新娘的故事，大部分人都知道，現實生活中，張掖附近可真有一個地方就叫高老莊！而繪壁畫當時的居民以有豬八戒這姻親深感榮幸，於是壁畫的內容裡，沙悟淨愛偷懶、孫悟空老闖禍，而咱們自家人的八戒卻是集英勇、勤勞、孝順師父各種美德於一身，只能說有關係沒關係，胳膊全往內翻啦！

↑大佛寺八景之一：木塔晨鐘。

↑五塔之一的土塔。

這裡也有個鄉下地方（名字給忘了）傳說玄奘當年取經時，曾在此地過溪時將隨身的經書給弄溼了，而在某塊石頭上曬經之類的事蹟，雖然是鄉野傳說但也不全無可信之處，當年玄奘也確實由此地經過，雖然沒有留下特別的故事（除了曬經）與事蹟，但此地因文化交流鼎盛且為佛教昌盛之地，對於絲路文化的研究也有著不可取代的地位。

話說就是在張掖，可能是一時不察或許是使勁過猛，有如法國薄餅的馬桶蓋被一屁股坐破後，兄妹倆隨即陷入需高價賠償的被害妄想中，決心採取自以為天衣無縫的拼圖式大補救，合力完工後瞥見樓梯間一疊嶄新發亮的馬桶蓋更是想來個狸貓換太子，雖然邪念被閃著紅眼的監視器成功嚇阻，最終也敵不過良心的煎熬自個兒招了、賠了，但想必是張掖大佛要教訓咱們曾心懷不軌，在擁有平坦大道的張掖，輾破了開工以來的第一個車胎。

木塔廣場上的鴿子。

五塔之一的土塔。

沙漠中的綠洲張掖。

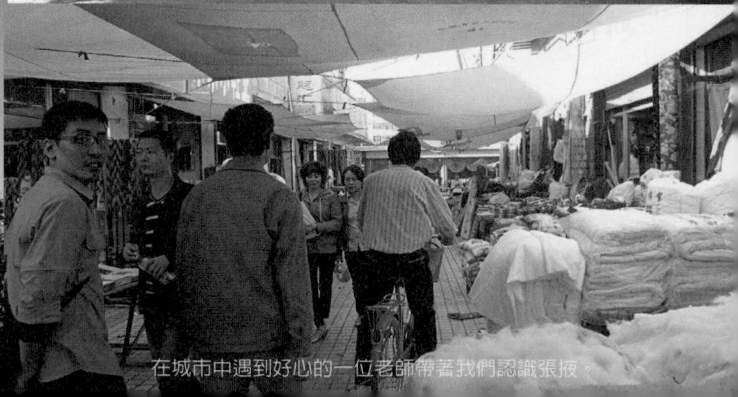

在城市中遇到好心的一位老師帶著我們認識張掖。

饭
我們真的省，固定一道菜兩碗飯打發。

河西走廊

天下第一雄關

騎過了張掖，代表河西四郡已走過一半，接下來的兩郡就是酒泉與敦煌。酒泉，又是一個因霍去病而得名的城市，當年霍將軍打下此地後，漢武帝特別賞賜美酒以獎賞他的軍功，但這霍將軍認為功勞是屬於全軍共有，將皇帝賞賜的美酒倒入當地的一口甘泉之中，讓全軍一起共享御賜美酒，因為這傳說，此地後來就命名為「酒泉」。而這個以美酒為名的綠洲城市，在我們騎經的路上只看到一片片正立起大樓的工地，整齊劃一的大量水泥建築群矗立眼前，還未到城區，四周已是車流不息的高架快速道路，酒泉的第一印象水泥色彩竟蓋過本應綠意盎然的「綠洲」。在自行車旅行時，高度發展的城市同時代表大量的人群與車潮，雖然吃住便利但怎麼也無法喜歡這種水泥叢林的氣味，最後決定放棄在酒泉一試當地好酒的機會，直接前往距離不到50公里遠的嘉裕關市，一座以古時關口命名的城市就可以推知這關口絕非一般，是的，它就是名聞天下，中國保存最好的軍事建築！也是萬里長城西方的盡頭，傳說中的天下第一雄關「嘉峪關」！

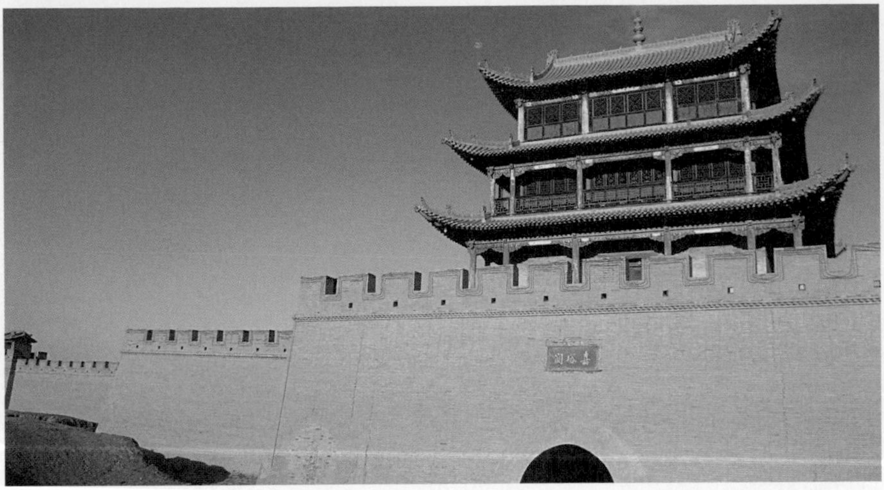

嘉峪關的歷史和絲路其實並無太大關連，嘉峪關始建於明朝，而絲路暢行的時代在漢唐，兩者代表的意義也不同，大體可以說是長城＝圈地自守；絲路＝開放暢通，絲路文化代表了東方漢唐與西方羅馬兩方皆強盛足以保證路線的暢通，才可能連接起兩者的貿易與交流，當其中一方的勢力弱小了，中間的連繫被各種勢力壟斷後，絲路也就不復存在，而類似嘉峪關的建築正是證明己無足夠力量維持路線的權力，只能圈地自守而無力西進了，絲路原本就是因時代意義而形成的路線，未來更被海上絲路取代，不過那己是後話。

而這天下第一雄關與一路上延伸的古

天下第一雄關—嘉峪關

長城連接，憑著山勢造起了一座雄偉的關城，那憑山而起遠眺大漠的氣勢己是不凡，走在城牆裡撫著牆面，想像多少英雄干戈、多少傳說，但今日滄海桑田又留下了什麼？不過戈壁灘上的一堵荒城一段軼事罷了。

隨著夕陽西下，光影照著城門，倒映帶著駱駝的小販，好似古時商賈或是行旅要進城了，風一吹、天開始涼了，天半黑的嘉峪關帶著濃厚的蒼涼，趕在關門前匆匆離去，上公車回到市集吃了一碗道地的拉麵，竟是出發至今吃過最美味的，慢慢走回旅舍，明日就要西出嘉峪關，往更裡邊的大漠裡去了。

嘉峪關的駱駝的確讓人難忘，話說那豪情千里的塞外風光怎可少了那關外的駱駝與堆迭起伏的沙丘夕陽？拿著相機逐步逼近腦中不斷建構最佳取景目標的那一瞬間，不知是駱駝夫警告的太遲還是人老反

應慢，當下被那墨綠黏稠絕對到味的口水吐了一身，旁邊的人們笑了，我，臭了好久。原來駱駝愛吐口水，是真的。

離開嘉峪關，大漠裡一條312國道直直往前，近來西部大開發將舊有的國道系統修築成高速公路，也因此舊有的道路除了殘破不堪外還變成羊腸小道（僅剩一台砂石車寬度），而總有大卡車為了省過路費走舊國道，只要車子從身旁經過，除了喇叭震天響，還將我們擠至路旁碎石邊坡好不危險，已經是道路破碎步步玩命的要命地步，決定不與天賭命，想方設法怎樣都要都上高速公路騎車（其實也是在賭命，只是玩比較小）！

夕陽照映城門下帶著駱駝的小販，仿古時商賈或是行旅要進城了。

能不能鑽上去也是要看天時（公安不在身邊轉）看地利（高牆鐵網找破口）看技術的（雙手舉鐵馬，兩肩扛車包再往對向衝）。

幾經辛苦但見一條平整寬大的康莊大道於眼前展開（但是違法，曾被公安「請」下去過，請小心），當然高速公路車速快，但至少不是從身邊貼身而過，還算能順順利利的繼續前進。

騎乘時妹妹笑稱：「這才算是絲綢之路嘛！」果不其然，在剛開通不久、路面仍然平滑如絲綢的高速公路上，速度也快了起來。幾年前開始的大西部開發到現在到處仍能看到高速公路的建設，每座山下是日夜趕工的水泥廠，山洞、高速公路貫穿所有想像得到的路線，不是說建設與發展不好，它有其意義與考量，但騎行其上享受其便利時，想到環境所付出的代價、山水被破壞的痕跡，心情不由得複雜與沉重，是非本沒有絕對，但是騎在高速公路上望著路肩之外的蒼蒼戈壁，突然覺得它離我們好遠，好似開始有種不真切的感覺了。

↑ 硬上絲綢之路。

一看就知道是當 DJ 的人才。

店名是真誠牛大王，
麵量給的很感人！
大王
大肉汤面　炒面

河西走廊

沙漠傳奇

從西安騎著自行車出發後，一路上經過了祈連山、烏鞘嶺、黃土高原等等在歷史地理課本中曾朗朗上口卻未曾得見、只在照片裡或〈大陸尋奇〉節目中遙想的地方，騎過這些地方總試著以全身的感官去感受與體會，沒有一個地方沒有歷史，未曾有地區沒有傳說，讀萬卷書行萬里路後更能深入其內涵與意義，而那令人神往與好奇的「絲路」，今天終於到了最期待的重頭戲！代表文化交流匯集之處的名字「敦煌」，傳說中充滿歷史與文化能量的「國家藝廊」莫高窟，還有那沙漠中千古不乾涸的月牙泉傳奇「嗚沙山月牙泉」，騎了那麼久的自行車，今天終於能親眼目睹、感受了！

大陸各觀光景點的票價可輕易的由評價幾顆星招指推算，敦煌可謂眾星雲集極其大成，閃閃星光下更顯得阮囊羞澀，但話說人也不是天天有機會看流星雨，飯可以改天吃，星光票卻不可不買！

←終於看到的駱駝隊伍。

莫高窟

話說絲路與敦煌兩者有著極為緊密的關係，絲路存敦煌盛，絲路亡敦煌敗，曾經輝煌的城市，在明代建起嘉峪關後，中國對其掌握也失去（放棄）了，失去商業的利益連結讓這條曾經因絲綢交易而興盛的道路沒落，當敦煌不再商賈雲集，這座古稱「沙州」的歷史名城也在廣大戈壁中失去了光芒，過去的一切歷史在風沙中被掩埋、遺忘，敦煌成了一座破敗蒼涼的城鎮。

二次世界大戰後，大批的各國考古學家進到了這塊地方，雖然喚起了近代史中著名的「絲路熱潮」、「敦煌熱」，但代價是大量的國寶被人為刮損、竊盜，最令人嘆息的是當中國官方發覺文物珍貴後，民間興起了更為嚴重的破壞、盜取行為，其破壞程度之重、傷害之深，竟遠超外國學者所造成的損失！多令人難堪！在指責外國竊寶之恨時無法原諒自己造成的破壞。有人曾說敦煌是中國文化的一個傷心地，或許應該這麼說，在絲路沿線上所痛失的無價文化珍寶（超過十幾個大大小小佛窟皆被盜取、破壞），早已超過傷心、痛心所能負荷。

說來也有一些小故事，當年文革在大陸沸沸揚揚四處破壞時，敦煌因地處偏遠反而受到的侵害要少得多，而有一些紅衛兵到了這裡，卻被此處的文化藝術所感動，反

而下不了手破壞。而文革過後，大陸政府經過數十年的努力經營與維護，現在的莫高窟已是大陸國家最高五星級的觀光景點，收費是最高等級的160人民幣，以維持龐大的修繕與維護費用，雖然最高等級的門票大傷荷包，但到了敦煌怎能不進莫高窟？

進入莫高窟，導遊提到歷代關心愛護此地的民眾與學者付出的努力，無論是玻璃圍牆或是鋁門關鎖都是想將她保存得長長久久，雖然過去融合自然景色的美景已不再看到，但為了時至今日仍能讓人們親眼目睹這些瑰寶，是多少為保護文物而獻出一生的工作人員的努力與付出？

購票後規定只能跟著導遊走固定的路線與固定的洞窟，雖然因此無法看盡每個洞窟，品嘗感動，但跟著導遊在規畫下觀賞佛窟也是另一種感受。每個佛窟皆有故事、都有其文化與能量，看著古人一千多年前的藝術傑作深受感動，那是多少工匠的生命結晶？多少人的信仰與付出，成就這座驚人的藝術歷史文化精華？

入內後可攜帶手電筒跟著不同的導遊（各導遊分配不同路線、洞窟）參訪不同的洞窟！但需當天遊客不多，管制不嚴才可達成一票多看（曾有人連跟五團，連看六個多小時，真是幸福啊！）。

敦煌莫高窟裡面禁止拍照，僅能在外儘量留下她的身影

嗚沙山

看過莫高窟後，接下來就是千年不枯水的嗚沙山月牙泉了。出發前，在台灣總幻想未來騎在戈壁時會如同電影裡的畫面般，會看到一座座金黃色沙丘帶著漫天黃沙的蒼涼景像，但直到我們買了不便宜門票（120人民幣，敦煌真是個傷荷包的錢坑啊～）才看到幻想中的沙漠景色。

入口處有許多駱駝或是吉普車等著帶遊客進入嗚沙山，看著輕到不行的荷包，決定徒步走進去。一隊隊載著遊客的駱駝隊晃悠悠的走進去，走在一邊踩著一路上滿滿的駱駝糞便的我們，有種成了駱駝伕的奇妙感覺，而步行在黃沙上，腳步深沉沉地，只要站著不動就有被引力往下吸的錯覺，有種恐懼與興奮交雜的奇妙感受（哇～這就是所謂的沙漠嗎？）。

在一彎月牙的泉水旁是一座東方古典式的廟宇建築，四周圍繞著一座座高聳的沙山，讓人不禁想像，站在那沙山的頂端風景會是如何壯麗？四周的沙山早己為遊客鋪設好步道（但是需付費）。想說沒路走就自己找路走，向沒有步道的沙山爬去，只聽到身後步道的老闆大喊：「沒有走步道絕對上不去的啦！」之類的冷嘲熱諷，聽了著實令人不爽，就為了那一口氣也為

非常有成就感的爬上山。

了山頂的風光，兩人手腳並用努力掙扎著想爬上山頂，越往上爬角度越陡沙子也滑落得越多，在往上爬的途中越往上難度是越高了，也許今天最貼近鳴沙山的就是這兩個笨蛋兄妹了吧！（四肢都埋進去了～）

爬得一身臭汗正想著自己在幹什麼時，突然一陣狂風吹過，鳴沙山的沙子從手邊像是河流般流過，整座山在沙礫磨擦間似乎鳴叫了起來（啊～果然是「鳴」沙山啊，果然有鳴叫的聲音），風沙滑過身側越過山頂向天空流去，黃金色的河流般在陽光下發亮，索性躺在沙山的斜坡之上，盡情享受這金黃色的沙子從身上輕輕流過的難得體驗（也因為太累了要休息一下）。

鼓足餘力繼續的往上，在還未意識到前竟已成功登上了峰頂！從高處往下望，月牙泉的形狀更是一泉清亮映黃沙，好一處沙山與月牙相映成趣的景色啊！和著夾雜沙礫的風放聲大呼～好過癮哪！（照相機也進沙啦！要送修了……）

中國豆花有鹹有甜，管叫豆腐腦。
連小老闆都嫌棄我們買的很窮酸（嘆）。

河西走廊

星星峽之夜

過了敦煌，路上蒼涼的氣息越來越濃冽了，離甘肅新疆的交界越近似乎也更加荒涼，路依然直挺挺的往戈壁無盡頭般延伸，側風以4~5級的風速吹過，讓車子禁不住往路中間騎去，只能沉著氣穩穩騎著忍受戈壁上必備的狂風吹襲。

過了幾個小時，進入甘肅新疆交界的北山，那是一片荒蕪，只有深黑與褐色相間的岩石山脈，在路的前方綿延不斷的只有荒涼和蕭瑟，只差一座末日火山就是魔戒裡的魔域場景。狂風呼呼中，只感覺到此地的了無生機與寂寥，這裡是過去絲路的北、中道必經之地，古時商賈走在其中是否也對毫無生機的岩山感到恐懼呢？在黑山行旅之間想必強盜頻生，在過去的時光裡，肯定不是一個容易通過的山口。

進了山，隨著海拔漸高溫度也降下來了。一路養成在天微亮時就開始騎車，某日清晨覺得特別的冷，一看高度表，海拔己超過1700公尺，溫度更是首次掉到了1度，果然是更冷了啊。

哈密电力宾馆欢迎您
0902-2259581

312

在山脈綿延間上下，騎乘間路邊就是戈壁與些許的沙漠植物，很幸運的在路上碰見野生的駱駝群！比起之前人工飼養的要高壯肥碩，走起路來駝峰一顛一顛的很有趣，騎過一旁時一同轉過頭來像是看著新奇的事物看著我們，嘴裡還吃著路邊人丟的衛生紙(是的，是用過的)，試圖拍照時便轉身往戈壁深處跑去，嗯~至少看起來挺健康，沒有吃壞肚子的樣子。

幾經努力，翻過末日火山般的黑色山脈後，騎到了一處名為馬蓮井的小地方。正所謂有井就有水，竟在戈壁灘中形成一片片的芒草地，遠遠看去竟神似照片中看過但未曾親眼見識的非洲大草原！認真細看，草原深處居然

還可以看到動物群落的影子在其中漫遊，一陣勁風吹過，神祕的動物終於現身，原來是一大群放牧的驢群，個個放養長得肥肥壯壯健康滿滿的樣子，沒看過「風吹草低見牛羊」，但是風吹草低見驢子也是一個新鮮的體驗。

當路上越來越荒涼，聚落間的距離開始以50、1百公里起跳，自出發後，路上最大敵人的大貨車喇叭聲開始慢慢由催促讓路的聲音轉為加油的喇叭聲（當連續幾十天每天聽喇叭聲後，會發覺那是種貨車溝通用的「語言」），也開始有人招手加油或是大喊為我們打氣，無論是哪種形式都會給予我們再努力往前的些許動力。

終於，在黃昏前抵達了甘肅境內的最後小城鎮星星峽，該處地勢在群山之中是甘肅與新疆的必經關口，是個在鄰近地區還看得到己化為遺跡的碉堡或是古蹟等級峰火台的兵家重地，究竟此地曾發生多少血染黃沙的戰爭？最近幾十年裡，近代史國共相爭的戰役裡，曾有為數兩萬的中共西路軍在此與國民黨的馬步芳部隊發生戰事，最後的結局是兩萬西路軍最後僅有16人通過星星峽逃往新疆的烏魯木齊，在此地就差少許中共的勢力被完全剿滅，之後如何捲土重來得到最後勝利那就是後話了。

現在的星星峽僅是個數百人居住的小村鎮，以供應長途貨車的維修補給為經濟命脈，因地處荒山，資源皆靠外地的運輸，水電等都極為欠缺，在簡陋的招待所裡聽到老闆娘回答其他住客：「這兒有電就不錯了，還電視咧！」若要使用水梳洗，得使用水缸裡儲存的疑似清水（沒水龍頭）。在供電斷斷續續的房間裡，想像明天就要一探新疆的神祕，體會那現代版的西出城關無故人，新疆啊新疆，我們總算是騎到這裡了！

一路緩緩向上攀爬，終於成功用時間換取距離，上了星星峽，就那一條街塵土飛揚的坐落山間，似乎誤入了美國西部片中破敗蕭條的邊界小鎮，只是牛仔槍戰的場景成了卡車對峙的畫面。果然現實不如名字般的美麗浪漫，但那兒的廁所卻更讓人難以忘懷，一個沒有牆與門的便池就處在人來人往的走廊盡頭。雖然這著實考驗了人在忍無可忍後的豪邁指數，但在荒野間有飯吃、有床躺的狀態下，這似乎也沒什麼好抱怨的了。

這管，有必要搞這麼大嗎？

明月出天山
蒼茫雲海間
長風幾萬里
吹度玉門關——唐・李白

這是唐朝詩仙李白在塞外流傳千古的詩句，時至今日，走在新疆仍能體會當年李白為何如此有感而發，雖然在唐朝時，玉門關已成荒涼戈壁中的一堵破落土堆，但遙想當年車馬人往的古時關口、多少千古留傳的詩句在玉門關發生，雖然沒有真的騎到在荒漠中的玉門關古蹟一看，但準備騎進新疆，就像是正式走向另一個未知的領域，就像回到第一天出發般，未知與神祕在眼前展開。

騎到了甘肅與新疆的交界，那在山與山之間的小小關口村莊星星峽鎮，似乎

西域傳說

春風不度玉門關

就代表了現在的「玉門關」，在山的那一頭是新疆維吾爾自治區，接下的文化衝擊與景色的感受將與漢人為多的地區截然不同吧？心裡帶著期待與彷若第一天出發的些許緊張，兄妹倆將於凌晨時分，明月還高掛天上時，沿著天山山脈迎著那吹拂幾萬里的長風離開甘肅，進入新疆。那時也許能稍微感受古人離開代表中原的玉門關，正式走進西域，感受那李白詩裡所描述的春風不度玉門關的心境。

「殺」車群

天未亮，在昨夜客滿的旅舍中醒來，才發覺偌大的旅舍中僅剩我們還未出門。為了趕時間，送貨長途司機們都起得極早，外頭的星星峽門關排滿了各式大卡車等候檢查通過，天空仍是一片漆黑，在黑暗裡閃著車燈的貨車們帶種詭譎的氣勢，像是要進行祕密行動似一長排卡車車龍沉默地停在那兒，騎著自行車不必檢查，繞過門關後慢慢往前騎。似乎是過了一個時間點般雖然天還沒亮，但身後檢查過已通了關的大貨車個個開始下山，突然理解了那詭譎氣勢的由來，看著明明都以「噸」來計量的大貨車，每一台都以小轎車般靈活的身段往山下衝，那彎道甩尾般的「殺人技巧」讓我們冷汗直冒，這兒的貨車都這麼神還是都這麼不要命哪？

面對可預見的漫漫長路，本肖想贏在起跑點上先賺些里程數，才騎到了山峽口，就見那下

諷刺的是，當天一進新疆，
因七五事件，中國全面封網，網路就再也不通了。

頭一片黑裡閃閃流星群一路緊貼，卡位兼蛇行，兩匹小鐵馬說什麼也沒膽往死裡衝，只好枯站山頭看日出了。

耐著性子，為了存活，在路邊慢慢等著天亮，在寒風中總算熬到天大亮，才敢繼續騎。雖然天亮了，但車陣的數量未見減少，反而有越來越多的趨勢，下坡時身旁的貨車群帶起一陣陣狂猛的旋風，在山區斷崖邊最糟糕的夥伴莫過於殺人貨車啊！在小命隨時可能不保的險況中，戰戰兢兢下了山（媽呀～總算活著下山了）。山下又見未完全建好的高速公路與破爛的國道，看著大貨車在國道上揚長而去的身影，路旁未開通的高速公路對騎在鋼索上的我們真是種保命的救贖。

找了缺口上了高速公路後，又是段彷彿絲綢鋪成的道路，路上少了貨車，騎起車來像是在台灣的自行車專用道，而騎過高海拔的甘肅省，幾個禮拜所存積存的海拔數約2千多公尺，今天零存整付，眼前是由2千公尺直接下降到海拔9百多公尺，往地平線延伸出去毫無阻礙的下坡路！配合老天爺賞臉的吹起大順風，這是一段彷彿騎摩托車般踩都不用踩，一口氣下滑100公里的夢幻下坡路啊！

↑ 氣勢非常兇猛……下坡都不用煞車的嗎？

不過一個早上的時間，就順利走完150多公里，雖然已經到了需要休息的時間，但在諸事順利的心理作用下，看著僅48公里後的哈密路牌，想著城市的便利與補給而忽略了騎乘150公里的疲累，一咬牙，決心一拼！

但果然不是天天有好日子過，過了下午4點後風向突然改變，原本是好朋友的順風突然變臉成要人命的逆風，更糟的是下坡的額度在此時竟到了盡頭，開始有下就有上，上坡與逆風開始折磨著疲累的身軀，但也只能頂著逆境一路上堅持著，速度很慢、路突然變得好遠，拖著疲累只能以最單純的意志力完成最後幾十公里，一整天沒有正餐，僅吃餅乾充飢的我們在太陽下山的黃昏時刻還在路上奮鬥著，雖然天色美好、夕陽動人，但已無力欣賞。慢慢磨到天黑後才騎進市區開始尋找著合適的住所，近9點才安頓下來，躺在床上，只感覺飢餓與疲累重擊著身軀，而超過2百公里的今日騎乘也終告結束，新疆啊新疆，第一印象就如此深刻。

最後50公里一路一轉間伴隨著太貪心導致的腳抽筋，之前的過站不停現在也不能停，只好灌上一口水外加每10公里的強拉筋，斷斷續續給他騎下去。

↑ 在一百里的下坡路上奮勇往前衝！

超出肉體極限，只好邊拉筋邊一吋吋往前。

哈密回王墓

在天黑後才抵達哈密，黃昏時城郊的工廠正散發著濃煙，異味配合下班車潮讓人難以忍受，步入新疆第一個城市的印象已讓人疲累，猶記在出發前幾個月發生的新疆暴動「七五事件」，在路上只要有人知道我們要騎到新疆，種種令人格外緊張謹慎「忠告」與「警告」讓人無法忽視，正在大街上騎車找著住宿時，一位當地青年前來搭訕，問了幾句後丟下「現在來這挺危險的啊」「現在這兒亂哪，自己多保重」，最後留下一句「祝好運」就走了，好一句新疆的開場白啊！

到了城市七彩繁華，投宿反而難，街巷穿插交錯總是讓人迷失方向鬼打牆，總在百轉千迴後才尋得避風港，只是規矩多了，人情淡了，價格也激升。

進入新疆的第一個大城哈密，過去是維吾爾族的都府，號稱「西域襟喉、中華供衛」，在地形上為古絲路北道與中道的重鎮，漢代開始在此設郡屯田，唐設伊州，明設哈密廳，到了清代與朝庭間關係緊密，因多次協助清代平定與管理邊疆事務而受封「回王」，歷傳九代、兩百多年，曾建有號稱「天下第一城」的回王王宮與富有文化融合特色的回王墓，但前者毀於清代一場回民起義，大火焚燒四十四天將一切煙消雲散，後者因文革破壞近半，而王室也在民國後失去了政權，至此，歷傳九代的王權成了過往雲煙，僅留有歷史文化的些許沉積。

經過連日的拼搏與昨日超過200公里騎行的燃燒生命，我和妹妹及兩輛車都受到了創傷，決定利用一天的時間在哈密休養身體，保養自行車。在街上閒逛時，發覺過去的維吾爾王城，現在的住民多是漢人，直到坐公車無意間（其實是迷路了）進入了維吾爾族的居住地，相比市區裡車水馬龍與高樓大廈，眼前清一色全是土造泥牆的貧窮住戶，城區差異的巨大像是一種諷刺，這裡不曾經是他們的王城嗎？為何出入是驢車，居住是土房，而且位置還是城市最偏遠的角落？真讓人不明白。

參訪歷傳九代悠久歷史的回王墓時，整個園區只有我和妹妹兩個人，走在偌靜的墓園聽著導覽講解此地的歷史，漫遊其中有完全的安靜，可容納5千人的東疆最大清真寺裡只有腳步的回音，108根大柱所形成的空間讓人難以想像數千人在此朝禮，逝去的王族在修建時怎能想像墓園竟成了任人走進的觀光地。進了新疆，也隨著生活貼近了陌生的回教，這世界三大宗教之一在上個世紀結束了早它1千5百年進入的佛教（以發動「聖戰」的形式），成為新疆最多人信仰的

↑ 哈密的回王寺（應該叫回王墳，怎麼說都是王室墳墓嘛）。是哈密最負盛名的建築群，融合蒙古、漢族、回族風味，饒有特色。中間這座則是東疆最大的清真寺，伊斯蘭風味十足。

↑ 這就是維族人居住區的樣子。

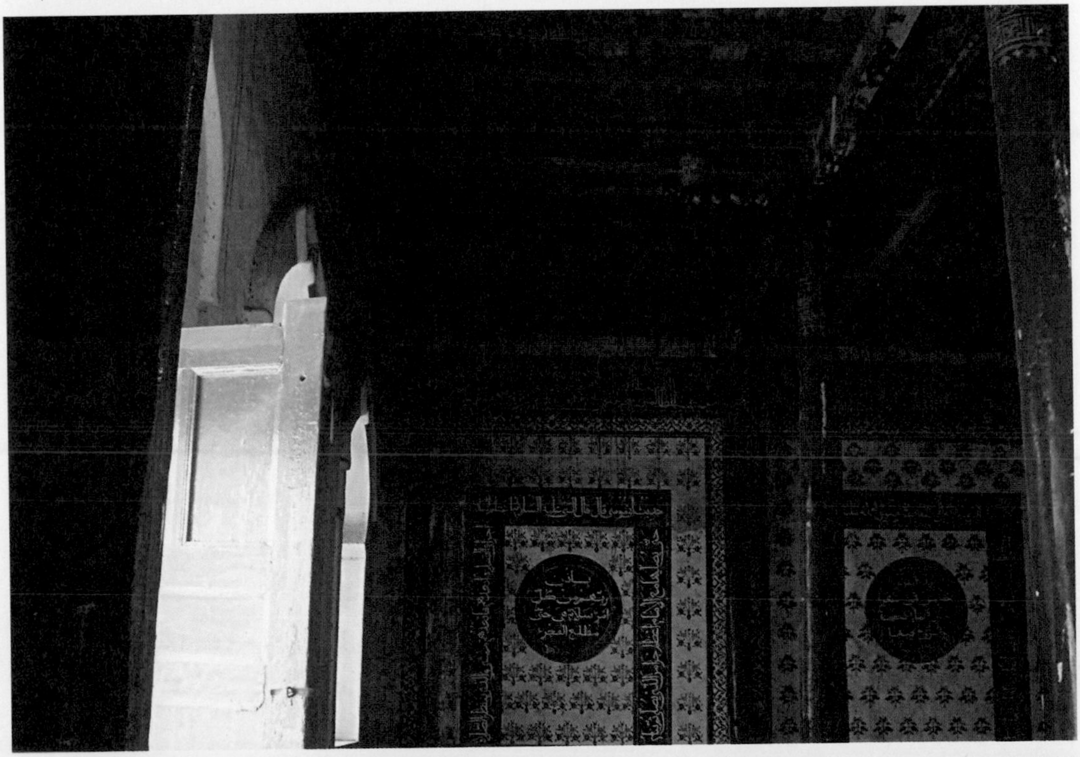

↑ 清真寺內部間有 108 根大柱，每根都是數百年生成的大樹砍削而成，每一根都深入地底二公尺深。柱頂做蓮花狀與共 108 根的原因，據導覽員稱是當時建寺時此地仍盛行佛教，為了宗教和諧而建成此式。

宗教，相信隨著旅程將與回教有更深入的接觸。

三道嶺與紅山口

自9月從西安出發已過了一個多月，終於在哈密碰上了今年第一股寒流，宣告新疆揮別秋天開始進入冬季。早上一出門不見習以為常的藍天，只看到灰雲滿布，而街上行人打招呼時總唸著「變天啦～冷啦～」「冷囉～多小心呀」，溫度直接降到在0～2度間徘徊，未來的路上除了曬與熱外還需注意滑溜梯似的低溫。

雖然不喜歡在吵雜的城市久留，但城市裡最大好處就是擁有能讓旅人吃得便宜又好吃的市場。在當地大市場的早餐店裡，像是台灣紫米粥的大碗黑米粥一碗只要1元，而各類東北大餅或是口味繁多的包子（中國最普及的食物說不定是包子啊，到處都吃得到），一份也就4到6毛之間。在荒野小鎮裡長時間騎乘總難吃個飽，這次在哈密可是狠狠的吃到肚子撐了，才懶洋洋地早上9點多才正式上路。

過了哈密綠洲的範圍，通過擁擠城市再進到安靜郊區後，接下來就是熟悉的

↑積著雪的山頭就是一路相伴的天山山脈。

大片戈壁，冷鋒過後重現的藍天配上遠方延綿的天山山脈是一路上最習慣的風景，眼前依然是僅有地平線與馬路的交界，每每在天高地闊的景色中騎車總讓人讚嘆，只有親身到此才能體會所謂遼闊是形容什麼樣的景像。

而自出發以來路上總有一些小驚喜，那就是各式貨車掉落的農作物，隨著地區

↑天天看日出的旅行裡，就三道嶺的日出讓我們最為震憾。

不同，從玉米掉到洋蔥，到了新疆，地上最常看到的竟是一地小葡萄！讓陪著我們一路向前的好夥伴除了碎石與玻璃外，也能試一試道地的新疆口味。

出了哈密之後下個目的為三道嶺與紅山口，地名已透露未來的路況，在戈壁裡看著遠方橫亙眼前的山區越騎越近，路開始往不斷的往上由「嶺」到「山」的連續上坡，竟也爬昇超過海拔1千公尺（騎進新疆後，我和妹妹還為了未來沒有上坡而大肆慶祝，果然是太天真了啊！）。有時用了一個早上的汗水揮灑，還換不到40公里的前進，而一路上的「大風區」標誌讓人體會盪氣迴腸的驚人逆風，配合興建高速公路的後遺症，國道常意外消失或是連上未通車的高速公路，只能用「狀況不斷」來形容。而在遠處的紅山隨著時間接近，最後竟直直騎了進去，爬上高處的過程中每個轉角都是驚豔，奇岩異石滿布視線，破裂的山丘間會瞧間野生的駱駝漫步走過，或是無人看管的山羊群在山脊間遷移，壯麗的場景迴盪豪俠之氣，彷彿騎進電影〈臥虎藏龍〉的場景之中，好一幅壯闊的山水畫！過去曾看過的壯闊都為之遜色，無怪人說西北人豪爽好義，如此天地怎能讓胸懷不特別的開闊！風景的廣度與爬升的高度成絕對正比，騎的越狼狽無力，看的大山廣漠越美麗！

↑ 自行車輪胎也要換新口味。

在地保護色

進入新疆代表在中國的旅行已經過了一個多月，也慢慢累積了一些旅行經驗，像是在尋找住宿時，都是妹妹在安全的角落顧車我去問住宿，在確定住宿價錢之前，絕不透露正在自行車旅行，或許會有人好奇，為何如此麻煩？首先，在大陸騎自行車旅行就代表你「有閒、有錢、不用工作」才能這樣出遊，更別提我們的旅行單車，外型就有別於大陸出產的自行車，專適於長途旅行的蝴蝶把更是顯眼，專業的銀色自行車袋在太陽下閃閃發光，簡直有個「肥羊」標籤貼在頭上。幾次「招搖」，吃了悶虧後，學習到問住宿還是由一個看起來落魄、沒油水的人去問最好！

為了塑造窮人與看起來老氣成熟的表像，我由西安開始不剃鬍子，刻意不修邊幅的策略與艱苦旅程下讓外型慢慢改變，到了新疆紅山口找尋住宿時意外的被多間旅店拒收，問到最後原因竟是被「誤認為來此打工的民工」（怕民工沒有錢付帳或工作做不久不給住。）

認真的打量一下自己，除了常常被汗濕透的帽子上一層白色結晶，卡其色防

↑讓人一見皺眉的「大風區」標誌。

曬外套早己髒污，配合未刮的鬍子還真是落魄！經過時間累積，不知不覺間「保護色」策略意外的大獲成功，認真看了自己，還真好笑又無奈。

好客的招待所女主人

今天總算也在日落前找到能入住的招待所，雖然沒水沒電沒廁所，但女主人好客熱情，相談甚歡下，用餐時除了少算錢還贈送兩個剛出爐的花捲，受寵若驚的我們愉快的吃了一頓溫馨的晚餐，讓我們對新疆的民情有了很好的印象。

晚飯後看著天際，夕陽餘暉映著紅山口的山頭，昏黃的光線讓紅色的山嶺更顯鮮豔。因沒供電準備早早休息，但也許是進入新疆就表示中國旅程己去一半，想起走過的一切，話頭一起聊了數小時才沉沉睡去，夢裡竟是過去旅行種種片段。天未亮時，半夢半醒間竟有不知身在何方的迷惘。寒冷中起身到室外，呵著熱氣搓著手，紅山口上群星閃耀著，遠處山中開過的貨車車燈閃過天際像是一道道流星，原來現在的我在這裡啊！天未亮，旅行還能繼續，這如夢似幻般的旅程還不用醒。未來會如何、過去又怎麼，在當下已不需思考，只要去體會、感受現在，這全然陌生又新奇的世界裡己給予太多，不論痛苦、快樂、新奇、有趣……都是體會，實踐最深切的想望這件事難道還不

↑ 簡陋但乾淨的房間。

↑ 一盆水，包辦兩人刷牙、洗臉、擦身體……

↑ 在鏡中打量自己，越來越有當地人的味道呀！

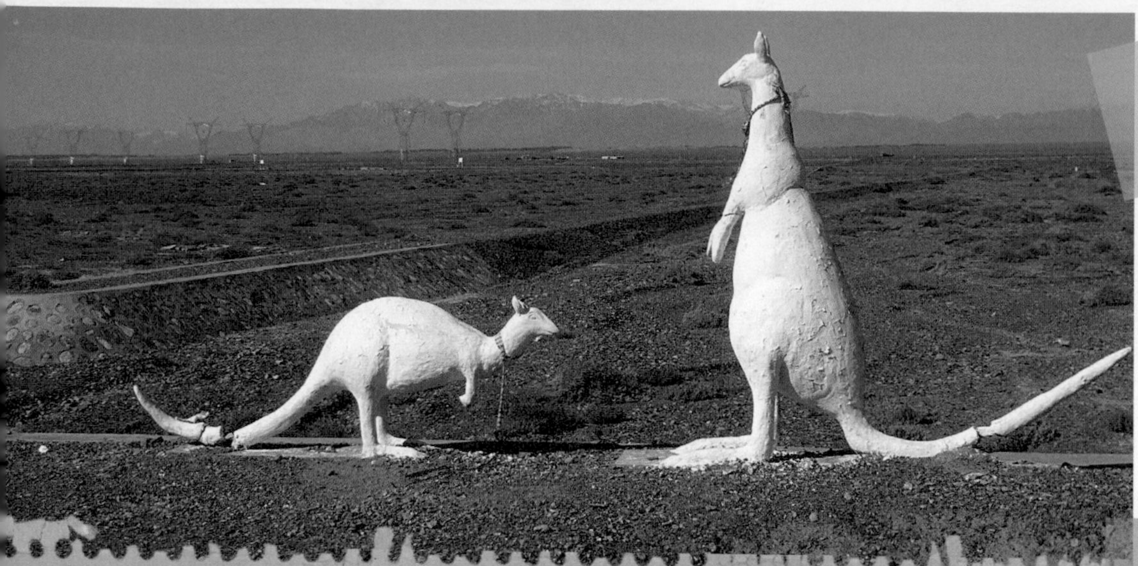

為什麼戈壁裡要放袋鼠？至今仍是個謎。

一大群駱駝讓人驚豔。

戈壁袋鼠

汗水換距離的戈壁爬坡，經常感到辛苦，但大陸人特別的幽默感有時真能令人哈哈大笑忘記煩憂。有次在漫長的前進中發覺路邊有隻神奇的動物！牠的身影看似靈敏，雙腿有力，身邊還帶個小隻的正舉頭遠望，竟在新疆發現「袋鼠」的雕像！啥人這麼有心把牠倆安在這呀？而且一路上除了袋鼠還出現長頸鹿，讓人在騎車過程中不禁期待接下來還會出現什麼神奇的物種……（後來居然出現暴龍的雕像，超妙的啊！）

有羊不稀奇。

有馬也正常。

創意料理葡萄？多汁帶勁。

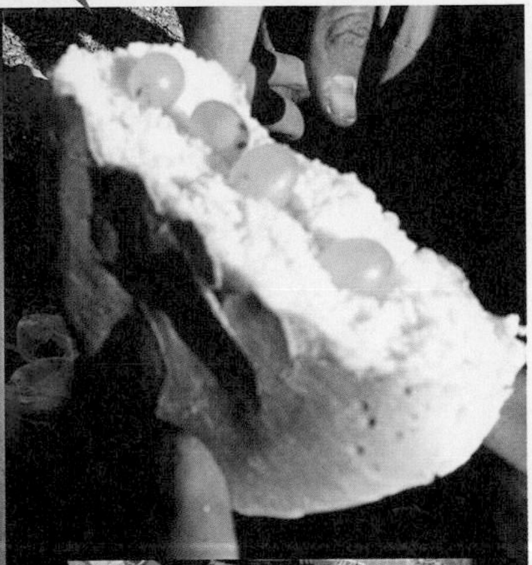

愛心老闆娘與手做花捲。

戈壁上常吃不到熱食，以乾糧居多。

在奇怪的雕像後面躲風躲太陽，
在陰影處苟延殘喘。

離開紅山口沒多久，又騎進大片的戈壁，由山下一路下滑，由海拔1千公尺一路下到低於海拔50公尺，旅程中第一次騎到海平面以下啊！在這低海拔地區裡延伸超過1百公里的火焰山山脈闖進了視線，一片寸草不生、岩層裸露的紅山一座座橫在眼前，在山腳間盤旋騎乘往前，頂著峽谷裡的山風在山間道路穿梭，近午時分，在30幾度高溫、陽光反射下紅山濯濯，雖然與盛夏時的高溫相差甚遠，反而像是剛被芭蕉扇搧過似少了點霸氣，但微紅色調裡竟帶些柔和，初冬時節，中國最炎熱的火洲似乎帶點親切。一路下來那火洲風光，是沿路的曬房沿路的瓜，回頭則是遍地的回墳向夕陽。

西域傳說

富庶豐饒之地

過了火焰山，就抵達吐魯番，突厥語中的「富庶豐饒之地」，這兒有許多的「中國第一」。

★最熱：地表溫度曾高達攝氏82.3度，一年有150天氣溫皆超過35度（10月中氣溫還有30度）。

★最乾旱：古稱「火洲」，曾創下299天無降雨記錄，其雨量少於塔克拉瑪干沙漠。當地人稱下雨時，雨還都滴不到身上就蒸發（真誇張）。

★最低：艾丁湖低於海平面154公尺，僅次於死海（記錄旅程的海拔高度表直接跌落底的「破錶」轉成負數）。

★最甜：當地的哈密瓜有多甜？甜到當地人請吃瓜時，問為何你們不吃？回答是「這瓜太甜了，不想吃。」嘖嘖，原來真有人會嫌水果「太」甜啊。

而除了高溫「火洲」這外號，還有連刮150天的「風洲」（可刮翻火車），也是「沙洲」與「綠洲」。曾聽說此地保留了綠洲文化的原型，濃縮了新疆的風土特色與文化，能略瞧當年沙漠商隊的駝騎風情。

在群山間前進，蒼涼壯闊一路進入眼簾。

光是城市的外圍，由賣水果與提供司機食宿的陣仗就可估計規模比哈密大了數倍，而綠蔭處處的城區仿佛和那酷熱的風沙區隔開來，加上限制排放廢氣與禁用媒礦的政策改善了環境，在幾無喇叭聲下騎在兩側覆滿林蔭的自行車道，路旁除了住宅就是一片片的葡萄溝，好一個綠色為主的綠洲城市！

神祕小招待所

觀光化的城市對小招待所的管理也嚴格把關，幾乎所有的招待所都拒絕接待國外與台灣旅客（中國大陸為了控管入境的外國旅客，以安全為名義，強制規定只能入住在縣級或同等（至少要三星以上）賓館入住，若小招待所私接外國旅客，重則取消營業執照輕者也要罰重金數千元人民幣），而價格高昂的賓館，我們一向不考慮。（事實上也沒本錢考慮的狀況下，黑眼睛黑頭髮黃皮膚的我們，也開

↑ 在老城區裡四處可見清真寺，這間在門口還特別用中文標示呢。

↑ 吐魯番的老城區。

火焰山旁的墓地。

始繞著一口捲舌音行騙四方省盤纏。）

在巷內找到間隱密的招待所，與老闆娘議價時聊到這竟有不少的外國背包客住至此間，包括美國、台北、義大利等等，可說是間背包客棧，四人間一天要價30元的價格果然便宜，才在此安頓落腳。一住下去才發覺在各個房間裡都是聚賭的吆喝聲，老闆娘提到的外國背包客呢？看樣子這次不是背包客棧而是住到一間地下賭場啊！無論如何，城市裡總是有滿足各類型人們所需求的角落（不過前提是要你找得到才行）。

高昌故城

經過了火焰山，就不能不提到西遊記裡的牛魔王了，而現實中的玄奘在此又碰上了什麼劫難？話說當年玄奘歷經苦難穿越戈壁後，越過今稱火焰山的赤色山脈來到今日已成荒城的高昌古城，在此受到出國以來最受禮遇的對待。當時的高昌國王以軟禁甚至強硬要求玄奘留在此

↑ 綠蔭處處的城區。

↑ 市場裡的地毯商人。

地宣揚佛法、成為國師，直到玄奘絕食抗議與協調後，最後讓步並相約取經後再次於此地說法。離行前除了結為兄弟並派人員隨行與修書請延途國王關照，此故事在西遊記中轉化為與唐太宗李世民結為兄弟，但史實發生的地點其實在古稱火洲附近的高昌故城。

這座以當年長安城為設計模版的大城後來毀於蒙古軍隊之手，現在僅留下尚稱完整的土胚城牆，城區中只見處處斷垣殘圮，與遠方的火焰山對比，僅能感覺一絲絲曾有人走過的痕跡，難以想像這過去曾稱為「佛國」的所在地，在大佛寺遺址裡己沒有任何一尊或一幅塑像、壁畫，只在黃澄澄磚牆上似乎仍留有些許佛像的印子，佛龕裡只有築巢小鳥在四周盤旋鳴叫，是這古老城市裡唯一的住民。當玄奘歷時十數年自印度取經歸國，為了曾許下的諾言再次回到高昌，但等待他的是被唐朝滅亡的王國，兄弟之義、許諾之情都成了大漠裡的輕風一陣。2千年後更是人事物全非，攀爬至城區中較高位置，環顧著這曾經繁華的所在，當年玄奘曾在此盛況空前的講經近月，而今只餘火洲陽光下遠處的火焰山蒸騰著，那吹過的風也依然如過去般乾燥而熱情吧！

獨自漫步在僅餘壯闊與蒼涼的城裡，無法想像這曾是以長安為藍本建設而成的大城市，當年玄奘萬里風塵的回到此地時是怎樣的心情？人事物已非，又留下什麼足以讓後人憑弔與記念的呢？

↑ 佛龕裡佛去龕空，僅有些許鳥類仍在此盤旋居住。

↑ 歷經千年的高昌故城除了傳誦的歷史還餘下什麼？

殘破的圍牆內是空無僅剩地基的城區。

當地人推薦，果然值得一去的好餐館！

特色飯館

當地人推薦一家特色飯館，就在吐魯番博物館後方，順著人工湖走就可在尾端看到。一路上看過不少伊斯蘭風味建築，但這飯館以繽紛多彩的幾何形堆砌出了濃厚的民族風味，外觀賞心悅目，內部也精彩，除了人員的訓練良好（在大陸很難得），價格還很親民。開心的享用了一頓平價的饗宴，未來要造訪吐魯番的人們不要多慮啦，這就是你要的！

客棧的廚房。
凌晨時分天未亮，市集裡早已人聲鼎沸。

進入新疆後，兄妹兩人雙騎行在大漠戈壁中，眼前所見常常是幾百公里整片的蒼涼土黃配合北方寸草不生的土山，偶爾就是山頂有一些白雪或是戈壁裡有點點沙漠草叢的綠意，除此之外就是廣大無際的戈壁、戈壁再戈壁。隨著太陽升降，光線投射在荒山土磯不時變化，帶著多變的表情。天微亮時渾沌的土黃帶著一抹微亮蒼白，日升時黃中帶橘的光線折射彷彿萬物甦醒而生意盎然！日正當中則是在熾熱直射中遙見遠處裸山燃燒一般紅豔豔的熱氣蒸騰，過了黃昏，天色急速黯淡，讓人急切思念可供休息的落腳處。只有以緩慢的節奏前進才能深切感受到每一刻獨有的表情與風韻啊！

西域傳說

戈壁大考驗

早穿綿襖午穿紗，圍著火爐吃西瓜

在新疆，因為特殊的地形與風土而有一些著名的順口溜，其中最有名的莫過於「早穿綿襖午穿紗，圍著火爐吃西瓜」這一句了，但聽說怎比得上親身一見，更別說用身體扎扎實實的體會，由早到晚衣服厚度隨著溫度在胖瘦間變來變去，越是入冬氣溫升降越是明顯。迎著晨間零度下的冷風開始了一天，總在凍人的氣溫下將行李裡所有的衣物都穿在身上，活像是肉粽一顆，騎車時如同貓熊般搖搖晃晃好不可笑，一直要到上午10點，溫度也不過從零下爬升到零度左右，一旦過了正午12點後，天上的太陽就開始發威，溫度直線狂飆，到了下午兩點竟可達到32度！早午竟有30度的夢幻溫差，此時肉粽裝早已扒光，一身輕裝繼續前進，但時間到了需要圍著火爐的晚上，隨著美麗的黃昏時刻降臨，溫度又快速下降，在10月初冬的新疆，如果沒有圍在火爐邊取暖肯定讓人吃不下西瓜！天氣與溫度的變化是在新疆騎自行車最大的難關啊！

風塵僕僕大風路

新疆入冬後將吹起西北風，帶來惡名昭彰的西伯利亞寒流，除了低溫大風外帶沙塵暴，戶外流動著一股股冷澈骨的寒風！就算披上外套，寒意依然滲透四肢，手指更是陣陣刺痛，一看溫度竟是零下10度！冷到牙關不自覺緊咬，凍到憋住呼吸，在新疆的中心大聲呼喊這是幹什麼的同時，腦海中湧現的是自己正忍受十大酷刑之指甲插針的畫面。

天氣冷冽，風未曾停歇，風起雲湧的新疆天空在廣闊的蔚藍裡混雜著陰黑的沉重，那吹過身邊的風，紊亂而沒有規則，秋天的閒逸在大地漸漸退場，而冷酷的冬天正鋪陳著進場曲，將會見識到在蒼涼大地上的寂寥冬天吧！

毫無遮蔽情況下，風在平坦的原野上馳騁著，流水般不間斷的逆風讓平坦的道路像在爬坡，有時寒冷的風還夾帶砂石鋪天蓋地而來，沒料到竟碰上了沙塵暴！風中細微的磯石拍打在身上沙沙作響，路也看不清楚，只能默默承受一波波衝擊，新聞報導提到的連台灣也受影響的沙塵暴，這回可是扎實的感受到了，緩慢的前進路途變得考驗與漫長，風啊風～真是一點情面都不留。

↑ 每天要包得緊緊的才有辦法出門。

↑ 大風區標誌，每次看到這玩意眉頭不禁皺了皺…又是大風啊……

← 如果大風區接下上出現這個號誌，那簡直是欲哭無淚啊……

乾溝拉拉隊

所謂夜路走多了還是會碰到鬼，進新疆後「終於」碰上了食物中毒，到底是昨晚的拉麵還是今天早上吃來怪怪的包子？什麼食物已不重要，雙雙中標的悲慘才要開始，在風暴剛開始時節奏來得很快，嗚嚕嚕的肚子剛叫就火燒屁股般往廁所跑去，兩人以15分鐘為界限爭先恐後，只差沒住在廁所裡。到了半夜，換了另一種調子，半小時不到就得在零下寒風光屁股發抖……床上的被子才剛暖就得爬去廁所的痛苦記憶猶新，而巧妙的時間差總有衝突之時，是的……一個馬桶兩個屁股總有撞在一起的時候，火燒的屁眼讓人忘記赤裸的羞愧，反正，半夜三點半的拉拉隊演出，讓什麼都無所謂了。在此鄭重申明，雖然兩個光屁股關在同一間，即使兄妹本是同一家，但咱倆還是有堅持背對背的。

隔天睡到9點多，起不了身的兩人只能相對苦笑，火燒屁股又身體虛弱但還是得出發，可以想像嗎？啥都不能吃（吃了只會拉），只能以香蕉果腹（有止瀉的作用），還得面對西伯利亞的寒風、無止盡的戈壁……拉拉隊飲食清單補充：番茄補水，蘋果果腹、美顏兼養身，外加紅糖和水喝，取代買不起的黑金巧克力。

↑ 就算不拉肚子，看到大陸的廣告標語也常笑到肚子痛。

↑ 真是一次大便的血淚史。

↑ 在山頂四目環視，景色壯闊蒼涼（應該在沒有山要爬了吧！喘）。

↑ 看到裡面小小的人嗎？在這裡人就是如此渺小！

說到戈壁，百里無人煙的特色讓拉拉隊一路上隨時可以演出，想當日初進新疆，在路上問了貨車司機：「大哥請教一下，這兒的衛生間在哪？」司機大哥大笑答到：「菜鳥！戈壁上不全是廁所嘛！」果然豪氣，進了新疆果然得學習這種氣勢。所以拉拉隊以一小時一拉的節奏為沙漠綠化盡一點心意，嗯？這綠化我們做了多久？超過一個禮拜！未來戈壁路上長出小草小花，要想到我們啊！

而在剛組成拉拉隊時，正巧碰上了新疆最有名的一條「乾溝」，這溝字聽來沒啥了不起，就是天山南麓所組成的山區，只是剛好放在中國海拔最底的地域旁邊，因此海拔由負60公尺立地拔起1千7百公尺，高低落差近1千8百公尺！在貨車司機間也是聞之色變的難走，常有貨物過重而上不了坡的窘狀，而出發至今最高爬升記錄是烏鞘嶺的一日爬升9百公尺，今天一次給你雙倍！

出發後就是無止盡的上坡，山區越近坡度越陡，馱著全副家當驢子般的兩人在路上氣喘噓噓，好一道乾溝好個上坡！順著道路在山區間左曲右折，陽光隨之忽隱忽現，當它直射時渾身燥熱汗水如雨，而轉入陰影卻涼意逼人，身上的衣物就這樣忽乾忽溼忽冷忽熱，而路依然沒有盡頭，一整個早上僅前進30公里，爬升約7百公尺海拔，以高速率損耗著糧食與飲水，忍著身體的疲累繼續前進，事不做才困難、路不走才遙遠，就算餓著肚子又拉肚子，但只要忍耐，再幸苦都會過去，這難忘乾溝也才會成為回憶。

蜀道難，絲路更難

在中國騎行久了，慢慢能理解他們道路的「分級制」，其中最慘烈的回憶要屬在新疆中部的大城市庫爾勒附近碰上的20公里便道，那令人印象深刻的殘酷路面要怎麼描述呢？還是要由分級開始談起，中國道路的等級劃分明顯（高速>國道>省道>鄉村道路>便道）高速公路是沒話說的平坦好走八線道，而國道是不差的六線道，路況也算好走，但到了四線道的省道，路面柏油就開始支離破碎，兩線道的鄉村道路沒有柏油還好，有柏油的居然遇過「波浪狀」的路面，如同在陸上乘風破浪啊……而比這更慘的就屬高速公路建設下成就的「便道」，就謂便道就是因主要道路正在擴建或是改道而在旁邊開出的「臨時方便道路」，除了有時小到只剩單線道外，說到這便道真是路爛車多駕駛猛，碎石成丘而柏油龜裂成群，騎在上面像隻過動的兔子在路上跳啊跳（自行車在哭泣啦），而呼嘯而過的各式大型車輛在狹小的道路上「擦肩而過」（這是真的！砂石車不只一次高速擦過身邊，超恐怖）這旅程中最漫

↑ 超惡劣路況，這條路的慘狀竟延伸了二十幾公里。

鄉村道路

省道

高速公路

高速公路

國道

↑ 真的是什麼路都走過啊！

長的一段便道竟有20公里之遠，當時正好食物中毒的兩個人，拖著吃不飽睡不足又肚子痛的身體在慘烈兔子跳中求生存，而今日苦難的清單裡只有兔子跳和恐怖便道嗎？

還沒！預定休息的地方是維族人聚集的村落，雖是個詳和美麗的地方，但除了餐廳沒有住宿，往前騎去只有荒涼戈壁，而此時己7點20，天就要黑了……決定往回騎10公里，在唯一的小旅社落腳。騎不到一半，天己全黑，依靠著小前燈在入夜後寒意逼人的路上前進，每當對向一次會車就是瞎掉一次，辛苦找到小店後竟客滿了！

除了不給住，連在門前吃個餅乾也被冷言冷語趕走，所謂世態炎涼人心不暖，零度下的黑夜怎能餐風露宿？在旅店外啃著餅乾思索方法時與住店工人們聊天，原來十幾公里後有另一間住宿的旅店，沒有選擇的再度騎進黑夜。天更黑更冷了，套上厚厚外套，騎車有些笨拙，在迎面刺眼亮光中勉強前進，小心翼翼的在白色

↑一路往西的絲路上有兩台勇往直前的小小自行車。

標線內騎著，如此漫長、煎熬的十公里哪～在稍微休息時抬起頭，意外察覺是個月光皎潔、星星動人的夜晚，感動之餘，疲累好似緩解了些。過了十公里後的小旅店外頭有盞小燈，在荒涼的戈壁裡彷佛怒海裡的燈塔，救贖終於來臨，住進了旅店裡的最後床位，坐在床上才發覺己過十點，這驚濤駭浪的一天啊，在室友們（我們住四人房，與四位修路工人同住）深沉打呼聲中閉上眼，輕嘆一口氣～這一天終是過去。

救了我們的是廣漠中唯一獨棟的「龍門客棧」，匯集來自四方的各地好漢，幾乎全是長途貨車司機或是長年離家的修路工人，十足的陽剛味。在哥哥踏進窄門後就聽人們說：「喲！來了個騎腳踏車的！」在驚奇聲中我隨後跟進，迎面而來的是更多的驚嘆號！「是個女的！」當晚不論是喝水解手還是付房錢，每經過吵雜的大廳，人聲總是瞬間嘎然而止，也在轉身離開後隨即爆出熱烈的討論聲……

岔路上的風景

某日，騎在路爛車少的省道，上了個橋，河邊沙洲上是一排排的榆樹林與胡楊樹，河水裡倒映著早晨的光線與綠意的倒影，秋天金黃色的葉子隨著風飄揚空中，好一幅秋意濃，想像不到的美景果然只存在於小道。

不過配合如此村間美景的路況卻是糟的可怕，雖是柏油路但己經形成波浪狀片片段落，而毫不間斷的各類卡車、貨車、公車、三輪車、計程車、驢車、馬車（危險程度由高到低）從身邊狂駛而過，難怪路上修車的店那麼多，生意又那麼好，有供必有需啊！

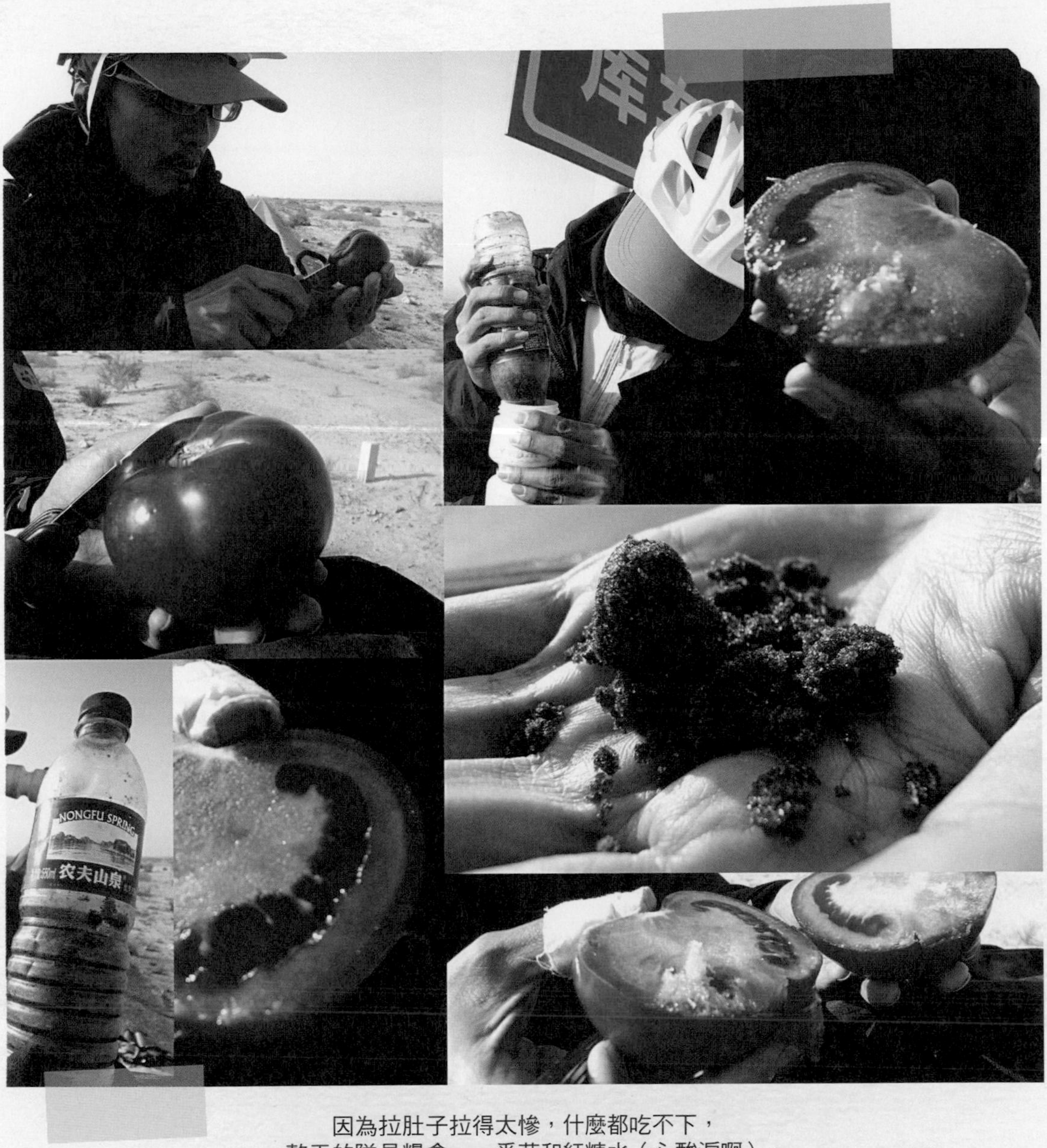

因為拉肚子拉得太慘，什麼都吃不下，
一整天的隊員糧食——番茄和紅糖水（心酸淚啊）。

越深入新疆，可稱作城鎮的聚落越來越少，取而代之的是一座座仍保留過去生活型態的小小村落。在廣大戈壁裡，村與村的距離常常一差不是一百就是兩百公里，在歲月流逝下，各村都發展出自成一格各有情趣的景像。

隨著路走得遠了看過的村莊也多了，慢慢能看出這村發展如何、而那村又發展得怎樣，除了發展各有不同外，常見的臉孔也大多是維吾爾族人的深邃五官了，路上的加油打氣方式也由漢人大聲叫改為維人吹口哨，常見的交通工具也由吃汽油的貨車改為吃草的驢車或是馬車居多（真是環保），當週五或週日村莊趕集日時，路上一輛輛的驢、馬車，聲勢浩大的總是占滿整個道路，每輛驢車上不是坐著4、5個乘客就是載滿農作與水果，慢吞吞的以16~18公里的速度前進，這不就是「我有一隻小毛驢，我要騎著去趕集」的真實場景嘛！

西域傳說

中亞交匯

人山驢海的維族市集。

小毛驢車上的乘客總遠遠的就直盯著我們瞧，膽子大些的小朋友會揮手打招呼或是發出聲響吹口哨，一路上我們也會開心的邊騎車邊和小朋友笑笑鬧鬧（還蠻危險的，請勿模仿，要專心騎車），但越騎狀況越不對，路上驢車的數量實在太過驚人，而且驢、馬車雖不會排放廢氣，但一路上所「生產」的便便滿街都是，多到閃不掉只能默默的壓過，雖然不太髒但心裡總怪怪的（怎說都是大便嘛）。到了趕集的村落，人行道上擠滿了驢車與維吾爾族人，做小生意的在路邊驢車一停就叫賣起來，規模大的開著滿滿一車瓜果的貨車都有，趕集之於維族人是每週聯絡感情的大日子，攜家帶眷盛裝出席的維吾爾人在人山人海（還得加上驢山馬海）的集市裡遊走寒喧，好一個熱鬧的趕集！好一個新疆的維吾爾異國風情！

庫車慢活的一天

進入新疆16天，終於騎到中間點的庫車，我和妹妹在此休息一天，想要感受新疆的維族風情。

庫車，古時的佛國與樂舞之都，是天山南麓的重要綠洲。《大唐西域記》中的屈支國，大略就是現今新疆維吾爾自治區阿克蘇專區庫車縣，西漢初期被稱為龜茲，唐代絲路交通最盛時期，擔任連結中國與西域的重要關卡。

我有一隻小毛驢～我騎著牠去趕集～

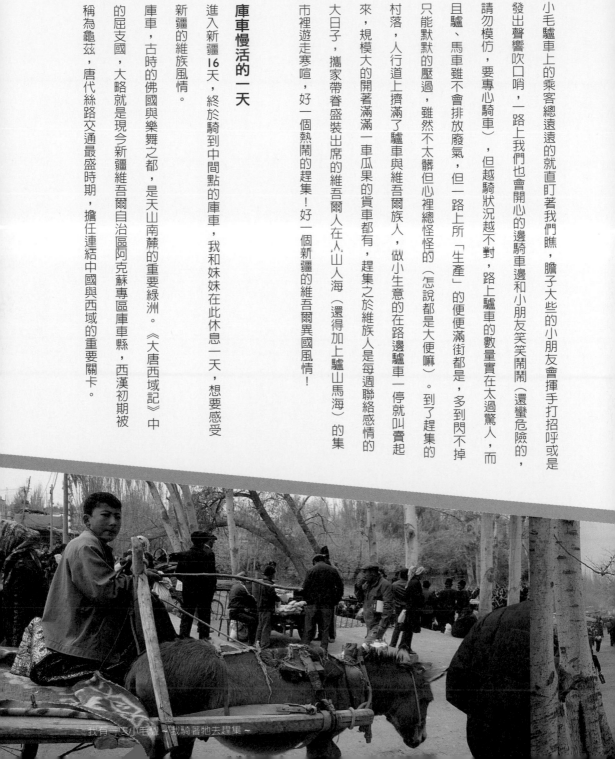

玄奘一行人抵達屈支國時受到屈支王熱情歡迎。屈支可能是當時最重要的中亞國家，繁榮富庶、文化燦爛，令玄奘留下深刻的印象。庫車是當時北絲路的佛教中心，玄奘在這裡參訪了12座寺院，也曾與年高德卲的哲學家僧木叉鞠辯經論道。

現在，庫車除了四周許多被破壞的佛窟與遺跡外，已幾乎看不到佛教文化與樂舞的影響，在大力發展天然氣與石油下建設成新穎的水泥城市。僅有漫步在舊城區中維吾爾族人的巴札（維語的大市場）時能稍微感受到這座城市還蘊含一些過去文化的痕跡，在土樓街巷間總有趕著華麗驢車的「驢的」（驢子計程車）穿梭其間，過去的「古渡口」現在的「團結大橋」，在週末時是巴札最熱鬧的時刻，滿街人們走在市集間，叫賣聲不絕於耳，驢車擋道，公車都得讓路而行。

總喜歡在富有歷史味道的街道中找尋意想不到的趣味與見聞。維族人的房子外觀樸素，但大門幾何形裝飾富藝術性，而門後寬敞的院子總在爬滿葡萄藤的架子下放幾張床，透過綠葉縫間的光線中享受閒逸，沒有特殊的裝潢或各類家電精品，卻顯露出一種享受生活的氛圍。

穿門走巷間繞出了住宅區，走到了新疆第二大的清真寺庫車大寺。雖因火災重建但仍值得一看。行走在新疆總或多或少會接觸到伊斯蘭教，在過往的印象中是充滿神祕而遙遠的，但在新疆無論是食衣住行總會感受到維族人對宗教的重視與虔誠，既到新疆，有機會不妨好好接觸與了解一番。

↑ 庫車清真大寺。

不到喀什枉到新疆

漫長的新疆，我們終於也由最東騎到了最西邊，中國漫長的旅程也到了倒數的時刻，在離喀什不到 150 公里時，心情充滿著激動與複雜的情緒，激動的是長久以來的夢想，長達 4 千公里的旅程將要完成，複雜的是這如夢似幻的旅行真要到最後了嗎？

抱持著對終點的期待，特別早起床出門，這一段路程與天山南麓的距離特別近，晨曦陽光下山麓映照出彩光，紅色為主體，綠灰橘漸次融合，一副藍天為被戈壁為床的壯闊景色，而太陽升起更讓紅山仿佛甦醒般紅豔豔亮起，想起這最後的 150 公里，不禁想將一切深深的埋進心裡，蒼渺世界中對自我渺小的認知與隨之而來對自然的景仰充塞心中，大山大水間的騎乘似乎能讓心胸如穹蒼藍天般開闊、能讓意志如戈壁中的胡楊樹堅毅。撫摸著這五十幾天來風沙太陽為身體所帶來的變化，圓潤臉形如刀削過般極富線條，未曾修整的鬍子帶著一抹長途旅行的蒼涼，四肢身軀已在每日十數小時的運動中抖落多餘的贅肉，精瘦緊實的肌肉線條仿佛充滿精神，走過這一段路，我鍛鍊了意志嗎？思慮的問題有了答案嗎？不知為什麼，我身上的一圈肉倒是意志堅定的跟我走過大山大水始終如一啊！

回想這一路由西安騎行至喀什，穿過了陝西、甘肅、新疆，翻過了高山穿過戈壁，忍耐過低溫酷熱大逆風種種自然考驗，完成了 4 千公里的漫長距離，其中所發生的種種點滴

讓人會心一笑，也許什麼都不用多說，只要抱持著感恩與歡喜，帶著微笑騎至終點，那麼一切都已足夠了。

喀什是位於南疆上最大的綠洲，是連接中亞、印度與中國的橋梁城市，過去已是兵家必爭之地，上個世紀，絲路考古熱時也是重要的補給城市，多少探險家的足跡在此停留，而控制印度的英國與想進占印度的俄國在此地也發生過不少有趣的故事，時光匆匆過去，如今兩國的大使館已成了特色旅店！俄國領事館還曾被評為世界十大最佳旅館之一！

玄奘當年印度取經功成回國時，進入中國領土的第一個城市就是喀什，匯集了歷史故事與風華，讓喀什有著探索不盡的角落與風情。老城區裡大部分建築仍維持著千百年來的模樣，人們仍是穿街走巷間活在歷史呼吸之中，巷角小鐵匠還是以過往的工藝持著鐵錘打出相同旋律，熱鬧的　店裡來往穿梭的人們與陳舊店鋪裡叫賣的聲音，這是走過時光隧道才體驗了的古人生活嗎？一切都沒有改變嗎？

穿過老街區僅需走過一座橋，矗立的現代繁華建設、華麗的城市與湖泊造景馬上讓人回到現實，時代巨輪下過往的老街區進行著「改造工程」，再過個兩三年吧，就僅能在照片中回憶這風情了！

艾堤拉朵清真寺

艾堤拉朵清真寺

新疆最大也是最富盛名的清真寺，僅是沐浴在晨光中的淡黃色門面就令人驚豔，行走在非禮拜時間的寺院，沒有膜拜群眾僅有陽光穿過古老樹葉的殘光打在寧靜寺內，圍牆隔離了寺外繁華與喧鬧僅留下充滿宗教氣氛的凝重與平和，寺院本身並不特別廣大與華麗，但簡單的裝飾與線條讓人感受到此地的莊嚴與神聖，無論什麼宗教，最終都是為人尋找內心疑惑的解答與提供一顆平和安靜的心境吧！

卡車之路 v.s 駝馬之路

彷彿無邊的戈壁灘，天是無垠的藍，而地是廣闊沒有界限，但現在風中帶過的已不是過去絲綢之路的駝鈴聲響，如今僅有卡車轟隆聲帶起的氣旋與震天價響的喇叭聲，這就是現在絲綢路上最常走過的訪客，也許絲綢之路的名字該改為「卡車之路」。這些一天要跑上 1 千公里的司機們，載運著各種貨品往大江南北而去，也許他們對這條路的歷史文化不了解或沒興趣，但他們的確是 21 世紀裡絲綢之路的主角與主人，騎行其中，每每有貨車經過身邊總暗自比照古今，這就是現在絲路上的駝鈴商隊啊（雖然吵鬧與危險的多）。

過去的駱駝馬車，被現今的大貨車與長達 20 幾節的火車所取代。

在鄰近的村落裡還保有
如同歷史畫面的古老巴札。

中亞貿易大巴札

聞名中外的「中亞貿易大巴札」，此地匯集了新疆各地或是來自巴基斯坦、印度、俄羅斯等國的各類手工藝、生活用品，其龐大與繁雜足以讓任何初到巴札的旅人大吃一驚，四個小時也走不到市集的四分之一，可以想像其龐大與精彩的程度，不怕你不來，只怕來了之後逛不完看不盡哪！想完整感受維族天生商人的本事，只需往店門一站，只要意志力與定力稍弱，可能就在毫無知覺下購買了一把把的刀子與乾果，直至口袋空空啊（親身受害經驗）！而殺價技術在此時就是展現成果的時候了，一把 80 元能成交的刀子開價時高達 300 元以上已屬平常，不識貨或是有當地朋友的話，可能被宰了還以為賺到啊！

行走其中最引人注意的當屬英吉沙小刀等紀念品，行走其中最引人注意的當屬英吉沙小刀等紀念品，只要是成年的新疆維吾爾族男人，腰間總掛著一條插著把手工製小刀的皮製刀鞘，在新疆裡有四個地方以手製小刀的工藝聞名，後人合稱「新疆四大名刀」，其中之一就是在喀什南方小村莊英吉沙出產的小刀。有名的原因除了刀身鋒利，有的甚至以烏鋼為材，在刀柄的部分鑲以駱駝骨或是羊骨作裝飾，更高級的還有用五顏六色的寶石，讓一把不到五十公分的小刀看來異常美麗，讓人愛不釋手。

狂風暴雪天山大頭痛

原本計畫在喀什停留一天後要騎上中巴公路（中國至巴基斯坦），一路延著雪山與高原湖泊前往世界最高口岸紅其拉甫（海拔 4 千 9 百公尺），作為中國段旅程的句點。但到達喀什時已是11月中旬，而今年的西伯利亞寒流讓山區間降下大雪，不但低溫且正刮著強烈西風，通關處封閉了道路不讓自行車通行，再過幾天連貨運卡車也將限制通行，果然來遲了啊。貪婪著秋天的爽快而特意延遲出發逃避那夏日豔陽，這回遇上冰天雪地也沒立場怨天了。

無論如何都想見識一下這世界有名、海拔平均在 3 千 5 百公尺以上的中巴公路，親身感受當年玄奘運著大量經卷所走過的喀什崑崙山。在幾經議價與討論後找到司機包兩天車上塔什庫爾干。

到塔什庫爾干的 3 百多公里路程，車子走得越高風景也越是驚人，在台灣少見的雪景湖泊在此處舉目皆是，雖因湖水結冰而看不見夏日時的湖光倒影，但冰雪之間的高聳雪山與冰凍草原仍是引人神往，而在風雪之中結冰的路面，光是車子在行進間就感受到艱苦與難行，難怪開放時間僅在每年的 5 至10月，而從11月到隔年 4 月，此地籠罩在不停歇的張狂風雪與低溫之中。當地生活的居民已不是常看到的維族人，

↑ 開始往上爬，出現的是美麗的高山湖泊。

↑ 這是喀什崑崙山脈的山腳。

而是仍過著放牧養牧畜生活的塔吉克人，塔吉克人最大特徵就是幾乎人人都是鷹勾鼻，相傳他們的祖先是老鷹，有「鷹之傳人」的有趣傳說。漫長的冬天，他們都躲在為「冬窩子」（高海拔地區冬天既冰冷且漫長，當地人會躲在一座座外型如蒙古包的石製建築裡躲避寒冷，一窩就是大半個冬天，因此人稱冬窩子）裡，等待來年的春天來臨，動物也多是穿上厚重毛皮的犛牛群，壯碩毛絨的牛群在高原雪山行走的景像彷彿身處西藏！

天黑前，在風雪間到達了塔什庫爾干縣城，說是縣城也不過是台灣的小鎮規模，但在海拔3千公尺以上的高山裡，這裡己是應有盡有了。身處在海拔3千5百公尺、雪山環繞的縣城，突然發覺這裡就是中國行的終點，中國西部的邊陲之地，回想路上發生的點滴，深吸一口冰冷空氣後準備深沉的睡去，也許在一生裡能有令人如斯滿足的一刻己是天大的讚禮。

去塔縣的路上，司機收了兩老一小的塔吉克人搭便車，因此幸運的有機會和傳說中鷹的傳人貼身共處，印象中總是掛著笑的臉上有雙銳利漂亮的大眼，帶著與大自然共存特有的謙卑。語言全然不通的狀況下，全程比手畫腳外加相機輔助看圖說話倒也趣味十足，氣氛熟絡起來的同時，就在轉山處屬於他們的窩子到了，看他們不斷揮手，在身後越變越小，車上還留著一股牧羊人的氣息，是溫暖的味道。

↑ 貨車在風雪之間也無法保持平衡的摔落山溝。

↑ 標高超過5千公尺的絶冷雪山。

在火車睡舖上偷窺人生百態。

走不到的巴基斯坦

原本計畫全程以自行車由西安騎行至印度，穿越世界最高海口紅其拉甫口岸，取道巴基斯坦直接進入印度完成旅程。但新疆入冬後山區下起暴雪，除了在山腳的關口已不讓自行車等兩輪載具通行外，巴基斯坦於預定行經地點（斯瓦特河谷）發生與塔利班組織的內戰，至今仍處於戰爭狀態，而另外一條翻過天山經吉爾吉斯、繞行阿富汗的路線也因塔利班游擊隊與基地組織的活動頻繁，在危險程度與風險過高的考量下，中國段就以喀什為終點。再轉乘火車由南疆的喀什到北疆的烏魯木齊，再由烏魯木齊搭乘飛機返抵台灣，搭乘飛機進入印度，完成重訪玄奘取經之路的計畫。

↑ 在冰天雪地的烏魯木齊準備坐飛機打道回府囉～

這就是在新疆不可不吃的饢，
這一個僅要一塊人民幣，
許多維族人就一天三頓各吃一個
（就沾著路邊的溪水吃，太神奇了）
就打發了一天。

西域傳說

千里家書

那是在中國大陸的最後幾天，我和妹妹坐著車由烏魯木齊前往 2 百公里外的石河子縣城，入冬的新疆，天空揚起了漫天大雪，氣溫僅零下十度，車內與外頭的溫差讓車窗揚起了白霧，將身子往座椅靠緊一些像是可以多得些暖意，回想起兩個月前的一個承諾、那一封關心遠方親友的家書，將口袋裡的信封再拿出來看了一下，「烏魯木齊市石河子縣六小區……」在心裡反覆唸了幾次，像是要再次確認這就是即將前往的目的地。

事情發生在我和妹妹要從台灣出發前，一位在醫院工作的老同事和我說到一個由國民政府轉進來台開始說起的故事，內容橫跨了文化大革命十年以及數年後開放大陸探親的深刻記憶。

當年，她是一位隨著國民政府轉進來台的軍官家眷，在台灣生活了十幾年後與大陸的

親友早已斷了連繫，直到開放探親，幾經努力後才得知，當年原是地方書香世家的弟弟在文化大革命時被打入俗稱的「黑五類」。在那個時代被如此註記的人們，在那個過往歷史傳統被污衊，知識分子與老師被眾人唾棄鄙夷的時代悲劇裡，被群眾批鬥、被押著遊街，直到筋疲力盡後被送至遙遠又寒冷的邊疆實施勞動改造教育，那位弟弟最終沒有逃過這波劫難，失去了老師的職位與尊嚴後，被發配至中國最遙遠的疆土「新疆」，在冬天零下40度的荒野森林裡以最原始的方式開墾荒地，憑著肉軀在極端困難的生活裡試著求得生存。最後，文革結束，鄧小平開放改革後才真正脫離了那12年非人道的勞改生活，也在新疆安頓下來，日子雖然過得清苦但也還過得去，而這時台灣開放了探親，幾經尋找後在新疆姊弟相認恍若隔世，竟已過了二十多個年頭。在那之後兩人總保持著連繫，直到去年新疆發生死了一千多人的七五事件民族暴動，在大陸當局封鎖下，信件無法投遞、電話也宣告失連，弟弟在七五事件時平安嗎？現在還過得好嗎？都成了心頭上揮之不去的掛念。

在醫院工作的姊姊知道了我們要騎自行車去絲路的事情，再三確認行程，知道我們將經過弟弟居住的鄉鎮之後，將那心頭的掛念化為一封來自台灣的家書，希望我們若有機會能將這份橫亙千里的牽掛連接，將這份關心跨

一下公車，風雪撲面而來。

越國界與距離帶到那遠方的親人身邊。

思緒隨著車子停下，意識到已抵達目的地，下了車依然是漫天雪花紛飛，眼前竟是一片白茫茫的冰雪世界，手裡拿著那封來自台灣，陪著我們走過數千公里的家書，上面僅有簡短的一行地址，沒有電話沒有當地的熟人，在這座被冰雪封蓋的石河子縣城裡彷彿是大海撈針，這封信真能送到嗎？他還住在這地址嗎？如果剛好外出不在家時怎麼辦？

在結了厚冰的街道上步履難行，在低溫寒風中能夠問路的行人已是少數，知道地址又願意回答我們的善心人士更是少之又少，在有限的資訊下繼續前進，在問過不下十數人後，雪花已讓我們的紅色大衣沾上一層白霜，踩在擦擦作響的積雪上覺得越來越冷，結冰的路面連當地人都屢屢滑倒在地，一開始覺得新鮮有趣但當過了一小時還找不到地址所在時，滑得要命的地面只讓人煩躁。最後，總算找到了開往信封地址的公車，下車一看所謂的「六小區」竟是六大塊住宅重劃區的代稱，看著一大片至少成百上千的住戶不禁呻吟一聲，這個情深意重的任務真是有挑戰性。

在人煙稀少的路上踩著冰雪前行。超級任務：就是這裡！

在偌大的社區裡，大街小巷的穿梭尋找，有好幾次都以為找到卻發現總是差了幾號，開始有點討厭這下個沒完的大雪，長時間被雪霜覆蓋的大衣開始透出溼冷的感覺，在冰凍的路面乾脆滑起冰來自娛娛人，反正摔倒了也就是栽到雪裡，怎麼說都是台灣難得一見的雪景。

在這座六「小」區的廣大住宅區裡我們找了多久？足足兩個多小時，從1號走到了250號再走回來，就是找不著那關鍵的號碼，難道這個任務居然在最後關頭失敗嗎？離開社區走到大街上，意興闌珊的想先找個吃的，卻發現那棟怎麼找也找不到的號碼居然就在大街拐進的小巷裡？這棟樓房居然是不連號還坐落在死巷子裡，難怪怎麼找怎麼問人都沒有頭緒，這次可讓我們找到了！

這時候，最後的關鍵來了，那位老先生還住在這裡嗎？是否在家呢？心裡碰碰直跳，抱著恐懼與期待按了門鈴，響了許久竟無人回應，難道不在嗎？因為時間也不允許我們遲疑了，趁著有人上樓順勢走進大門，想著至少要把信放在門外留下訊息也算了卻心事，在往上走時，樓上下來一位老先生，不知為何心裡有個聲音告訴我「就是他了！」拿出懷裡的信叫住老先生的腳步，一問之下竟然就是那位失散訊息的弟弟！正要出門的老先生剛才在樓梯間和鄰居聊天才沒有走遠，機緣巧合下才讓我們在樓梯間給遇上了！說明

臨別前依依不捨……我們一定要把家書送回台灣！

在焦叔叔家中最大的床上過了一夜。

我們的來歷與緣由後奉上家書，才將心裡的一塊大石頭放下。

看著這封陪著我們由台灣到新疆跨越六千多公里的家書，心裡有種莫名的成就感，也在老先生的盛情邀約下住了一晚，天南地北的聊著，將台灣姊姊的訊息與新疆的弟弟連結在一起。隔日，老先生起了大早，寫了厚厚的一封信，拜託我們帶回台灣，那拿在手上沉甸甸的不只是信紙的重量，而是那最深最重的親情關懷。也因為這兩封跨越距離的信，讓我們的旅程帶回的不只是回憶，還帶有一份遠方的牽絆，讓這趟千里送信更加富有意義（對電影〈海角七號〉的送信劇情也更加認同了）。

冰天凍地自然冷藏。

讓焦伯伯請了幾頓大餐，
為我們中國千里行做了最後註腳。

千里絲路行，單車怎麼行

要如何騎自行車穿越幾百公里杳無人煙的沙漠？要如何在 10 級陣風的風雪裡騎上海拔比玉山還要高的山頂？怎樣在數千公里綿延的高山、雪原、沙漠裡騎著單車前進？路上該注意什麼？小心什麼？騎一趟幾個月的單車長途旅行要帶些什麼上路？

無論要去哪裡、走什麼路線、用多少天數、使用什麼工具，在我的價值觀裡最重要的準則是：吃的飽、穿得暖、人平安。

何謂吃得飽？每天要騎上一兩百公里，沒有好好吃飯怎麼會有力氣？

何謂穿得暖？若是在旅程中生病，多感人的美景都無力欣賞。

何謂人平安？命只有一條，人掛了什麼都是假的！

於是回歸生活層面，平常你吃什麼？用什麼？穿什麼？又怎麼根據行程的氣候、人文、地理來作變化與變更？旅行是人、事、物、地與日常生活大不同的生活型態改變，只是無論在哪裡或做什麼，最重要的還是「吃飯」與「睡覺」，在思考偉大想法或超級目的前，能有命活著回來才有意義啊！（若當年玄奘在路上往生，也許有很多事會大大的不同）

我們不是什麼旅行專家，只希望在這裡分享的一些經驗能對未來的同好有點幫助。

出發，就準備好了！

吃得飽

身體的「燃料」就是食物，其實就是認清出門在外不挑食的道理，只要不太骯髒吃了不會中毒，口味部分只要肚子夠餓一切都好說，不過說到食物中毒就像是玩俄羅斯輪盤，你猜不到問題食物會是那盤烏漆嘛黑的炒麵或是那看似乾淨，吃進嘴裡卻有一股異味的餃子；就算堅持不吃路邊攤，總是選擇看似乾淨的館子，還是有可能踩到「地雷」！除了堅信腸胃也可以鍛練外，儘量選擇顧客多（奇妙卻神準的原則）的地方吃飯還是安全些，再來就是多祈禱唸佛或是把胃腸藥帶足（只要死不了總有一天會習慣路上的這些食物）。

比較特別的是在沙漠與雪山會長距離騎乘在鮮少人煙的地方，此時最重要的是先行問清楚路上多遠才有「補給點」？要準備幾餐的乾糧在路上吃？這些都需要行前的計畫與出發前問清楚資訊，有人說「安全感來自口袋裡隨時有食物」你覺得呢？

水果乾糧不可少，輕便上路最重要。

中餐永遠在荒郊野外無人處。

穿得暖

一百公里連棵樹都沒有是怎樣？
（躲在道路指示牌陰影下…XD）

健康的身體是旅行最可靠的夥伴，試想一下，身體除了要承受每天長達十數小時的體力勞動，忍受沙漠或是雪山的極端氣候，無論你想到哪裡它都必需配合你，若身體不夠健壯，或是無法適應環境的磨難，當你生病躺在床上還能欣賞美麗的風景？還是感受任何特別的經驗嗎（相信沒有人想感受生病的經驗）？健壯的身體可以經由適當的運動配合三餐與正常的睡眠就能得到（人人都知道的道理，但總是難以做到）。

遮得好，陽光再大都能比 YA ！

有了健康的身體作爲基本條件，接下來就是如何讓身體適應或接受將要旅行的極端氣候。我們曾走在早穿綿襖午穿紗圍著火爐吃西瓜的戈壁，也曾走過零下 20 度的冰天雪地，再強壯的身體都禁不起這種折磨，於是我們需要「裝備」，要準備什麼能面對考驗呢？

爲了應付多變的溫度與氣候，可以採取「洋蔥式穿法」，也就是一件貼身的排汗衣物，搭配中間的保暖層（厚背心也可），外面再加上一件防風防水的大外套，這樣的穿法就可以應付絕大多數的情況，在這裡再特別分享我們對付極端氣候的方法！

穿得像忍者一樣就對了！

1. 超熱的 40 度防曬裝備

想要知道怎麼在沙漠防曬？那就要看生活在沙漠幾千年的人怎麼穿！有看過沙烏地阿拉伯人嗎？想起那全身白袍只露出眼睛的裝備嗎？那就是真正的最佳防曬！

防曬要訣就一個字，遮！保持每一吋皮膚都沒有曝曬在陽光下就是最高指導原則（特別是耳朵和脖子後面等容易被遺忘的部位），當然不需要買一套阿拉伯人的衣服，但是在挑選衣物時以散熱快、透氣佳、淺色系（深色系會吸熱）爲主，甚至可以購買附加防紫外線的衣物。而沙漠之中強烈陽光的折射也需要注意，帽子是必備，墨鏡有的話更好，只要記住，把全身上下通通「遮」起來就沒錯！

大紅外套除了防寒還有警示的作用喔。

2. 超冷的零下 20 度抗冷裝備

抗冷作戰的最重要目標，乾燥！只要能保持身體的乾燥就容易維持溫暖，這也是爲何一件良好的防風防水外套如此重要，只要外界的水氣進不來，接下來的問題就是裡面要塞幾件衣服才足夠保暖，只要沒有因潮溼而帶來的冰冷，加上內層的排汗內衣能保持皮膚乾爽，問題就解決了一大半，所以在零下 20 度的氣溫下，幾乎沒有一吋皮膚是暴露在寒風之中，整個人包得像頭熊貓般肥嘟嘟（也像是穿上太空裝的太空人）。

人平安

搞定吃穿後，接下來就是人平安了……出外旅行有諸多不便，而不同國家，國情不同就有不一樣的注意事項，在我們千里絲路行裡就領悟了幾條簡單卻實用的道理。

1. 別輕易透露你的底細，神祕就是最大的保護色。大陸同胞有一部分人只要知道我們來自台灣，馬上一口咬定咱們就是有錢的可惡「資產階級」，於是無論是食物還是住宿價格自然就要「教訓教訓」這些資產壞蛋，更糟的狀況是埋伏你未來預定要走的道路來個強盜殺人。長途旅行就是要低調、低調再低調，別輕易相信看似和善、充滿好奇心的陌生人。別人問我們要去哪裡？我們總回答下一個城市就是終點站啦，或是錢都花光了，下一站就要回家啦，總而言之「防人之心不可無」。
2. 不參與討論宗教與政治的話題（這一點，就算在台灣也適用啊）。在我們出發前，新疆才剛發生漢人與維吾爾族之間的民族暴動，不需要無謂的挑動雙方緊張的情緒。
3. 不輕易接受陌生人的食物飲水，就算接受也不要當場就吃喝。
4. 重要物品不離身，財物分散收藏。
5. 不觸犯當地的法令，免得因小失大。
6. 做好應變措施與意外發生的聯絡人，先行報備台灣友人與聯絡人騎乘位置的時間等等，方便意外時能及時處理。像是聯絡當地的台商社團，或是告知國台辦都可以得到幫助。

說了那麼多，其實都還只是一些皮毛與基本的概念（認真列下去可能沒完沒了），有許多「眉角」是要到當地才能理解的，而最重要的還是「防人之心不可無，小心駛得萬年船」簡單的道理卻最實用。

單車上路

而理解了旅行的準則後，自行車旅行又該注意什麼基本的事情呢？

1. 確定騎行路線與所需的車型（登山車或旅行車），收集路線的資訊、季節的天候、村鎮的補給情形。
2. 準備好健康強壯的身體以及注滿毅力與勇氣的心。
3. 基本自行車維修急救的技能。
4. 基本的人體維修急救技能（車和人都是會壞掉的啊）。

以上四點是基本中的基本，沒有一個完善的計畫不但可能敗興而歸，更可能賠上一條性命！
說來簡單，但每一項都是需要「自己」做功課去研究、判斷的（沒錯！人在百里荒野之中騎乘時，還能依靠別人嗎？），試想一下如果所有的事情都有人幫你準備得妥妥當當，那還叫作自行車旅行嗎？（想要這種「安心」的感覺跟團是不錯選擇）可能會少了一些冒險與探索的趣味。

回過頭來看文章開頭的幾個問題，現在知道如何做了吧！無論是騎自行車穿越沙漠或是在騎上海拔比玉山還高的山頂，甚至是騎過數千公里在高山、雪原、沙漠裡前進，只要確定路線、清楚路況氣候、健壯體魄與意志、小心謹慎，讓路上的意外事故減到最少，就算出了事也能立即應對，那麼接下來就只剩踏出那出發的第一步，有時候「準備」是永遠準備不完的，有一句話說的很有意思「出發，就準備好了」。

你，準備好了嗎？

騎久了，要定期保養車子（將齒輪與鏈條清乾淨）。

荒郊野嶺騎車必備修車技能。

食之趣

中國食物博大精深，我們兄妹光走過陝西、甘肅與新疆就己目不暇給眼花繚亂，雖然在城市裡想吃什麼幾乎都沒問題，但問題是我們的旅行路線常常前不著村後不著店，除了午晚餐在住宿的地方大多數有提供外，早餐呢，只有在大城鎮裡才找得到供應早餐的小店家，買得到豆漿油條與包子之類的食物，許多地方可不像在台灣，街口巷角就有便利商店，在這裡可是相隔幾百公里才有人煙啊！

大家可能想不過就是一頓早餐，有啥大不了，但事實上每天騎車消耗的熱量很驚人，在沒有早餐店的小鎮小村裡，我們通常就是「一包泡麵、一片烤餅、一碗玉米泡粉」解決，騎不到兩個小時就腹部空虛雙腳無力了，要是能好好吃上一頓早餐就可以撐到中午才停車補給，但是大城鎮總是數百公里才出現，使得我們大都處於半肌餓狀態，好處是這一趟光是瘦身的公斤數換算減肥的費用，可能就賺了好幾個萬，也算是自行車旅行的收獲吧！

除了食物取得不易外，因應自行車旅行，食物本身還得耐放耐壓不容易腐壞，所以路上該吃什麼？又有什麼是便宜好吃又適合旅行的呢？請讓我好好介紹吧！

走個老遠買瓜去。

No1. 最佳旅行食品蘋果

進入甘肅後，也進入中國十大蘋果產地之一，甘谷，特產品種爲「花牛」。產區路旁是一片片的蘋果園，光是經過就很想偷摘個幾顆？小鎮市集間也盡是各類蘋果的集散地，問我好不好吃？只能說除了脆甜外，還方便攜帶不易壓傷，可久存還富含維生素，還能解渴治肚餓，重點是還很便宜啊！眞是騎車旅行最佳良伴，不愧那句名言「An apple a day keeps the doctor away」。

這樣一堆要多少？只需台幣 30 元！

除了直接吃掉外，還可拿來當餡料！

No2. 甜度最高重量最重的哈密瓜

如果說甘肅水果代表是蘋果，那麼新疆肯定就是哈密瓜！在戈壁有時可看到座落的小小瓜棚，裡面總是幾個維族老漢叫賣著自家瓜田裡的「老維賣瓜、自賣自誇」，但吃過之後可是人人誇啊！吃完後五指被瓜汁沾黏到難以分開，吃完後還想大喊：「怎麼會有這麼甜的瓜，以後都吃不到了怎麼辦~」除了有飽足感外還可順便補充水分，可惜重量頗重，曾一不小心由車上滑落，上演「哈密瓜摔車了」戲碼，登時瓜汁橫流慘不忍睹，所以排名屈居蘋果之下。

有時在路上肚子餓了，哈密瓜配餅乾就是一餐。

一打開就是四逸的香甜。

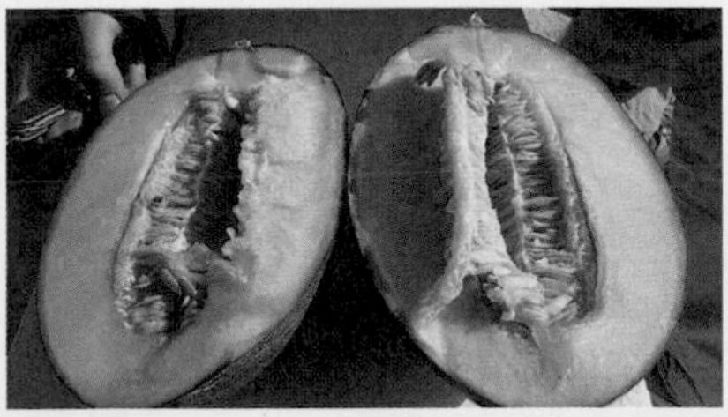

No3. 又甜又香是梨子

新疆特產除了眾人皆知的哈密瓜與葡萄，還盛產梨子，在庫爾勒的品種「香梨」可說是盛名滿滿，有汁多渣少、入口又香又甜的美稱，但一般沒有對外零售只賣批發，入手困難（總不能帶著一箱梨子騎車）。而另一品種「貢梨」就好買多了，而且個頭大，讓大肚量的我只吃兩三顆就有飽足感，除了好攜帶，甜度只輸哈密瓜，水份又高，價格也便宜，不過就東疆限定，過了就吃不到，不然就是價格高，但十足的飽足感可是屬一屬二的划算佳品！

前三名全部都是水果，這是因為在甘肅、新疆土地貧瘠，蔬菜不易成長，若是一日三餐只吃麵飯等主食，很快的就會了解何為便祕的痛苦。騎車己是長時間疲累的運動，這時飲食平衡讓維生素與纖維質足夠，可是超乎想像的重要喔（不負責任營養講座）！不過，新疆不是還有好吃的葡萄嗎？有！真的不錯吃，只是放不到半天就在自行車的袋子裡熱到脫水，完全沒法保存，如此嬌滴滴的水果還是放在房間裡享用就好，實在不適合帶在路上吃啊！

但一定會有人問，騎車己經很幸苦了，
還吃一下子就餓的水果充飢，體力能夠負荷嗎？
是的，如果只吃水果。身體也是會抗議，
此時就該輪到在路上的主食，
袋子裡的救命法寶！最適合旅行的超級乾糧！

No4. 超級乾糧

所謂的超級乾糧有幾個基本要求：

1. 耐久易放。
2. 提供足夠的澱粉。
3. 重量輕好攜帶。

以上這三個要求，可以達到的東西其實不少，像是大賣場都有賣的餅乾等等，但說到要有足夠的澱粉與好攜帶還是古人的智慧略勝一籌！幾千年前，在乾燥少雨的大地生活的人們就發明了一種完全符合這三點要求的神奇食物，除了可放上一個月不腐壞、只要吃上一兩個就可以抵一餐，一份自行車袋可以放進三、四天份的食糧，就連1300年前的玄奘也是吃這個上路的！這麼好用的乾糧叫做什麼？那便是維吾爾族人的主食「饢」，是用小麥粉、玉米粉、清水烤成的麵餅，乾硬容易保存。

只要吃上一兩個就可以抵一餐。

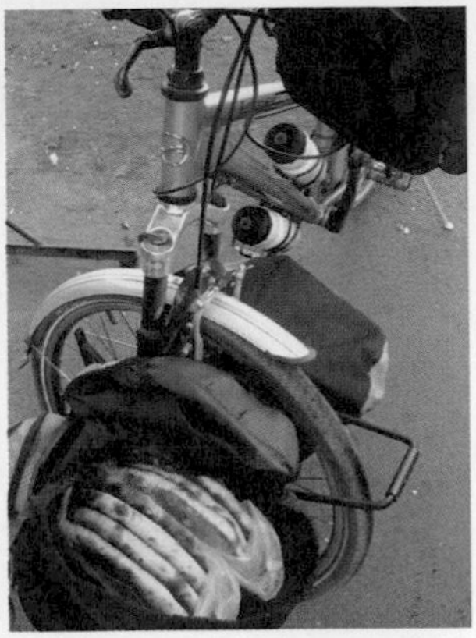

數數看一個袋子可以放幾個？

還有這種口感扎實，吃起來和貝果幾乎一樣的，但價格差了幾倍，一個只要5元台幣。

隨著地域不同，饢的大小也不一樣。

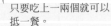

No5. 各地風味美食

依據地域的不同，各地的美食也不一樣，像是從陝西到甘肅就可以吃到西北有名的麵食，除了現場人工手拉，彈性過人的好吃麵條外，份量還很巨大！
到了新疆之後，羊肉的比例就開始提高，食物也越來越有特色，舉幾個我們印象最深的例子。

羊肉串

說到羊肉串，不能不提的是在維族聚落都是直接在大街上把羊吊起，然後砍頭、剖肚開腸、剝皮等等血腥程序赤裸裸呈現，最驚悚的是砍下來的羊頭就當成保齡球似一丟滾到街角……

烤包子

烤包子？融合了新疆食物裡幾個重要角色，怎麼說呢？
1. 包子皮：就如同饢，只是將它再多擀一擀，就成了四方型的包子皮。
2. 包子餡：就如同羊肉串，只是將它切丁再拌上洋蔥、孜然粉、鹽和胡椒粉等原料作成餡料。
3. 饢坑 : 原本用來烤饢的地方，一樣可以用來烤包子！
除了可以吃到剛出爐、咬起來脆的饢，還能嘗到內裡充滿孜然香氣的羊肉餡，風味十足！

拌麵與拌飯

維吾爾人除了愛吃羊肉與大饢餅之外，還有另外兩種主食。拌麵，通常是點一盤炒菜再配上一盤勁道十足的手工拉麵，將菜與麵隨自己喜好拌在一起，故稱拌麵。最大的特色除了麵條彈牙外還很大盤，最棒的是吃不夠還可以免費續麵（大部分餐廳都是這樣），實在是好吃又實惠。
而手抓飯就比拌麵更有道地風味。米用羊油炒過，再加入大塊羊肉配上幾塊紅蘿蔔悶炒，端出來可是肉香米香蘿蔔香，好吃的不得了，若嫌膩了點就加上附上的生洋蔥，整個層次又更高了。來到新疆，不嘗嘗這一麵一飯就太可惜啦！

羊肉餡烤包子

羊肉串

羊油炒手抓飯

除了上述明星美食外，還是偶有一些想像不到的佳肴出現，像是碩大的南瓜蒸餃，剛出爐時就像頂級湯餃般餡美湯醇，涼粉爽口順滑口感好。還有核桃仁混合蜂蜜做成甜食，超好吃又營養。另外，摘下來的向日葵，直接用手挖來吃瓜子，果然是純天然！大街上叫賣的新鮮牛奶，用旅館的熱水壺煮開後，喝起來甜甜的，好喝！

南瓜蒸餃。

純天然葵瓜子。

不管是麵還是飯，都是用手抓的啦。

大街上叫賣的新鮮牛奶。

核桃仁混合蜂蜜做成的甜食。

人之趣

在我們一路往西前進的旅途上，邂逅了一個又一個意想不到的人物，像是珍珠一般將我們的回憶與發生的趣事串起，每每翻看照片，當時發生的情境總讓人會心一笑或是再三沉吟。人，也是路上重要的風景。

No1. 未來的我？

由西安出發不到兩週，碰上了一位剛由西藏下來的猛者，被太陽與艱苦旅程打磨過的臉孔與身軀，相比照我們菜鳥般嶄新的裝備和衣裝，在他身上看見了我未來模樣的樣板（再騎上幾個月我就會變成這樣啊……）。

No2. 難道是……台灣人？

進入甘肅沒幾天，又是一位由西藏出來的勇士，相談甚歡間看著彼此，有種鄉土的熟悉感，莫非也是一位由台灣出發的好漢？在儘量不曝光身分的原則下，這成為一路上我和妹妹再三討論的不解謎團。

No3. 不行也得行

下了烏鞘嶺，認識了一行三人的德國豪華騎士團，除了吃好住好車子棒以外，還人人有副好腿力。短暫的三天共騎，留下在異國的友誼軌跡，以及幾次互相請來請去的飯局，還有對國外有錢老闆的「休閒娛樂」有了深刻的印象。

No5. 東北兩隻虎

在蘭州的小旅社認識了兩位遠從東北到新疆騎車的勇猛騎士，聽他們聊著未來我們將走過的路，心裡不禁激動而興奮，那裡的風沙蒼涼是否如他們所描述的一般？

No4. 德國三人行

這位是豪華團中的領隊，一位 21 歲時就由希臘騎車到北京的超級騎士，現在成爲專業的自行車領隊，竟能說得一口好中文！

No6. 無國界的自行車愛好者

進到河西走廊的張掖之前，十幾台自行車非常顯眼的停在我們前方，好一隊大陸的自行車隊！言談間總聊著打哪來要去哪之類的話題，開心閒聊間恍恍惚惚好像和台灣車隊的朋友們聊天，自行車愛好者之間果然是無國界啊！

No7. 橫跨歐亞的英國會計師

只要是長途旅行的自行車騎士，在路上相認總有著說不完的話題，這是一位 26 歲辭去工作的會計師，由法國一路向東，目標是南方的香港，與我倆在旅途中段的新疆相遇。走得越遠，是否心裡儲存的激動與回憶越加豐沛呢？

o8. 荷蘭情侶檔

一對在山上，一對在山下，在交叉分開的遙遠兩條路上彼此吶喊，竟又是一個橫跨歐亞的大旅行計畫，一對由荷蘭出發的情侶檔，遠遠看去好似要消失般看不清，卻有著「同在路上」的認同感。

路途中，除了自行車騎士外，在中國的六十幾天旅程，總是與當地人有著最多的互動與關連，有好多好多的故事發生，能留下照片的卻少之又少，現在想起那時受惠的感動與溫馨，每每都讓人遙想，他們過得還好嗎？

o9. 人情味大饅頭

在烏鞘嶺山腳下的小村莊，由一家三代經營的小旅社，除了房間乾淨超乎水準外還提供熱水洗浴（在幾個缺水的城鎮是罕有的服務）。老闆在我們離開的那天早上，熱情的送上幾顆手工饅頭。在路上細細咀嚼時，裡面似乎滿滿都是人情味。

No10. 好心的大哥

在張掖漫無目的的到處遊走時迷了路，問了這位看似兇猛其實是退休老師的大哥，後來除了幫忙指路外，還細心的引導我們深入認識這座城市。走在大街小巷間，聽著身邊老師敘述的張掖故事，城市的過往與現今似乎在無意間連結，更加有了生命力。

No12. 他是我兄弟

地點發生在新疆，約是中午時分，經過一個叫二八台的小地方。正騎過村落沒多久，一台摩托車由後追上，直按喇叭，要我們靠邊停車！正想著啥事，只見一個先生拿著兩個大饢餅下了車要說話！竟是從二八台那兒特地騎著車、帶著食物與熱水，來爲我們加油打氣的！說明來意後，還特別吃喝了一口證明安全無毒。之後才緩緩道來，因爲他弟弟當年騎自行車由庫車旅行到烏魯木齊，一路上受了許多人幫助，現在只要他看到長途自行車騎士總想給予一點支持與加油。聊天時說到弟弟旅行之後面對困難都更有意志與志氣面對，只擁有中學畢業學歷的他一路努力，現已成爲烏魯木齊一所學校的副校長，所憑的全是那一趟旅行鍛鍊出的精神與能力。說著說著還留下了聯絡方式，指出需要幫忙時可以打通電話後便離去。之後在路上，我心中不停思索著他的話語，也許這一趟路所得到的，己超過了當初上路時的想像啊！

No11. 手勾手，好牛！

在路上總會碰上一些好奇或是熱情的朋友，這次遇上一位剛騎摩托車從拉薩下來的毛大哥，相談甚歡下，毛大哥連絡了在阿克蘇的朋友馬大哥，說是要「略」盡一下地主之誼。原本我和妹妹想也就是一起吃頓便飯聊個天，沒料到竟在離阿克蘇還有六十公里時，碰上特別騎自行車來迎接我們的馬大哥！

一路上除了帶騎到阿克蘇外，竟安排了住宿，還請了一頓自出發以來最豐盛豪華的大餐！受寵若驚的我們也僅能在賓主盡歡的晚餐中不斷的道謝與約定未來定要到台灣來走走。晚上躺在許久未享受的純白床單上，有種深深的滿足與感謝。騎自行車的車友們總對同好特別熱情，但在新疆認識的朋友們又更有土地所蘊含出的一股豪義之氣。未來若有幸能在台灣接待他們，定也要展現出我們台灣人的好客與熱情啊！

住之趣

長長的旅途中，住宿通常是最花錢的項目，在中國大陸，便宜住宿的名稱通常為「招待所」，再好一點的才叫「賓館」或「旅社」，盤纏不多的我們，招待所自然成為我們落腳的優先選擇。

而便宜的招待所有時會發生一些奇怪的事……像是被單裡藏有血跡，或是一整棟空盪盪，只有我們住，深夜卻在走廊傳出空洞的腳步聲與詭異的敲門聲，從鎖眼看去卻空無人跡（這種舉動很恐怖，實在不建議做）……還有許多的神奇事件，難以盡述啊！

原本，我們還帶了帳篷睡袋以備不時之需，但在兩個月前才發生新疆的民族暴動事件讓時局不穩，更別提在路上認識的當地人口裡的傳說——新疆狼，「新疆的狼不吃羊，只吃人」。傳說每年總有幾個外地打工的人被狼給吃了！嚇得我們不敢露宿荒野，找地方住成了每天日落前最重要的功課。

到了新疆後，因村鎮之間相距往往遠達 1、2 百公里，此時先確認前方是否有住宿點就十分重要了。經過多次問路找住宿的經驗，提供以下幾個較有把握的詢問方向。

1. 卡車司機（多數路上的招待所的主要客人）
2. 道班（修路）工人（在鎮區多有他們的基地，有漢族與當地人提供的資訊來源）
3. 當地公務機構（因公務員多數懂得較多漢語且社會地位較高，能提供較多協助）
4. 以上還問不到的話就亂槍打鳥吧！有問有機會，至少多一個可能。

No1. 火車上的睡鋪

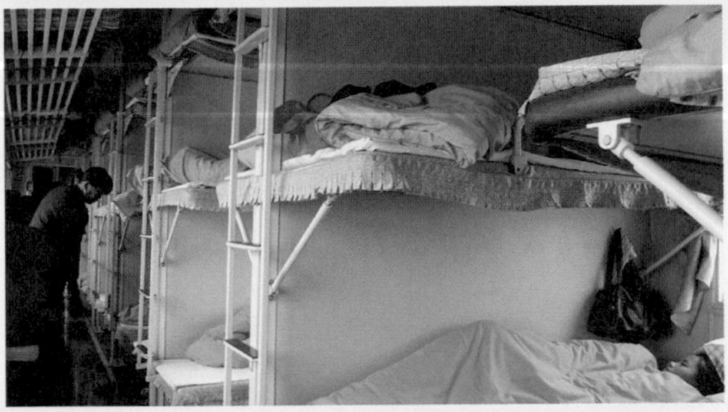

No2. 咱們都住這種的……

在紅山口的住宿點，也是一路上住宿的縮影：沒水沒電沒廁所，通常要價一人 10 塊到 15 塊人民幣之間，只要天一黑就只僅剩下看星星和睡覺這兩件可做。

No3. 現代龍門客棧

在南疆前進時，一整天都騎在沙漠裡，過了幾百公里後總會出現這種專門提供給貨車司機住宿的小旅舍，頗有古代龍門客棧的味道。

o4. 荒野百里後的小鎮旅店

有時候情況好一點，路上會出現小小的聚落，但也僅是十數間破落的平房所組成。

No5. 招待所兼性保健

到了城市，住宿的選擇雖然變多，但便宜的住宿卻變少了，有些住宿點除了提供住宿還提供爲男性開設的「性保健」服務……是的，就是大家想像中的那種，雖然便宜，但是晚上還蠻吵鬧的。

詢問住宿時，通常是妹妹在外頭顧車，我進去問價錢，遇到這種提供多重服務的宿所，常常問到的都是「性保健」的價錢，一般對話情況就像這樣：

我：「請問這住宿多少錢？」

女：「要○○元。」

我：「不好意思，我只想問住宿的價錢？」

女：「先生不打炮嗎？」

我：「不，我不用，我和朋友一起住。」

女：「跟誰？」

我：「是我妹。」

女：「那先生還是打一炮吧！」

諸如此類令人臉紅心跳的問題不斷上演，而住高級一些的旅社仍然會在半夜接到「先生要特別服務嗎」之類的電話……

我只想好好睡一覺啊……

No6．羊騷味維族風味居

如果說到最糟的住宿點，當屬開設在維族農產品集散所裡的小招待所了，在當地問了不下十數人，最後得知此地，光是外表就可以猜想久未人住，而實際情形呢？

房間的玻璃窗沒有窗簾外還有砂鍋般的大洞（夜深時吹進寒風真是煎熬），門也沒辦法鎖，枕頭與棉被是流浪漢等級，光是坐在床邊就揚起了一片塵埃，更別說把被子蓋在身上，驚悚程度超級破錶。

天黑後，在枕頭上蓋塑膠袋、在身上穿著外套勉強睡著，在呼呼冷風中以意志力驅使自己快快入睡，想著「只要睡著就沒事了」邊忍耐被子傳來的陣陣異味，一邊和自己說身上癢癢的感覺只是錯覺……好一個印象深刻的夜晚。經此一夜，過去所睡過的糟糕環境與之相比真的算不了什麼了。

No7．下水道老鼠窩

有時候還會住到地下室……唯一的窗戶看出去是行人的腳，有時會有腳步停留在窗前，灑下一束束黃色的水液……爲了便宜，還眞是哪都住過啊！

No8．每天的功課，找地方落腳與記錄行程

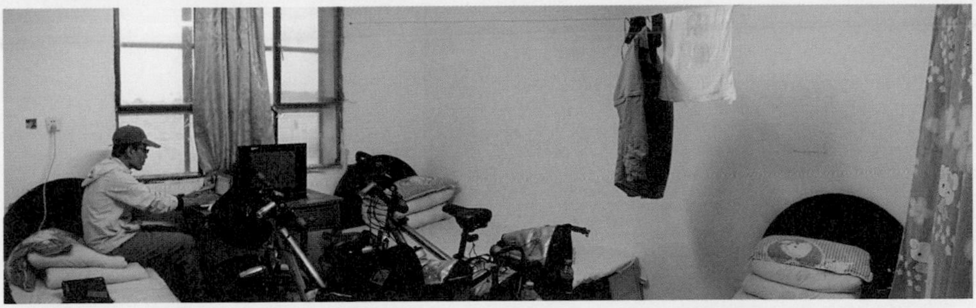

通常都在天黑前入住，不論身軀多麼疲累，總是試著將一天的心情整理下來。

回首當時，總是趣味橫生呢！（不過當時，實在是……）

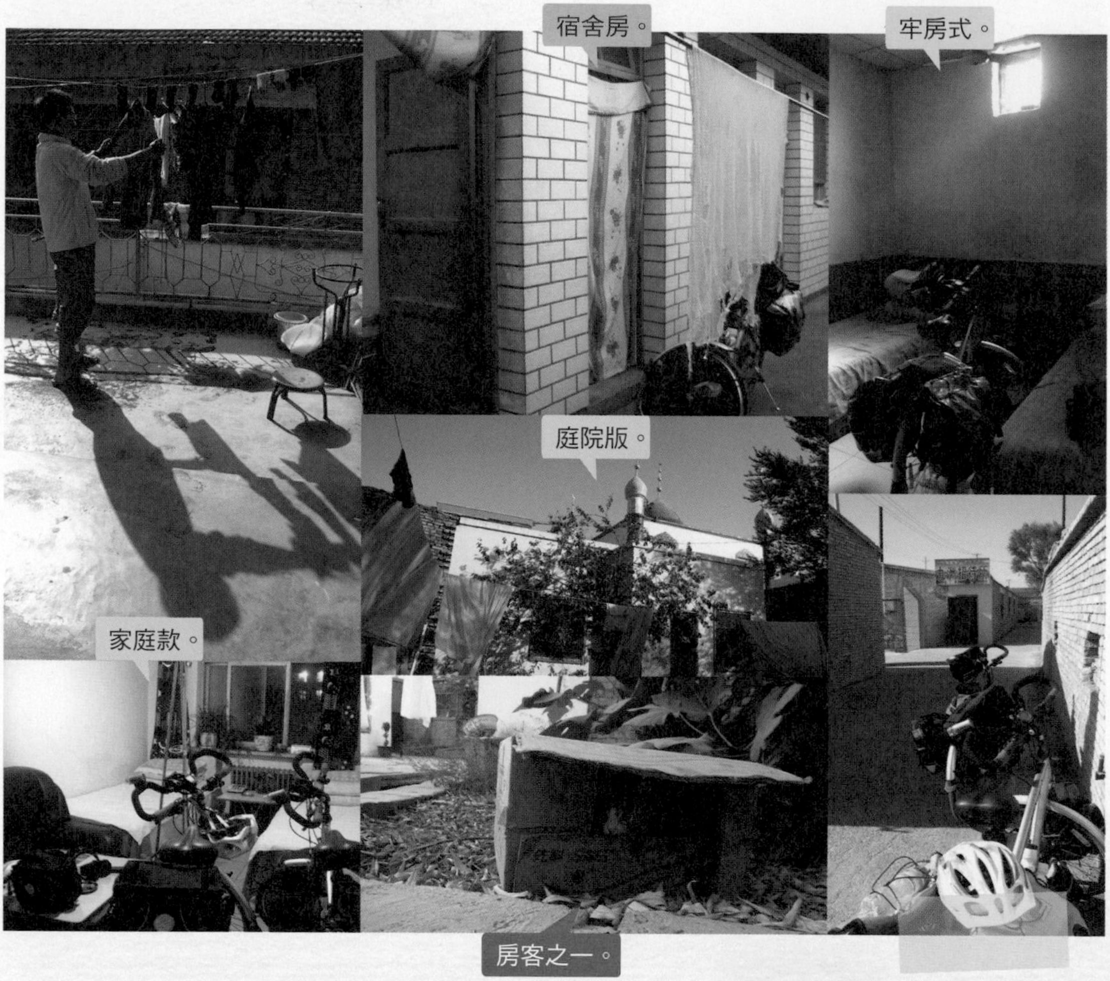

旅途中的家

4 千多公里，60 個日子，旅社與招待所的印象層層疊疊……走過中國絲路接下來要到印度了。

印度的床睡起來會比中國的安適嗎？非常期待。

煤炭式暖爐。

施工中旅社照住。

車不離身。

巷弄間的棲身處。

LOCUS

LOCUS

西遊取經返校記之印度大暴走！

李後璁・李怡臻——著

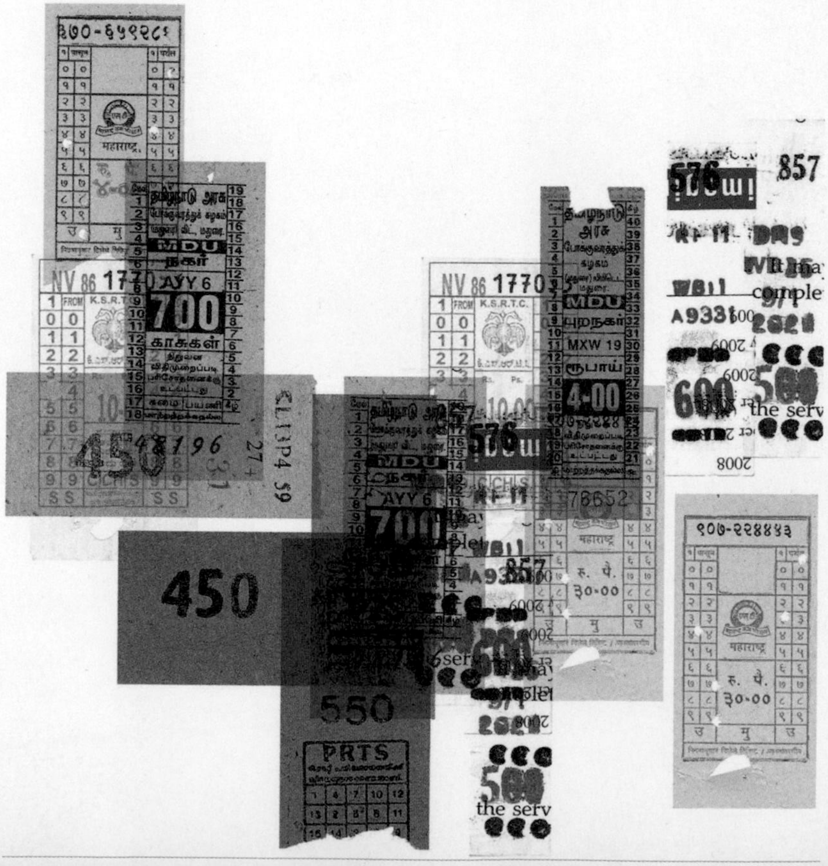

印度
大暴走。

白馬換鐵馬——重返西遊記

印度篇｜印度大暴走

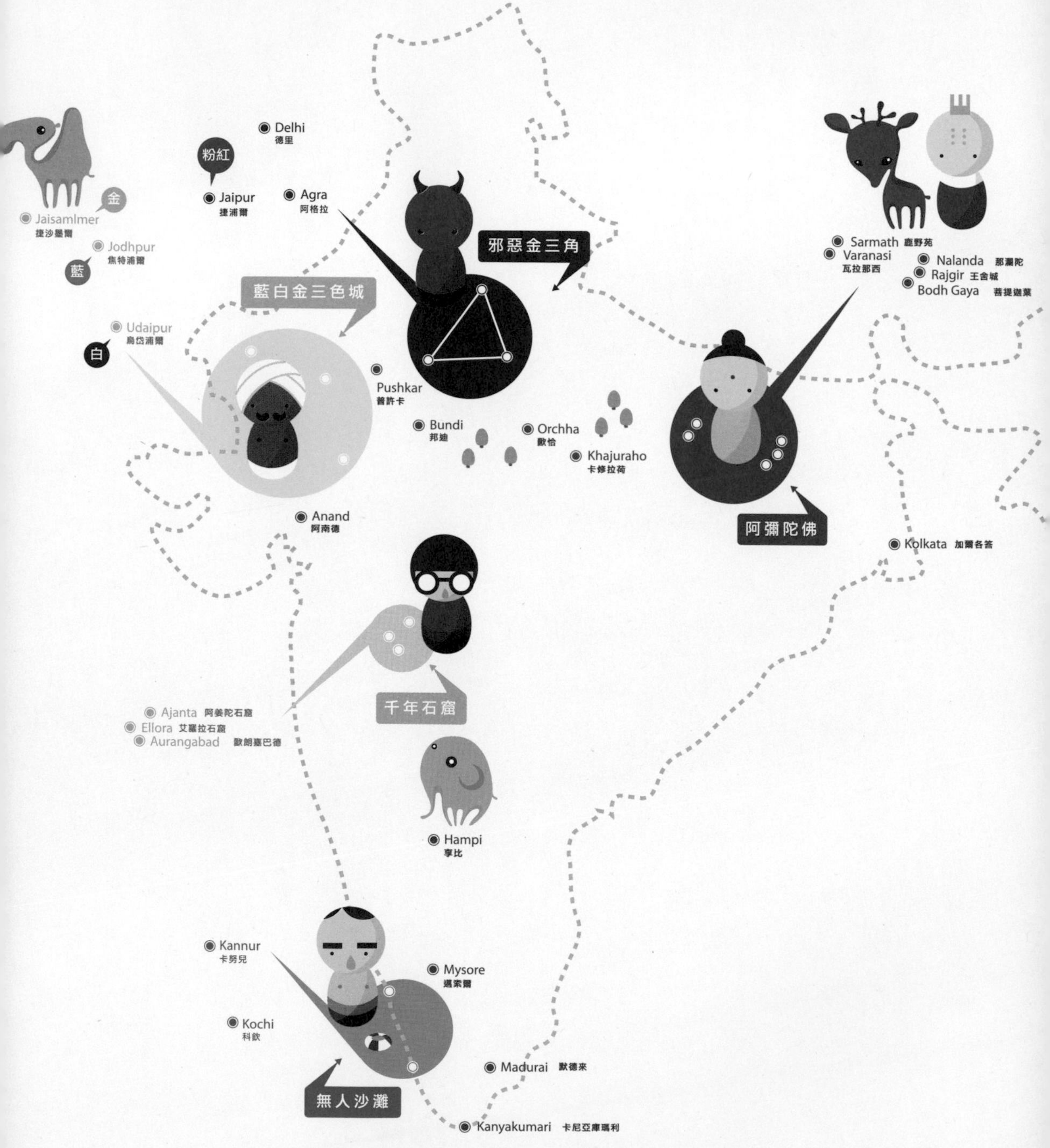
Delhi
德里
粉紅
Jaipur
捷浦爾
Agra
阿格拉
金
Jaisamlmer
捷沙墨爾
Jodhpur
焦特浦爾
藍
藍白金三色城
邪惡金三角
Udaipur
烏岱浦爾
白
Pushkar
普許卡
Bundi
邦迪
Orchha
歐恰
Khajuraho
卡修拉荷
Sarmath 鹿野苑
Varanasi
瓦拉那西
Nalanda 那瀾陀
Rajgir 王舍城
Bodh Gaya 菩提迦葉
阿彌陀佛
Anand
阿南德
Kolkata 加爾各答
千年石窟
Ajanta 阿姜陀石窟
Ellora 艾羅拉石窟
Aurangabad 歐朗嘉巴德
Hampi
享比
Kannur
卡努兒
Mysore
邁索爾
Kochi
科欽
Madurai 默德來
無人沙灘
Kanyakumari 卡尼亞庫瑪利

印度
不思議

從新疆回到台灣，還沒有完全由蒼涼壯闊的戈壁中回過神就坐上了飛機，飛往那傳聞中「背包客勝地」，前往世界三大古國，也是佛教發源地的所在——印度，繼續追尋玄奘大師的足跡。

印度，擁有世界第二多的人口（僅次於中國），正所謂人多口雜，光是官方語言就有十五種之多（鈔票上印有 15 種語言耶……）！更別提多樣的宗教與人種，若台灣是世代移民與在地民族融合的寶島，那麼印度就是規模直接乘以 10 的平方以上的「民族融合次大陸」，以往印象裡，印度人就是膚色較黑、男人綁頭巾女人穿沙麗、路上跑著三輪車那種電影畫面式的粗淺印象，真正到了當地，發覺膚色由深黑一路到如西方人的白可以排成一條黑白光譜（一般來說有錢程度與之成正比，越白越有錢），女孩子仍穿著五顏六色美麗的紗麗，這一點倒是符合印象（無論城市或鄉下，遠遠看去，女孩子就是一群群豔麗的色塊），交通工具就不只是三輪車這麼單調了，可以見識到木製車體的古老公車（己跑了一世紀了吧……），鐵軌長度達世界第二的火車路線、車頭車身佈滿彩繪的各式卡車，英國小奧斯汀式的黃色計程車、更不得不提滿印度跑的國寶「嘟嘟車」，印度印象提都提不完……後面還有牛拉車、馬車驢車人力車在等著介紹啊……印度觀光局用了一句話來形容印度經驗，個人覺得再貼切不過——「Incredible India!!」讓我們一起來感受「不可思議」的印度吧！

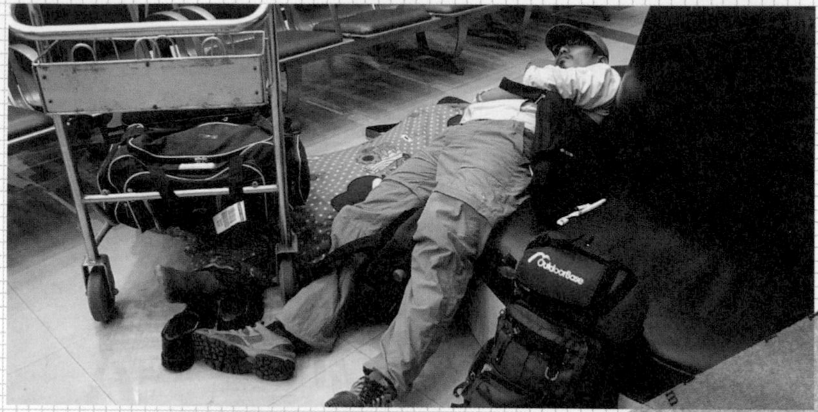

↑ 推車下的腳——佔地而睡的專業印度人。

加爾各答初體驗

剛過午夜二十分鐘，飛機窗外的加爾各答（Kolkata）在一片漆黑裡透露出一絲煩雜與不安的閃爍著光，凝視著竟像是頂上的星空，夜裡神祕與未知的氣氛似乎增強了。經歷香港與曼谷的繁華嶄新，步出登機門，迎面是一陣潮溼，甚至帶點腐敗的氣息。在鐵皮建築的陳舊機場過了海關，走進大廳，只見一群印度人一層一層在出口的「包圍圈」（幾乎都是計程車司機），在夜裡像是黑人牙膏的可笑印象（皮膚好黑呀），那閃亮白光的眼睛與牙齒格外顯目。若是眼睛能貼標籤，我們身上大概貼滿了「肥羊」「歡迎宰殺」「好吃好騙輕鬆宰」，若此時走向出口恐怕連皮帶骨給吞落肚啊……

在機場裡待上一晚吧！除了出口處兩名荷槍警衛把守外，每幾小時也有持槍警衛巡邏，安全有保障，此外也有些未出關旅客準備在大廳過夜，沙發座椅上一倒就睡不稀奇，專業一點的就在地上鋪了床佔地而睡（專業的印度人）……還沒出關就感受到未來的一切將與衆不同啊。

半夢醒間撐到六點，天也亮了，昨晚少說幾十人的包圍圈僅一兩個毅力特強的印度人等著吃掉早起的蟲兒。今天兄妹倆的目標是加爾各答背包客聚集處「Park Street」，旅行者想要的、需要的服務，此地應有盡有，無論是住宿、餐點、換錢、上網、超市，不出一條街都能滿足需求，要找志同道合的旅伴或是詢問老道的旅行者交換資訊也很方便。而在全然陌生的環境裡想順利抵達，有兩種選擇：

方案一：坐計程車（250~300Rs，約合台幣 170~200 元）。

方案二：出機場大門後直走約 1 公里（徒步 15 分鐘，一邊得不停拒絕搭訕攬客的計程車司機），穿過兩個充滿垃圾焚燒氣味的廣場，可看到當地人等公車的可疑所在（無站牌，只看到好像在發呆的印度鄉親）。乘坐當地公車，共有路線 30D（車資 6Rs）、DN/L（車資 5Rs）、DN/9（車資 5Rs）幾種選擇。每種公車價錢不一樣，至「Dum Dum Station」下車後轉乘捷運（Metro），乘坐九站（車資 6Rs）於「Park Street Station」下車後出站直走 1 公里，經過加爾各答博物館後右轉進巷子裡就可找到。

嚇！方案二有沒有那麼困難啊，為了節省約台幣 200 元的旅行資金，還是給他拚下去。

出了機場，迎面而來的氣味溫熱潮溼，穿著各式「民族」服裝、深色皮膚的人們瞪著瞧，路上奔馳著各種印度國產但自行改造、外型閃亮搶眼的貨車和公車。此地的空氣似乎有種碰觸得到的「濃厚」（鼻子倒是先聞到了），直到坐在木造車身兼老舊無車門無避震的公車上，抱著行李與當地人擠在一起（帶著行李在尖峰時間擠在沙丁魚式車廂裡聞印度朋

↑ 出了機場準備等公車……開始有來到印度的感覺。

友的體味，保證讓人「飄然欲仙」或直接成仙），看著彷彿下一刻就會解體的公車，望著外頭如電影場景（夢幻的難以形容）的街景，還是非常震憾（媽，我們在國外都有用力的省錢啊～）。快速馳騁的公車剛越過了一個大坑，展現它的驚人彈性，在空中停留數秒後重重落下的屁股告訴我，這一切都是真的，Welcom to India ！

歷經古色古香的公車後，坐上些許老舊的捷運，相比之下舒適得多（經歷一趟公車後深有所感），但一站又一站後，隨著尖峰時刻與身邊的鄉親越來越親近、深刻體驗與在地人零距離「接觸」的感覺，各位朋友啊，想體驗最「貼近」當地人的生活嗎？越 Local 的大衆交通工具就是您最好的選擇！

上了捷運隨即招來人們熱烈的討論和「愛」的目光，後經善心人指引，抬頭一看才知道，原來有些座位是分男女的。

滿街都是穆斯林，他們要到那兒去呢？

心跳一百的三貼摩托車。

熱情好客的印度友人

旅程的首站加爾各答，有位妹妹在英國認識的印度朋友 Peter，這位喜歡咧嘴大笑的印度大男孩為了我們的到訪，特別向公司請了三天假好接待我們。

抵達的第一天，剛下大夜班、騎著摩托車，Peter 就要帶著我們東奔西跑。啥安全帽？啥交通法則？沒有規則就是印度的規則（這是印度人說的）！三個人貼上摩托車就上路了（是的，我們剛到第一天就「三貼」了）。坐在後座可以感覺到機車似乎有點蛇行？有點搖搖晃晃？熱情接待是很好，但是疲勞與違規駕駛加上在瘋狂車陣中的奮勇穿梭，實在讓人印象深刻，率性的騎法讓後座的兩兄妹猛冒冷汗（印度的機車騎士不輸台北的啊……）

機車慢慢騎往城市近郊的 Peter 家，而今天正好是穆斯林的一個大節日，

↑ 好多牛啊！

路上盡是穿著正式的穆斯林（頭載白帽身穿白色長袍還留有一臉長鬍子），帶著一頭頭的牛往廣場集中。嗯？為什麼要帶牛？雖然不知道這是啥節日，但聽 Peter 說，今天這些牛通通都要「一路好走」。哇喔！穆斯林殺牛節嗎？印度不是不殺不吃牛的嗎？印度教徒們看到這場面受得了嗎？印度真是個深不可測的國家（越接近會場，越多警察在戒備，聽說是為了避免印度教徒與回教徒的衝突）。

Peter 家坐落在城郊的田野之中，一棟簡單的二層樓水泥建築，乾淨的院子與熱情友善的 Peter 家人是我們的第一印象。自從在客廳坐下後，像是怕我們餓著渴著，受寵若驚的接受不間斷的熱情招待，各種印度家庭料理一盤接一盤，連名字都來不及記，正餐過後點心咖啡甜點也是吃

↑ 大好人 Peter。

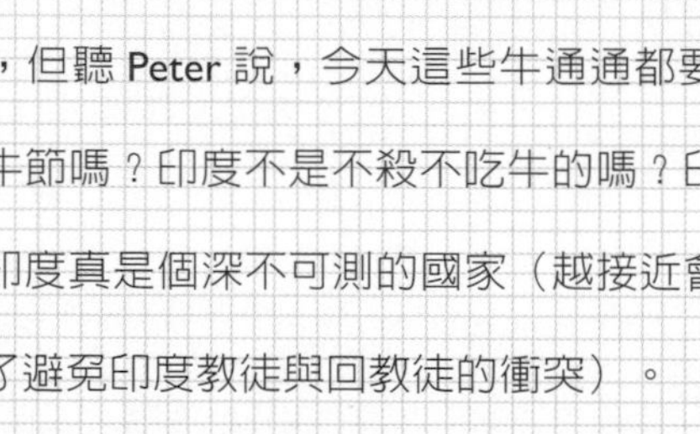

↑ Peter 家就在這巷子裡。

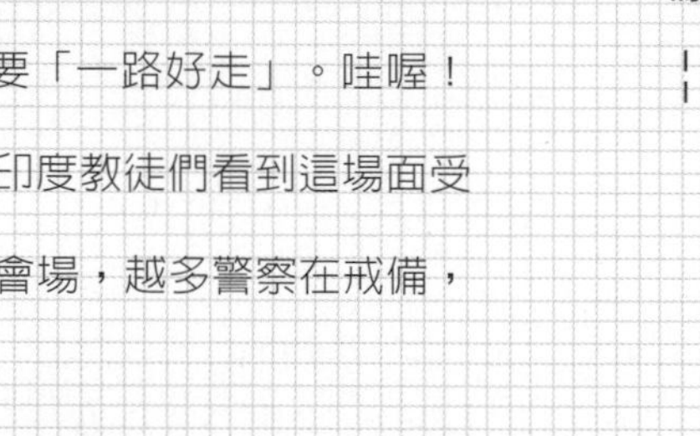

↑ 看我和 Peter 這副德性
就知道印度生活多麼 relex!

↑ Peter 全家福……可以看到正中間那位以前身材苗條的 Peter。

個沒完。在炎熱午後和 Peter 全家人躺在床上看著印度寶萊塢電影，吃著甜點配咖啡（是的，還在吃），這場味覺饗宴對愛吃的我來說真是太幸福了（妹妹倒是快撐爆了）。而吃飽喝足的飯後活動是什麼？和印度家庭一起來個午覺吧！傍晚醒來後在鄉間小道散散步，或是到朋友鄰居家串串門子聊聊天，吃吃其它家庭的料理後，再回家吃一頓正式印度晚餐。肚子還沒完全消化就準備上床睡覺，我的天啊！在長期苦行僧似的旅行後，在加爾各答的幾天，深深體會到 so relax life in India ！

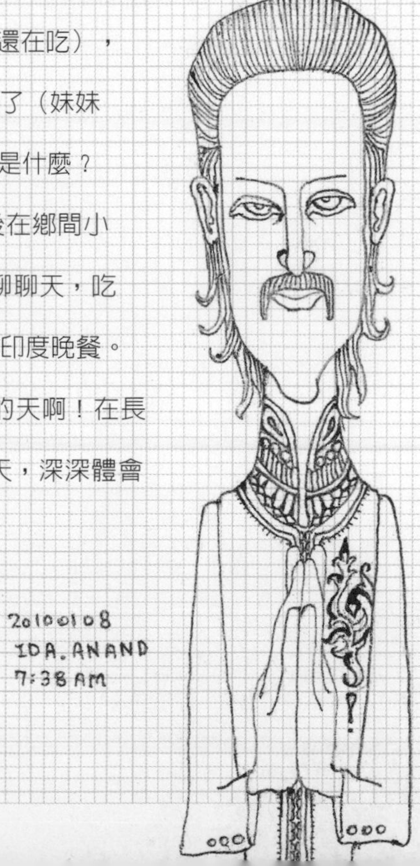

Amul，印度最大的
食品行銷公司。
從客廳吃到房間，不斷被餵食。
大量家庭式印度料理，填滿
兩位客人的心與胃，幸福滿
滿與食物滿滿的一天啊！
印度甜點千百種
各個甜透心。

印度之東

印象
加爾各答

我們總共在加爾各答待了五天，在 Peter 的摩托車上走過不少大街小巷，也開始比較習慣印度生活與步調，但每天萬花筒似的強烈體驗仍是讓人目不暇己，若有人問我們對加爾各答的印象？我只能回答「一座色彩炫麗且龐大的龍捲風，一座不停旋轉將周圍一切捲入的龍捲風」。初來乍到的旅人們只能瞠目結舌，因為一切都是那麼超乎想像，那麼樣的……印度。

正因為它巨大的難以描述，只能試著以幾個片斷印象如拼圖般，試著組合出我們「瞎子摸象」的加爾各答……

加爾各答當年是英國人的殖民城市，在城市主要的區域與建築都看得到殖民的影子，無論是印度博物館（Indian Museum）、維多利亞紀念館（Victoria Memorial）、聖保羅教堂（St. Paul's Cathedral）等等，都可以明確的感受到這裡曾發生過的歷史。

此外，印度人的生活中，宗教佔有絕大部分，而多樣的宗教信仰讓我們在加爾各答的幾天裡看過回教的殺牛慶典、印度教的祈神默哀，也隨著 Peter 上教堂，走訪加爾各答貧民窟傳奇的德瑞莎修女垂死之家。

印度博物館

印度最古老的博物館，1875 年建造的義大利風格建築，以藝術、考古為主的綜合性博物館，號稱印度前三大博物館。但是，聽說印度朋友三個有兩個沒進去過。進了館區，第一眼就看見各種化石以陳舊的方式存放（圖書館的木頭櫃裡就用小盒子放著一份份化石），正感覺沒太大看頭時才發覺，好戲在後頭哪！裡頭有一館專門陳列各式動物、魚類等等，全部都是「一比一」、「真皮保證、原汁原味」的標本群！從大象至老虎幼子通通定格……沒看過如此「壯觀」的標本，一時間真有些震憾，還存放有「六腳羊」、「兩頭龜」的浮馬林屍體罐……一個不注意竟發現「人類」的雙頭嬰居然也浮在罐子裡……好吧，這間博物館還真是特別啊！其實不只那些骨頭啦，印度博物館收藏非常豐富的印度文化遺產，以及大量考古和地質資料等，地質學部門甚至號稱亞洲最大的地質學展覽館。許多佛教和印度教優美的藝術品以及印度各地的紡織、金工、象牙等工藝品也收藏於此。

→在印度的英國氣息。

聖保羅教堂

位於維多利亞紀念館的南側和大公園（The Maidan）、維多利亞紀念館、加爾各答美術館同屬一個區域，是一座教堂但也是紀錄著加爾各答各種歷史的地方，除了外觀就如同歐洲教堂、內部也裝飾著彩色玻璃外，在院裡的石碑刻印著在印度獨立事件中喪生的英國軍人姓名，也埋葬著加爾各答的建城者，坐在教堂大廳，望著挑高天花板上的基督教畫作，這兒曾是英國人殖民城市的影子似乎仍隱在其中。

↑ 在加爾各答留下的美麗印象，夕陽中的維多利亞紀念館。

維多利亞紀念館

第一天抵達加爾各答時，曾繞行維多利亞紀念館外圍，在夕陽西下時，湖面倒映著英式風格的豪華白色美麗建築，印度情侶們三三兩兩牽著手在岸邊散步，有著說不出的羅曼蒂克在微涼的晚風中發散著。

第二日，正式買票進入參觀。館內陳列著各式印度風景手繪畫作與中古時期的武器砲彈等，說是紀念館倒不如說是「加爾各答博物館」比較實際。整座紀念館展出內容豐富而且環境宜人，在大太陽底下的加爾各答絕對是一個好去處（11 月的東印度溼熱如台灣盛夏）。白天可以認識加爾各答的人文歷史，中午可以躲太陽，黃昏時美麗動人，而在假日夜晚還有聲光加持的 night light show。

恒河支流紀行

胡格利河（Hooghly River）流經加爾各答，據 Peter 說是恒河支流，因此印度教徒在此地活動極為頻繁。我們參訪的其中一個河邊祭壇，專為喪失雙親的印度教徒執行儀式，「印度教裡若是失去父親或母親，其長子需至河邊祭壇刮去頭 ，僅留頂上一小搓，並於河裡浴沐後著白

↑ 印度的神像在活動結束後屬於土的就堆在路邊，和台灣的習俗差真多啊！看著有點驚悚。

色麻衣十三天」。看著熟練的理髮匠工作著，似乎在理去頭髮的過程中也理去了心裡的哀傷，整理了情緒，面對失去雙親的現實，搭乘河上的渡輪，偶可見到岸邊一縱入水的年輕人喧鬧聲伴隨著正洗著衣服的拍打聲，在印度，人的生活總離不開河啊。

India´s 教堂彌撒

Peter 一家皆是虔誠的天主教徒，週日需前往教堂彌撒，早上吃過 Peter 媽媽準備的印度家庭式早餐後前往教堂。在吵雜城市裡，教堂仍有種宗教式的寧靜，簡單介紹過教友後，開始了彌撒。在神父開示時，英文聽力不好的我在低沉語調間進入了半昏睡狀態，好在中間數度需起立唱聖歌讓我免於睡著的窘態。結束彌撒後和教堂的唱詩班一起練習耶誕節的聖歌，這才意識到一年的結尾已近，在一唱一和的和樂氣氛中不禁遙想，今年的耶誕我將在何方？

德瑞莎修女垂死之家

嘟嘟車在貧民窟陌生的街角轉幾個彎，外觀平實的垂死之家（Mother's House）大門突地出現眼前，多少次聽過此地的故事、德瑞莎修女奉獻一生的所在，帶點不知所措（一下子心情沒準備好）在門口接待處填下「參訪」或是「志工」（連參訪的準備都欠奉更別說做志工了……）的單子，在修女的引導下，安靜的參與一場追思德瑞莎修女的簡單儀式。一樓的小教堂中央安置著她的棺木，人們靜靜坐在四周沉思、默禱，突如其來的我們就像闖入別人家般格格不入，此地不該是用「觀光參訪」的心態拜訪，但在儀式中竟看到一些「觀光客」匆匆闖進，在棺木前合影（台灣的鄉親們，可千萬別做這種在靈堂擺手勢還微笑照相的舉動啊）後匆匆離去，那是一代偉人的棺木，不是什麼風景名勝啊！

在教堂後方有一小室，陳列德瑞莎修女一生的記錄與生前使用的物品，走在其中，深刻感覺到雖然她己離開人世許久，但影響力仍持續燃燒著，真正的偉大，不會被人們遺忘。離開前，垂死之家的修女給予每位

↑ 前往垂死之家的路上。

↑德瑞莎修女垂死之家。

來此參訪的人一份資料與一小墜飾，讓此地所蘊含的歷史與故事都成為一顆帶出去的種子，也許在某處某日，它們都將開花、結出美麗的果實。身處在印度最大城市街頭向上看，有成排歌德式建築訴說著被英國殖民的歷史，綠樹藍天映稱著純白的聖保羅教堂（St. Paul），環視周圍盡是喧囂，人力車伕奮力踩地，拖鞋發出的踢踏聲、豔黃的計程車與畫滿各式圖騰的公車此起彼落的叫囂著，接著忽然一群羊浩浩蕩蕩在街頭溜達而過、小吃攤販們在塵土飛揚中依舊吆喝著、在地的外來的人們不斷穿梭、路邊洗澡的人照樣激起水花四濺，還來不及看完它的繁華，低頭就見路旁蹲滿被排除在種姓之外的人們，有的緊隨著觀光客乞討、有的雙眼無神的靠在牆角似睡似醒、而有的新生嬰兒也就這麼隨地赤裸的放著，讓人屏息無言。此時，忽被前方圍觀的人群吸引，是個小男孩用簡單的粉筆靜靜的畫著，偶然的四目相接，看到的是不卑不亢的清亮雙眼，而那在柏油路上耶穌像也似乎讓這城市的一角重獲難得的靜謐。

↑ 到了 2010 年，仍有人以這種方式在生活著。
看著瘦骨如材的印度老者，扛著一身「豐腴」的外國觀光客（那位女士還幹下在垂死之家亂合影的行為）心中五味雜陳。

↓ 露天路邊大眾浴，洗車和洗澡沒有太大的區隔。

→ 誰說神之子只能乞討過日，這位街頭小畫家讓我在他眼中看見堅定與希望。

JESUS

1. 印度「美而美」

在 Park Street 的街道轉角有間類似美而美的快餐，雖然僅有土司夾料或是類似熱狗麵包夾料兩種選擇，但超實在的料讓人驚嘆！水煮蛋配上大量佐料（不知名生菜、洋蔥、番茄、馬鈴薯）夾在一起吃下去，口感超實在（還加有小辣的咖哩粉，果然是印度風味，印度料理八成以上都是辣的）！但這玩意離開加爾各答就再也沒吃到了，城市限定特色早餐？還是單純為了滿足觀光客的思鄉胃？讓人懷念起台灣滿街都是的各式早餐店啊。

2. 什麼都夾蔥油餅！？便宜好吃的 ROLL

ROLL 是加爾各答或是東印度常見的路邊攤料理，做法如同台灣蔥油餅，但裡頭的料卻「差很多」！除了手工現擀的餅皮口感一流外，裡面隨你高興捲雞、牛、羊、豬、雙蛋或蔬菜（有些沒賣牛或豬）整個就是豪氣墨西哥卷，庶民料理就是要料多實在價美物廉哪！

3. CHOW MIX ！？炒麵？國語口語化的印度語……^^

沒錯，招牌上就寫著 CHOW MIX，也唸「炒麵」，吃起來也是「炒麵」……現在是國語印語一家親嗎？中國料理的無遠弗界真讓人見識到了。不過，名字雖一樣，但口味遠不能及，這種像是沒煮熟的乾式泡麵讓吃過「正港原產」吃炒麵的我們情何以堪？但最後還是吃光光……入境隨俗也是旅行重點啊。

4. 路邊攤手抓印度薄餅

中午時在街上路邊總有一攤攤供應上班族休息用午餐的地方，也許以台灣角度（不論你從哪個角度來看都不衛生）來看不太衛生，但實際一嘗，還滿好吃的呢！印度薄餅（Puri）是無發酵麵粉揉成餅皮後加熱烙成，配合各式咖哩就是印度最常見的吃法。而且這麼多當地人在吃，死不了的啦（反正就是拉嘛 ~><）！價錢也相當便宜，素食的一份也就是 Rs12，換成台幣也不到 10 元，物美價廉。只是要和當地人搶著點菜，也不失為另一種樂趣。

印度風格小攤販。

印度冰棒 Kulfi，吃得到堅果味。

像蔥油餅的 Roll 製作中。

印度「美而美」。

印度之東

千里取經返校去

離開加爾各答往西方前進，首先就抵達了素有「佛陀之鄉」的比哈爾省（Bihar），境內有朝聖的佛教徒不可錯過的聖地與古蹟，當年玄奘由中國飽經辛苦抵達印度學習佛法前，就曾特定走訪這些地方瞻仰佛法，而跟隨玄奘腳步的我們也到了這裡，開始21世紀的西遊取經返校記！

佛陀的生命過程由出生到入滅共有四個重大的人生階段，出生地、悟道地（菩提迦葉）、初轉法輪（鹿野苑）以及涅槃之所，現今都成了人們口中的「四大聖地」。我們特地走訪了幾處佛教發展的重要遺跡。

1. 菩提伽葉（Bodhgaya）：釋迦牟尼成道處，佛陀在此地的一棵菩提樹下悟道。
2. 王舍城（Raja）：佛教八大聖地之一，為釋迦牟尼修行的地方。
3. 那瀾陀寺（Nalandar）：玄奘留學取經佛法之地。
4. 鹿野苑（Sarnath）：釋迦牟尼初轉法輪處。

佛陀悟道菩提伽葉

第一站菩提伽葉，光是地名就很有佛法的味道，雖然己經身在印度東部，但要抵達地處鄉間的菩提伽葉還是得費一番功夫，坐上夜班 10 點 35 分離開加爾各答的火車前往伽葉（Gaya）再轉乘半小時的嘟嘟車才能抵達。

火車一路駛向鄉間，高樓少了，燈火也退去不少，多了零星散佈的土磚房坐落鄉野，人們齊力推著車，路邊佈滿有著貝殼花紋的圓餅，行軍般排放在艷陽下，其實是農家收集來當做燃料用的牛糞，而花紋是收取時人掌壓出來的印記。

在 Sleeper Class 的車廂裡開始搭乘印度火車的初體驗，和大陸硬臥火車一樣分為上中下三層，不同的是中間層平常收納起來，打算睡覺時才架起成為床鋪，未就寢前，乘客都集中在下鋪聊天打屁，這次的「鄰居」為一群印度大學男生，你知道的，在這年紀的一夥青年學子可真熱鬧（瘋狂），聊天大笑不絕於耳，打鬧直至半夜二、三點……此外 sleeper

↓ 古方製作的「牛糞燃料」，在東印度的農村比較常見。

↑ 在火車上鬧了一夜的年輕印度大學生（看我的眼神有多想睡啊……）。

class 並無提供寢具（被子或是枕頭）此時睡袋就是來印度旅行背包客的王道裝備，而隔壁的印度人則是用一條自備的大毯子從頭到腳包得像是一具具木乃伊（可以想像一整排，一具具擺放整齊的景像嗎？）睡了一晚才發覺，木乃伊人體包裝法全為了防蚊啊（醒來後滿臉紅豆……慘）！

凌晨 4 點 40 緊張的起身，準備在票上寫的 5 點 5 分到站時刻下車，卻發覺停車的車站小的可怕，也找不到像是 Gaya 的站牌，印度火車並不會在到站時播報站名，只好詢問火車上的在地人，現在身處何方，這才發覺碰到了印度特產之一「火車誤點」，兩個睡眠不足的人只能抱著行李死盯窗外每個停車的小站，深怕過站、在詢問過程中和鄰座大學生聊上了天（夜裡 2、3 點睡，5 點就起來繼續 High，年輕真好哇），聊天過程中發覺有幾個問題通行全印度……

1.Where are you from?

2.What is your name?

3.What is your religion?

4.Have you got married?

5.Are you Japanese?（老愛自以為的「認定」我們是日本人）

↑ 泰國信眾供養的鮮花，整整圍了佛塔一整圈。

互相交換從哪來、叫什麼名字？是否名花有主、信仰什麼神後才會開啓其它話題。和這群學科技的大學生聊開後，感受到印度人的熱情友善，雖然英文程度不算流暢，但溝通過程還是熱烈有趣（光是介紹台灣在哪就用了半小時，一直重覆講再講再加上畫圖才相信我們不是日本人），也因為有他們幫忙留意何時到站，才讓我們安心坐在位子上，不用每次停車就緊張得再三確認（就原諒你們這些讓人睡眠不足的禍首吧）。

火車在延遲了近三個小時後抵達伽葉，一出車站，眾多嘟嘟車就圍上來喊價，價格從 1 人 Rs100（傻了才坐這個價）喊到 Rs30（最低價）都有，和一群西藏來的喇嘛藏胞一家併了一台車，前面三個大男人中間夾妹妹後面再坐上一家四口，總共八個人，在僅有三個輪子的改裝嘟嘟車上搖搖晃晃 40 分鐘（一半身體在車身外，好通風好親近自然）到達菩提伽葉——這就是佛陀悟道成佛的佛教聖地嗎？

↑ 日夜禮拜，非常的虔誠。

說來正巧，達賴喇嘛將於一個月後來此講經，因此城鎮裡四處都是慕名而來的人潮（西藏同胞尤其多），大批的藏胞與喇嘛，讓人有種已經離開印度的錯覺，各大佛寺（中國、台灣、泰國、日本等等）或小旅舍價錢翻上幾翻，200 的喊到 500 或是 1000（只要敢喊不怕沒人住…），跑遍村落也只剩一晚 800 的客房，貴到住不下去啊！

達賴喇嘛的魅力可見一斑。說巧不巧，尋找旅舍時碰上一名台中來的師父（印度行碰上的第一位台灣鄉親），在他的引薦找到巷弄深處的小旅舍（1 晚 300 印度盧比）落腳，這才真正放下行李，走訪此處佛教聖地。

菩提樹下信徒們打坐念佛或是靜思冥想，肅靜的氛圍讓時間靜靜流過，不帶喧嘩。

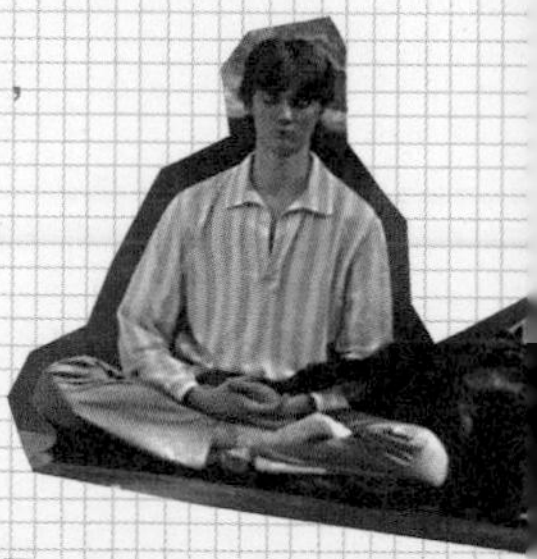

王舍城巧遇台灣鄉親

離開了小村落的菩提迦葉，下個目標也是小村落的王舍城。鄉間的交通總是不如城市方便，除了中間需要轉兩趟公車外還需搭上十數公里的嘟嘟車或人力自行車，才能到公車轉運站，在多次討價還價與協商後坐上

一台人力自行車（人力車或人力腳踏車在印度極為常見，是印度短程運輸重要的一環）。

太陽下，帶著行李與兩個人重量的車伕流著大量汗水，在路上吃力的踩著，坐在別人踩動的車上回想起絲路的自行車旅行，一樣是踩著踏板一吋吋前進，一個為了體驗生命，另一個卻為了維持生活啊！彷彿自己成了壓榨他人生命的一部分，但在印度如此的景象卻比比皆是……穿著華服的印度人或是外國人高坐在車椅上，而前頭的車夫衣裝襤褸，多數連鞋子都沒有穿；許多失去教育機會的街童遊走街頭，自己也曾多次在路上快步，脫離一個個衣衫的破爛孩子牽扯衣角的小手，當身處如此的景像，怎能不感到疑惑與遺憾？世界各地都有的貧富差距在此顯得特別明顯，也許在之後的旅程或有更多深入的體驗，只怕仍是更多的不忍卒睹與不解。

↓ 前往王舍城的路上，驚見印度式的乘車方式（只留駕駛窗的空間），這樣的車，你敢搭嗎？

終於，到了公車轉運站，準備搭長途公車前往王舍城。在印度，連公車都沒有公定價，原本當地人 5 至 6 塊印度盧比的車資，看到外國人直接就要 20 塊以上，或是長途巴士原本 45 塊就會跳到 60 或 80 塊，喊價二至三倍。有些公車車掌還會站在在車門邊用腳頂住入口，再用不可一世的表情睥睨眾乘客，等著合他意的價格……一想到昂貴的計程車資，為了體貼自己的荷包，也為了貼近真正的印度人生活，遇到這樣的定價系統，也只能「甘願付歡喜收」啊！

在印度無論是城市或鄉間，在路上總會看到當地爆滿（連車頂都是滿的喔）的公車橫衝直撞，在此分享我們在車廂內的實際體驗……雖然不是擠到車頂上，但從起站開始，車裡面就沒有空過（像是剛出廠的沙丁魚罐頭），各種想像不到的空間都能擠人，連司機旁的位置都只留下能換檔的空隙外全都填滿，雖然運氣不錯的我們剛好有位子，只是旁邊的印度大嬸非常自然的將兩個赤腳的小女孩「安裝」到我們的大腿上，大眼瞪小眼間只有大腿上腳底板的熱度（還有髒度）提醒這一切都是真的……welcome to India ！

無論是火車、公車還是三輪車，大量的人口分享著明顯不足的資源，但不管空間是如何的狹小，狀況是如何的不可思議，印度人都展現極度的樂觀與驚人的忍耐力。

有人說是印度教的輪迴說讓人們對現況合理性的完全接受，但或許是活在艱困環境中更讓人了解擁有的珍貴。

在公車上伴唱帶般的印度歌謠與震盪間抵達了拉吉基爾（Rajgir）、古

稱王舍城的所在，過去佛陀在菩提迦葉悟道後，此地的國王感佩佛陀的修行與佛教哲理，在此地建立「竹園精舍」（Kalandaka Venuvana），讓佛陀帶著當時約一千多人的僧侶團在此精進與修持佛法，現今此地已被列為佛教聖地。

在聖地參訪，總會遇上各國的「朝聖團」來此參訪朝拜，最常聽到的是「三碗豬腳」的泰國等東南亞國家，西藏人也不在少數，這趟走訪竹園精舍時，竟聽到遠處傳來令人懷念的「台灣國語」與「正統台語」（超有親切感）！

靠近一看果不其然，來自台灣的鄉親正以久違的語言介紹此地，他鄉遇故知自是欣喜萬分，這一團厲害的是就算出國到了印度，還能煮出道地台灣味的食物！

靠著來自台灣的道地食材在中午時分變出一道道正統新竹米粉、正港台灣滷味、濁水溪白米飯、台灣味炒菜等等千金難買的家鄉料理啊！

在盛情邀約下，中午有幸與鄉親們一同用餐（太感謝他們了），遠在印度還是能體會到台灣人就是有人情味！舌頭和胃愉快到唱起歌了，用著久未使用的國、台語聊著天，王舍城的回憶充滿台灣情呀！

↑ 終於回到過去玄奘取經留學的大學，心裡有說不出的莫名感受。

佛教大學那濫陀寺

過去王國的都城王舍城，以現今的角度看來也不過是個四周有著斷垣殘圮石牆的村落而已，過往佛教在此的光輝與歷史也僅能在幾個古蹟裡遙想（有時還得加上一點「想像力」），從王舍城坐幾十分鐘的公車再轉乘馬車（對，就是馬拉的計程車）就能抵達當年世界佛教文化的中心——那濫陀寺。

梵語「那濫陀」三字意謂「施無畏」或「無畏施」，為古代中印度佛教最高學府和學術中心，建於古摩揭陀國王舍城附近。那濫陀寺規模宏大，曾有多達九百萬卷的藏書，歷代學者輩出，最盛時有上萬僧人學者聚集於此。

西元五世紀中，笈多王朝的國王建行擴建，使成為佛教經院式的寺院，西元七世紀中，著名的戒日王再次進行擴建，建成了印度中世紀最大的學府城，此時是佛教在印度最鼎盛的時期，足足強盛光輝了近兩百多

年。除了佛學知識外還傳授天文學、數學、醫藥等。玄奘曾在此學習三年，據玄奘記載，當時印度一流的學者都在這裡進行教學和佛教研究，總共容納一萬名學生和一千五百名教師。

西元十三世紀初，突厥的伊斯蘭教王征服了摩揭陀國帶兵侵佔那瀾陀寺，寺院和圖書館遭受嚴重破壞，傳說大批佛學與知識經典遭火焚燒了三個月才燒盡，而那瀾陀僧侶逃往西藏避難，從此那瀾陀寺失去昔日的光輝，並漸漸被人遺忘，變成廢墟。

這個玄奘法師歷經千劫萬難抵達的佛教大學，今日一見就是個村落裡被挖掘出的大學遺跡，在紅磚堆砌而成的建築群落中試著找尋曾經興盛的影子，卻只能看著介紹的牌子試著貼近一些她過往的輝煌，那曾群聚了數千名學佛學法的所在，在回教徒掃掠過後幾乎片瓦未存，連藏書也付之一炬。

玄奘走過新疆越過天險，由中國遠到此地學習佛理與求取佛經，一千多

年後，我們兄妹也由西安追尋著法師的足跡走到了這裡，旅途到了這裡，不真實的味道卻在心中越見濃冽。

默默走在那瀾陀遺跡中感受西下夕陽裡的文化餘溫，周圍來自各國的朝聖團來去都是為了追慕佛法，不遠千里到此一訪，今天我們也僅是一個追慕過往餘溫的旅客（只是比一般人多花了點功夫）。站在那瀾寺的中心，陽光漸暗，幾千歲的佛陀石雕臉孔漸漸模糊，而這一切還是宛如南柯一夢般如真似幻。

法輪初轉鹿野苑

鹿野苑是佛陀悟道後第一次弘法的地方，位在瓦拉那西（Varanasi）北方約 10 公里，在火車站前有公車可到（班次少，需打聽清楚）。

釋迦牟尼在菩提伽葉成佛後，來到鹿野苑找到了原來的五位侍者，為其講演四聖諦，他們也因此證悟，而成為最早出家的五比丘僧，至此佛教三寶的佛、法、僧才圓滿集結。但在 12 世紀後期，鹿野苑遭突厥穆斯林的劫掠破壞，和那瀾陀寺一樣，難逃在歷史洪流中被其它宗教的政權破壞。也許是兩者年代相近，那種飽經破壞的遺跡模樣還真是氣質相近，也許來自各國穿著袈裟或法衣的朝聖團是最能證明此為「聖地」的證據了。

各國朝聖的人群中總有部分來自西藏或是尼泊爾的朋友，總是虔誠的轉著法輪默念有詞的繞著遺跡轉著，幾次接觸，直覺感到「質樸」與「寬厚」，手心還猶記與一名年輕喇嘛握手時傳來的溫重寬厚，雖然彼此語言不能流暢的溝通，但眼神與肢體語言裡滿是善意，西藏與尼泊爾究竟是怎樣的地方？怎樣的土地滋養出這樣的人民？

↑ 鐵欄生死門的舉證照片……真是不可思議啊！

在舊時大殿的遺跡前立著一隻被鐵欄圍起的石柱，據稱是過去一位護持佛法的印度國王（阿育王）所立，雖然曾被破壞過，但底部仍存在原址，原來的柱高達 10 幾公尺，頭部雕有四面獅像，張口怒吼，象徵著將佛法傳向四面八方，該獅像現被作為印度國徽的圖案。

參訪時一群泰國朝聖者在此地禮敬後丟進奉獻的小額金錢，正思索著難道這石柱有「許願池」的作用嗎？沒料到接下來竟發生不可思議之事。

就在朝聖人群禮拜完投進禮金時，鐵欄旁的印度人竟競相攀爬躍進鐵欄內張牙舞爪的搶起錢來，言語吵雜、肢體動作粗魯並充斥對金錢的欲望，這、這是發生在佛家聖地的「鐵欄生死門」嗎？

還未由驚訝與不解中清醒，事情仍像是理所當然的繼續發生，丟錢的繼續丟、搶錢的繼續搶，這樣是所謂的「奉獻」與「禮佛」嗎？帶著不解，

嘆口氣離開了鹿野苑。

在幾個佛教聖地的周圍，總有各國出資建成的寺廟，像是日本、泰國、不丹、中國、台灣等等，除了展現各國獨特的寺廟風格外還有宣揚文化的功能，在參訪過程中，體驗不同國家所滋養的獨特佛教文化。在大太陽下走訪村落深處的日本寺，遠看破舊的路牌背後竟藏著一座標準的和式庭園寺廟，在吵雜之後走進寺內竟感受到一股日式的寧靜，不論庭園或寺內都訴求禪味。放下包包在安靜的大殿內不被打擾的靜坐半晌，寺內冰涼的大理石地板讓中午的豔陽餘毒遠去，在繁華擁擠的印度旅行裡找到了一處安寧之地。

↑ 在鹿野苑裡和小鹿「相親相愛」的印度小男孩。

出鍋膨脹成枕頭狀才是好 Puri。
從北到南都吃得到的沙摩沙（Samosa）。餅皮內裹著薯泥、香料等餡料下鍋油炸。
沒發酵的麵團下油鍋炸，是常見的早餐。
吃到家鄉味，兩人超開心。
在竹園精舍巧遇的朝聖團。這就是他鄉遇故知嗎 !?
是……是新竹炒米粉！

一行人不遠千里終於趕上了取經行的返校日
（雖然比玄奘晚到了 1300 年）。

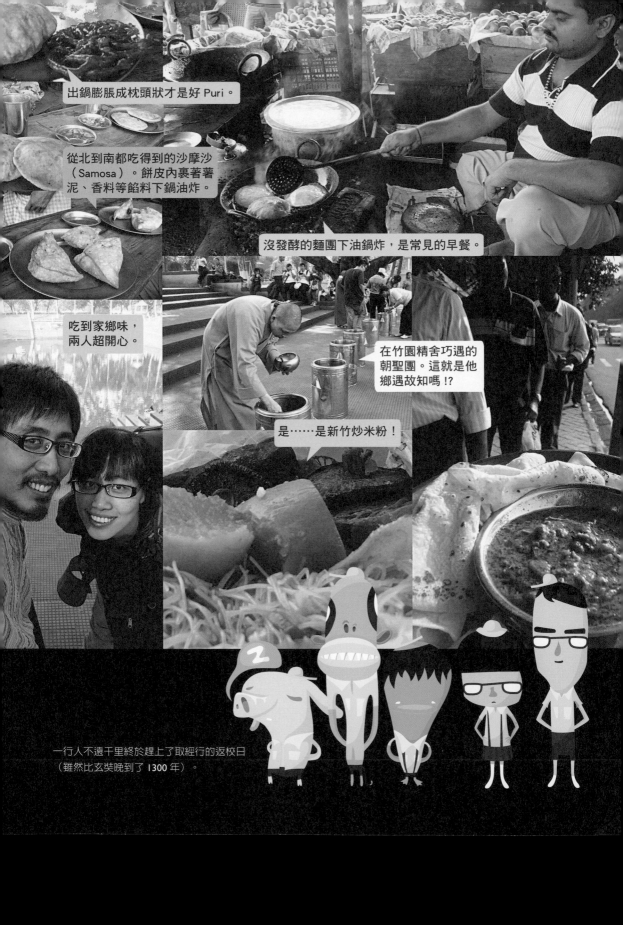

印度之東

恒河聖城

印度冬季早晚溫差大，中午時太陽咚地閃耀，天氣潮濕酷熱一如台灣夏天，晚上卻又咻咻寒風讓人不禁哆嗦，當地人禦寒有兩寶，耳罩毛毯就是暖，據說戴耳罩目的是耳朵不冷身體就不冷，而裹著大毯子包著頭臉身體就更徹底禦寒了，看著都想帶一套在身上入境隨俗（不過最冷也就五度到十幾度，注意溫度變化的話其實還挺舒服）。冬天的平均氣溫就二、三十度，難以想像在多雨的夏季，此地的蚊蟲（我們創下一個晚上累積超過一百個「印度之吻」的傲人？記錄）與悶熱的天氣會到達什麼程度？想必會對印度的不可思議再給予一個大大的驚嘆號吧！

在拉吉基爾訂了晚上 11 點半前往瓦拉那西（Varanasi）的火車，夜車不但節省住宿費又可一覺醒來抵達目的地，一舉兩得！但有一好無兩好，為了配合半夜的火車，中午退了房後四處閒晃消磨時間，趕在天黑前（晚上五點半）坐在火車站的長椅（太小的火車站沒有休息室）開始長達 6 個小時的長期抗戰。黃昏時刻，狂野的蚊子大軍跳起嗜血的森巴舞，一群又一群，鍥而不捨的攻擊再攻擊……

↑ 利用等車時間寫給遠方友人的明信片。

↑ 和蚊子的長期抗戰！

把頭臉用外套包住，再用行李圍成「城牆」，縮在長椅裡（咱們也有印度包頭巾了），學習著印度旅行必修的一堂課「等待」，寫著給遠方友人的明信片、研究旅行書、計畫行程，在這段別無他去的時間裡與自己相處、對話，也見識到自身放空的極限與可能性。出乎意料，這六個小時的等待沒有感到焦燥與漫長，在過去的幾年裡有幾次如此與自己「親近」？太多事情要完成，太多責任要扛起，越活選擇是越少了，而社會認定的選項似乎成了不得不然，這趟「放棄一切」的出走，也許是為了成就一次自己所認定的「不一樣」，單純「自己」近乎「自私」的渴望實現，這麼一段全然為自己而活的時光啊，I travel just for myself ！

屋簷下裝著老舊的鎢絲燈不停閃爍著，飛蛾不斷撲向那盞朦朧，不死心的振翅拍打，坐在火車站長椅上的漫長等待，有很多時間看著火車相繼進站又離開，看人們上站下站相聚擁抱或是揮手告別，看人來人往也被人看的同時，忽然覺得到哪都一樣，我們成了相互記憶裡那沒有五官的模糊身影，短暫共乘後獨自下車離開，到哪都一樣。

↑ 傳說中的瓦拉那西到啦～

↑每天往返恒河的印度人。

永恆之城瓦拉那西

火車悠悠的開過黑夜到了天明，在窗旁靜看外景時，在跨河鐵橋的間隙赫然發覺恒河已近在眼前！這就是擁有數千年歷史的「永恆之城」嗎？那印度教的聖地、人們維持數千年不變生活方式與節奏的地方嗎？書裡讀過、電視播過或是聽人說著這裡的獨特與神奇，這裡就是瓦拉那西！從人擠人的火車站到人擠人的恒河邊，各類大小的住宿豐富，等級與價格琳瑯滿目，隨性選了間靠河的民宿，走到旅舍天台眺望河景，河岸邊

↑ 溼婆壁畫與印度老人。

的建築延伸數公里，如同萬花筒般色彩炫目。沿著河岸由南向北漫步河邊，形形色色的人們在身邊擦身而過，有忙著觀光遊覽的外國觀光客，或是一身嘻皮在岸邊彈著吉它打著印度鼓的「天涯樂手」，更多的是正「生活著」的印度人們，洗聖水澡、洗衣服、玩風箏、打板球、賣花、賣蠟燭、拉遊船、坐在路邊拉屎把尿的，以及在河壇邊婚喪喜慶忙來忙去的，形形色色難以述盡的景像交叉竄動，像是繁忙的紡織機來回交織出獨特的瓦拉那西印象。

↑ 在瓦拉那西，每隻牛都超神氣的！

→ 在瓦拉那西待了九天……
房間都住出感情了。

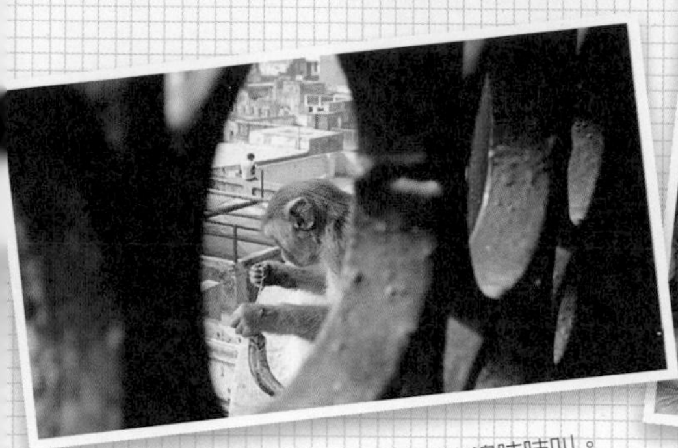

↑ 小猴子肚子餓了就會到窗邊吱吱叫。

離開河邊走進巷道，不到兩人寬的窄巷混雜各式印度神廟與商家，民族風味的服飾、小吃、攤販在各個角落等著我們去發掘……一個短短三兩天難以深入體會感受的城市，便宜的住宿與飲食、豐富的文化音樂內涵在在讓人想駐足了解，讓無數旅客停步感受的「永恒之城」啊！（待下來就不想走了，所以叫永恒之城嗎？）

不可不提的是無論哪一巷子都可轉身遇見牛，因為在瓦拉那西有放生「聖牛」的習俗，這些神聖的牛哥牛姊們大咧咧的穿街走巷，留下許多特製「足跡」一不小心或是不管你再小心都會有踏上去的時候，不過放心，牛都是吃草的，臭不到哪裡去……

冬季的印度，如同新疆般總是晴空萬里不常下雨，在落腳的房間裡能打開三排面向恒河的窗戶，當一起打開時，陽光透過花格子窗欄傾洩而下流倘在純白床單上，可感受室內充滿了溫暖，遠遠傳來鄰近神廟的祈禱祭祀音樂，或是附近的猴子一家又爬來窗欄偷吃食物，就算是在恒河吹進的風中遠眺河景也是種享受，不知不覺就想待久一些，總是有不可思議的事在穿街走巷時發生、驚喜與驚嚇伴隨著出現，而樓上久居數月的外國朋友們又開始撥弄樂器唱和了起來，慵懶與隨興不知何時佈滿全身，也許在陽光溫過的被單上稍微悠閒一下也相當不錯？

恒河浮世繪

我們落腳的「Santi Quest House」一天提供兩次免費恒河遊船，我們預定了早晚各一次遊船行程。雖然僅走最受歡迎的河段，但每次乘船感受都不盡相同。

在依憑恒河生活的印度人中有以船為家的船伕，無論個體戶或雇傭的人們，夜晚圍條毯子睡在船上，清晨時分「起船」開始攬客，一整天喊著「boat!boat!」「Do you want boat?」在拒絕與接受間一次一次划著船過日子，年紀小的，十歲出頭的孩子就開始划船攬客，而更年幼八、九歲的則划著單人小船販賣鮮花蠟燭，也算生於斯長於斯的水上人家吧！

↑ 日出前的渡船行。

↑ 老人與老船。

↓ 船沉不怕……把水弄出來就行了（印度人超樂觀的啊）！

↑印度人生三大事，出生、結婚與死亡，在恒河邊循環不斷。
這群遠到而來的人們，盛裝來送親人最後一程。

清晨時分走至南邊的 Asi 河壇，在冬季總是霧氣繚繞的恒河乘上小船，期盼今日一窺日出的緣分。船槳在微暗的水面輕輕搖盪，人力划槳的咯吱聲輕輕響起，在此刻的安靜中似乎帶著回音，薄霧濛濛間天色轉白、無人居住的東岸天邊慢慢盪起溫暖色調，隨著靠近主要的河壇岸邊，一些小船也加入了早晨的水面，各式各樣的人們一早乘著船，就為了感受恒河的日出時刻那宗教氛圍般的安靜祈禱、平靜詳和。在日出與日落之時，有最多的人在此沐浴、祈禱，也有早早開始洗衣、工作的人們，各人做各人事，上游的洗衣河壇與下游的沐浴河壇彼此並無衝突，無論如何，「恒河是神聖而乾淨」的心理建設深植印度人心中，就算旁邊的阿公在洗腳，周圍的人仍然拿水刷牙……

小船晃悠悠的繞了繞，天竟已白亮，在霧氣圍繞間，太陽火球直至七點才緩緩登場。在陽光映照下，面向東方祈禱的人們顯得特別凝神而專注，日出時分的光影變化也映著河壇邊各式的印度教神廟，這座兩千多年來的永恆之城，在今天也和過去一般……日升日落，恒河繼續承載著人們的願望也滋潤著土地與生命，也許再過個兩千年，永恆之城仍如今日一般在歷史與深厚文化中繼續存在、彷彿未曾改變。

恒河遊船的精華時間為日出與黃昏，除了聖河上升起的一日之初令人感動外，黃昏時光則主要為了6點半開始的祭神儀式。

經過恒河日出洗禮，當天夜裡與幾個剛認識的外國朋友們「百年修得同船渡」的共坐一船，一位同船的法國友人買了一袋的祈福蠟燭，逐個點亮佈置，讓船上圍著一圈溫暖的燭光，在入夜後的暗黑水面，隨著水波放下水燈般的蠟燭讓火光隨著水波飄盪而去，在黑暗中一道道光之軌跡劃下我們船行的痕跡，安靜的夜感受寧和的燭光，與朋友們談笑風聲，每當有人唱起了歌，衆人便以掌聲唱和相應，在夜色的恒河上，人與人的距離似乎緊密了許多。

夜裡6點半，河壇邊有為時40分鐘的祭神儀式，仿佛一場印度式的音樂、舞蹈表演，而河岸與河上所見感受竟截然不同，船上看著面對恒河展開的儀式，仿佛我們就是接受那讚禮的主角，伴著周圍為了祈願而擺在水

↓ 夜裡的祭壇。

↑ 瓦拉那西最熱鬧的河壇，人聲鼎沸。

上漂流的蠟燭微光像是一朵朵開在黑暗河水上的金黃色花朵。河岸祭壇也因祈禱儀式而裝飾得燦爛光亮，隨著儀式的進行慢慢進入瓦拉那西的夜。當儀式結束踏上陸地時人潮已然散去，適才鼎沸熱鬧的一切如水面上的燭光滅去，這就是她的日與夜，不同的風華與改變。

瓦拉納西沿著恒河邊坐落著各式的河壇，屬性功用也各自不同。達薩瓦梅朵河壇（Dasashwamedh Ghat）的印度教祭典每晚舉行，莊重華麗，拉利塔河壇（Lalita Ghat）為全民洗衣場，亞西河壇（Asi Ghat）是露天沐浴場，瑪尼卡尼卡河壇（Manikarnika Ghat）和哈瑞士禪扎河壇（Harishchandra Ghat）則是屬於告別的火葬場……河水由南向北流，人群交織出一幅鮮豔生動的印度浮世繪。

機動性十足的路邊攤，有時會嘗到意外的美味。

一盤 9 元。

抱著必拉的決心，
勇敢嘗試各式路邊攤！

熱情又害羞的老闆。

印度之東

性與謊言

抵達印度的第一座城市加爾各答是一個人口數與台灣相近的巨大都市，吵雜混亂的第一印象難以抹滅，接下來就是因法會人滿為患的菩提迦葉，或正舉行印度教慶典、熱鬧滾滾的王舍城，千年之城瓦拉那西也只有清晨與深夜才稍微安靜些，在踏足卡修那荷（Khajuraho）前，安靜平和的印度不存在記憶裡，原來印度還有這樣安靜與舒適的小鎮（旅行才開始沒多久，見識淺薄啊）。

完美的騙局？

小鎮雖小，該有的一樣也沒少（怎說也是觀光盛地），乞討的小孩與永不放棄的嘟嘟車司機依然圍繞身邊。安排好住宿後，隨性的在舊街小巷中漫步，閒逛時認識一位印度年輕人（自我介紹是剛畢業的大學生），熱情的要引領我們認識卡修那荷，直說不收費只是想交個朋友（還說自己是信「甘地」的，滿嘴愛與和平），於是猶豫間仍與他同行。在他引領下，看到了在綠色原野上金燦油菜花田下的寧和夕陽，參觀完南側寺院後還被招待去家裡喝茶，席間介紹到他當小學老師的姊姊與服務的學

↑ 這傢伙是個徹頭徹尾的職業騙子！

校，照片裡是破舊的校區與貧苦的孩童，還有一些外國朋友的合照與外國志工服務的記錄，言談間期望我們也能捐助一些讓小孩有書唸，能脫離貧困（我們捐了 Rs100）。而太陽沉落後，漫步在鄉間，換成星光與月亮陪伴，談到今晚有親戚正巧舉行婚禮，邀請我們參加，在愉快的氣氛中約定晚些來接我們前往會場。

回到旅舍後，腦袋也清醒多了（下午的時光太過夢幻了），思索著這約會是否安全？是否該前往赴約，同行的中國朋友覺得危險，建議翹掉約會，而詢問旅館工作人員，則「臉帶曖昧」的說他們不認識這個「親戚」（聊天中說到與旅社老闆是親戚關係）什麼是真？什麼是假？擔心遇險又怕錯過這印度的在地婚禮（各式可口的印度食物、在地的舞蹈、充滿歡樂的場合），若是在完美的下午經驗後以不告方式突然失約，將永遠留下一個問號在心中……真相到底是什麼呢？

在兩難下找到了印度特別設立的「觀光警察」，正好相機中有下午拍的幾張合照，問了警察幾個問題……

「這位女士是附近的小學老師嗎？」

「這位年輕人是剛畢業返鄉的大學生嗎？」

「今晚在這附近有舉行婚禮的人家嗎？」

……隨著問題一個個被解答，漸漸深入了真相的核心。

「這傢伙是個徹頭徹尾的職業騙子！」

真的有學校，但那所謂的姊姊只是個農夫，而這個所謂的大學生更是個終日遊蕩行騙的傢伙，正不知該如何處理善後（真相衝擊性太強了），警察猛的站起身來拍拍他的配槍大聲說：「不用怕，讓我來抓住他！」約定晚上會合時，人一到打通電話，馬上趕過來將他現場抓個正著！（有沒有這麼戲劇化啊！）

好啦～接下來可真是緊張啊！想起美好回憶的下午（回想起來，還好茶裡沒下葯），接下來可是要堂堂正正撕破臉了。慢慢的約定時間到了，這位仁兄也出現了，我負責閒聊拖延時間，妹妹負責打電話，不料此時手機先是號碼不對（警察先生您的字也太醜了吧）、接下來手機竟然選在這個時刻沒電了！而與旅店人員借電話，一時間也講不通（也擔心他們維護「同鄉」），時間一分一秒過去，在前面歹戲拖棚的我己經沒詞啦……

到了最後，拖了四十分鐘撐不去只好放棄攤牌，僅是道歉說不去赴約，將此事做罷 （還是有多一事不如少一事，這種也許不值得鼓勵的心態啊）。最妙的是騙子前腳才走，像是套好招似的警察就突然出現了……(大哥您在拍電影吧，一定要這麼「準時」嗎）原來發電話中有撥通響鈴了一次，但還是遲到得也太久啦（莫非是「算好的」嗎？）～

↑性廟到啦！

事情最後告一段落，去吃晚餐的路上，一夥人興味十足的聊著（至少真相大白後心裡輕鬆多了），卡修那荷的第一天還真是充實豐富啊（附加緊張與懸疑）！

印度性廟

經歷了電影情節般的昨天，今日就回歸到較「正常」的行程了，參觀了卡修那荷神廟群。我們花了 **250Rs** 進入保存最好的西廟區（也是唯一要收費的區城），在柔和朝陽中，高聳的印度廟堂建築顯得神光充足，建築邊上裝飾一圈圈密密麻麻的各式印度神祇雕刻，而此地最為聞名的「情色雕刻」也確實找到了（數量並不太多），有趣的是許多觀光客都像是「尋寶」似的在密集的雕刻中找尋「系列作」，一旦找著了還會呼朋引伴指指點點，而此類行徑最張揚的竟是「印度本地人」……撇開聞名的性愛雕刻不談，園區整體而言皆是氣度不凡建築雄偉，而細看每座

廟宇的樣式與雕刻皆有些許不同，根據供奉的神祇不同，功用也有差異，但成為「觀光園區」的現在，或許宗教上的價值已低於供人參觀、遊覽了吧。

在近中午大太陽時離開園區，一夥人在旅店內弄了鍋蔬菜湯，配合生菜、果醬做成三明治，還有幾種飯後水果，享用了難得的清淡口味之餘，慢慢的吃喝閒聊，說說笑笑談著各人旅行發生的趣聞，還沏了幾次茶，昏沉的炎熱午後，看著遠處窗外印度人的板球比賽，享受下午茶時光，就算僅僅捧杯茶坐在窗邊吹著風也是舒服，旅途中總是一次次的相遇與分開，宴席會告終而未來的相遇就留待緣份來解答吧！

在卡修那荷隨意遊走，很難想像此一小鎮曾為九世紀昌德拉王朝的首都，讓它在二十一世紀依舊沒被人遺忘的是那千年後依舊聳立的印度神

↑美麗的雕刻。

↑神態各異各有特色的雕塑。

廟群，寺廟牆壁上精采絕倫的雕刻，包羅萬象生活百態讓人嘆為觀止，但最讓人津津樂道的還是那神乎其技的性愛雕刻，千姿百態各顯嬌媚。在神廟特有的莊重威嚴下不會讓人有想入非非的念頭，而是更欽佩那活在千年前的藝術家。

→ 看了會小害羞的性廟。師兄弟三人客串「非禮勿聽勿看勿說的三小猴」。

↑上面的「招式」請先練好瑜珈再來。

↑有「特別加料」的一面。

"Problem" is "No Problem"

印度有兩件「No Problem」的事聞名國內外：
1. 誤點正常化的大眾交通系統。　2. 辦公緩慢化的公家機關。

火車誤點在行車距離沒事就超過幾個台灣的印度（一跑就幾十小時幾千公里）是「合理」的事情，本身步調就已緩慢又停靠大量車站，加上各種莫名其妙的突發狀況，如何能精算時間？
範例1，預定凌晨5點半抵達的車站，當你緊張兮兮的4點50就在火車上起身，結果5點半下車後卻發覺離「說好的月台」還有幾百公里的距離，而現在正身處於一個全然陌生簡直是外星球的詭異小站......
範例2，原本預定在第2月台8點30開車的長途火車，卻在開車20分鐘前通知沒有「確切的到站時間」，於是開始了一場沒有限制與盡頭的「等待馬拉松」，過了數小時才發覺改到了第11月台發車，於是苦哈哈的背著行李走過9個月台才發現又換回到了第2月台......

在一次又一次的誤點與意外後，你將領悟到就算罵遍在場所有的工作人員，咀咒印度怎樣又怎樣，投訴所謂的「上級主管」揚言要誰來賠償你的損失，或是苦苦哀求加上暴跳如雷，做遍這一切沒有意義的事情後，你會發覺火車總是會到，而只要上車總是可以抵達你想到的目的地，於是所有的Problem又變成了「No Problem」，最重要的目的不是達成了嗎？
於是看開了，融入印度的節奏後反倒得到一種「無所謂」的放鬆，這些等待所產生的額外時光都是旅途中的一部分，既然都會發生那麼有什麼好憂慮的呢？

而相同的步調放在公家機關會發生什麼事？9點開門的郵局，10點人們才喝著奶茶慢慢出現，1人、2人悠悠的走進郵局，讓你分辨不出這位仁兄是來上班還是來閒聊......好不容易有人坐定位子準備開始工作，一問之下才知道光是想買郵票還需等到「專責」賣郵票的「專員」才能開始（好細的「專業」分工）。也因此「等待」總是生活中的一部分，習慣了其實挺有意思的，坐在早晨的郵局長椅上看著來往的人群，猜測下一位是不是那位賣郵票的先生，順便和一旁同樣在等待的人們閒聊，做點國民外交，時間到了人也來了，總能買到郵票，那麼一切不是也都「No Problem」了嗎？
而這樣的「No Problem文化」還相當的深入人心，當在瓦拉那西望著恆河想來一下「聖水浴」，問了旁邊的人們，肯定會回答你「No Problem」啦！或是買了一串香蕉放進袋子才發覺下面有一半爛掉，向老闆反映，老闆眨眨眼換了幾根給我們，再丟上一句「No Problem」啦~相同的情況也發生在炒飯裡面有小蟲啦~浴室會漏水啦~買東西找錯錢啦~總而言之只要發生任何莫名奇妙的問題，印度人總會展開他們天真燦爛的笑容，然後說「No Problem.」啦~然後Everything will be ok!（咦？）

印度豆子湯。

看守洋芋片的小守衛。

自從瓦拉那西遇到後，不斷在路上「巧遇」的法國情侶。

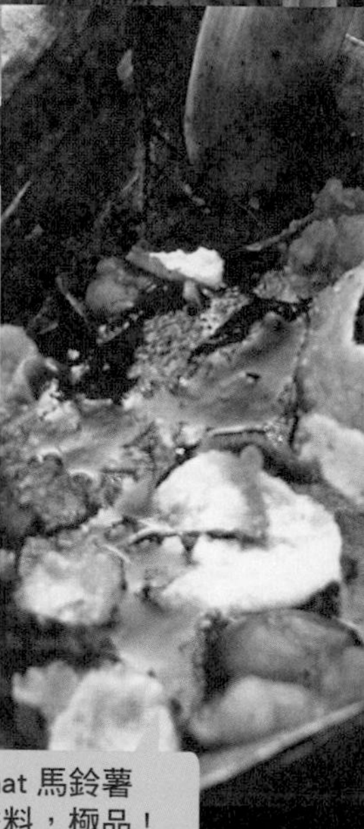

Potato chat 馬鈴薯沙拉混香料，極品！

寧靜善良古城歐恰

↑ 自行車出租店的少年，家裡有一頭看起來很害羞的小羊。

有個地方總是聽人提起，談到的人莫不以安靜、美麗、和善種種美好詞句加諸其上，這地方你無法搭火車抵達，由卡修那荷出發，歷經 5 小時的公車後再轉乘計程車走過 10 公里的鄉間小路，才能見到像是舊城堡的拱門，盤据各個山頭的是大小城堡，穿插其間是尖塔兒拔上天的印度神廟，而一處河流間的沙州台地上竟蓋了棟扎扎實實的巨型城堡！繞了一個早上竟還無法看盡，此堡所佔範圍與風情，著實雄偉攝人！

↑ 觀光客不太多的小鎮，還保留淳樸與原始的一面（家家戶戶撿材燒）。

古堡巡遊

日出時分的陽光映照在城堡上的光影會是如何？為了這個答案，清晨5點半早起緩步到城堡的門口，嗯？門沒關，售票亭也沒開，抱著「能走就是賺」的心態（標準貪小便宜）慢步到城堡邊緣，這坐落在河流台地的城堡規模氣勢宏大，光是周邊各式庭園、馬槽，或是專供舞孃居住的樓房，一座座衛星般圍繞著城堡。也許天色尚早，僅有我們步行其間，在灰濛天色裡各式陳舊破損的建築物更顯出歷史痕跡的厚重與陰鬱，轉了幾個彎，終於繞進城堡的前頭，爬上古時哨所的屋頂，正好趕上天大亮前一個適合坐下來吃土司（旅行必備好早餐）的好地方！慢慢以野餐心情吃著自製三明治，看著城堡口的大象雕塑隨著日光角度慢慢變化的光影，那終於破開陰雲的陽光撒下了活力。在光線注入後，這座在陰雲裡失去生氣的城堡終於打起精神，早餐過後走進刻滿大象的正門，鼓足勇氣走進去沒有照明的城堡內部（很暗很陰森啊），幾個轉角後進到了堡內的中庭花園，果然是個雕樑畫柱，霸氣滿點的城啊！

↑ 從遠處望去都是城堡與神廟建築，密度之高讓人驚奇。

走在城堡內盤旋而上的樓梯到了頂部，發覺這巨大的城堡裡還是我們兩人獨享，彷彿闖進時光停頓的瞬間但其間的人們卻已消失不在，古堡裡踏踏的腳步聲響起回音，想像這裡曾有過的光輝過去，雖然並不了解它的歷史（功課做得不夠啊），但盡可能的靠近它擁有的現在，而腦海中編織出的故事（大象王國的城堡之類亂七八糟的故事），也許在未來得知它的真面目後，會益加的有趣而生動吧！

有趣的是結束巡遊離開時，門依然沒關但售票亭倒是開賣了（門票要 **250 Rs** 啊！我倆整整逃了 **500Rs** 的門票……嗯，早起的鳥兒有蟲吃），排隊的遊客也陸續要進場了，古堡的一天現在才要正式開始，這種獨享城堡的體驗是可遇而不可求啊！

↑ 也許是剛看過性廟，在城堡邊上血氣方剛的猴子開始上演傳宗接代。

意外在卡修那荷小鎮之後，找到一個更安靜更適合待一下的地方，歐恰（Ochha），散步其間，像你伸手要盧比的小孩更少了（幾乎沒有），可以安心跟他們互動之後不用擔心事後被收取費用……在瓦拉那西和幾個小孩拍照玩鬧一陣後，分開時就是一隻隻伸出的小手，「五盧比」、「五盧比」喊著，讓人之後再也難以信任與你互動的小孩是否別有目的。總而言之，歐恰是個舒服安靜的好地方，歡迎來走一走（哈，進入廣告模式）。

隨著一車穀物在小路上顛簸的上下跳動著，帶著開朗笑容的農家少年在路口「撿」了我們，在比手畫腳嘻笑中翻過幾個小山丘後穿過城門，到了中世紀古城歐恰，這裡不大，卻有宮殿堡壘和古廟，外加一條清澈見底的河流倒映尖塔，有種與世隔絕的寧靜。

← 除了撿柴燒，打水也要自己來。

↓ 畫在牆上的各式廣告。

↑ 不過材燒多了，空氣不太好，日出也只能看到霧濛濛一片。

歐恰傳奇

Ochha 的語意為隱密之地。它曾經是印度小王朝 Bundelas 的首府。但 21 世紀的歐恰只是一個有許多遺跡的小村莊（這一點和卡修那荷的命運相同），但它的周圍仍留存許多保存尚算良好的宮殿與神廟（真的很多，密度驚人）。

歐恰建城於 1531 年，從那時就是拉其普特王國的首都，直到 1783 年才被 Tikamgarh 取而代之。在 1605 年至 1627 年建造了此地最雄偉的占夕（Jhansi）城堡。而歐恰的黃金時代是在 17 世紀上半。蒙兀兒的皇帝曾在 1606 年駕臨此地，還特別為了此事而專門建了座 Jehangir Mahal 宮殿。但在幾十年後，此地卻被後來的蒙兀兒皇帝攻打。在見證興衰後的現在，歐恰也回歸到了它原本名字的意涵「隱密之地」，一個值得旅人停留幾天，安靜的感受這裡蘊含的文化與寧靜（在印度超難得的，請好好把握）。

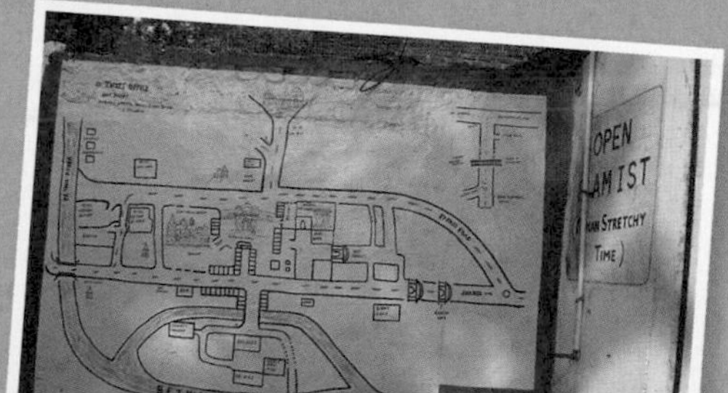

↑ 小城歐恰地圖。

現煮的鮮奶與茶。
PEPSI
印度 Chai= 奶 + 茶 + 糖，
免洗陶杯喝完請隨地摔碎。
路旁水溝就是洗
碗盤的地方。

邪惡金三角

阿格拉之
墓仔埔一定要去

無論哪本印度旅遊書，有三座城市肯定被列入知名度前五名的決選名單。

新德里（New Delhi）：現今印度首都，過往歷史的沉積與現代化的絕妙融合，新舊德里（Old Delhi）間，一座城市，兩種不同的風情。

阿格拉（Agra）：泰姬瑪哈陵（Taj Mzahal），千年不滅的浪漫傳奇、世界奇觀，不可不看之印度最美麗豪華的墳墓（極盡鋪張顯眼的墓仔埔）。

捷浦爾（Jaipur）：粉紅城市，百分百粉色系的超級 Shopping 天堂。

腦海響起，前往捷浦爾的火車上遇到的印度人，反覆的告誡：千萬別相信那裡的商人，千萬別買那裡的珠寶，千萬要小心！

上述簡介僅是描述這三座城市精彩繁複的百分之一，加上印度北方平原的城市在千年經營下，發展出快速便利的交通網絡，無論是時間不夠又想體驗印度的朋友，或是浪跡天涯一走數月的背包客，總有各種炫奇奪目的原因吸引人們到這兒來，而各據一方恰巧形成三角的地理位置讓人們統稱為「觀光金三角」（個人認為「觀光」二字太適合套在這金三角上了）。

↑ 在阿格拉貪玩騎了人力自行車，結果車伕就再也不騎車，只見妹妹汗如雨下……貪玩的結果挺辛苦的啊！我們還給這車伕載去各個賣場被強行推銷，只能說便宜莫貪，要去哪裡不可以被車伕給左右！

也因為太受觀迎，世界各地甚至印度各地的人們前撲後繼的湧進城市，因而孕育出龐大的觀光需求，各式各樣賺觀光財的生意也在城市裡蓬勃發展。但是無論出發前或是旅程中認識的朋友們，一聽到這三座在我們旅程計畫中的城市皆面露凝重神色，口裡說著「要小心哪~」一邊分享各種光怪陸奇，彷彿魔法般的騙子戲法或是強取豪奪的恐怖都市傳說。傳說中這三角裡聚集了來自全印度各大門派的騙子好手與精英，無不等著在旅遊季節裡磨刀霍霍將各國肥羊大宰特殺，還有開玩笑的說法，像是 下小騙子的阿格拉發財計畫、觀光金三角其實是「邪惡三軸心」之類的誇張說法（快升格成小偷、騙子發展圈了……）。

帶著前輩們的心理武裝，旅行終於也走到了這裡，緊繃著十二萬分精神的我們能躲過各地騙子高手的襲擊嗎？我們能夠帶著完整的皮包與行李順利存活嗎？如待宰羔羊般的我們能成為超級背包客嗎？（完全進入被害妄想世界了）

隨處皆可睡之「廁所睡不睡？」

帶著在歐恰休息充足、電力滿滿的狀態，我們和當地人一起創下 16 個人搭同一台嘟嘟車的紀錄晃到了占西（Jhansi），準備搭乘夜間火車前往下一個目標，擁有浪漫傳奇泰姬瑪哈陵的阿格拉。

才剛到占西，就被久違的車潮與隨之而來的音浪所震攝，在安靜的地方待久了，轉回印度的吵雜現場有點讓人難以適應。而晚上 11 點才開的火車，讓我們經歷了長達 8 個小時的漫長候車時間。也許是靠近印度觀光金三角區域，下午 3 點多，火車站已是人潮滿「溢」。在站裡尋找對抗漫長等待時光的「抗戰據點」，終於在推擠不斷的戰鬥中找到了 2nd class restroom（最低等級）休息室的兩個位子，是的，終於找到兩個空椅子，雖然位子在公廁門邊，但所謂「站著不如坐著，坐著不如躺著」還是坐了下去。過了一陣子後就理解為何這是唯二的空位，隨著捧著肚子的人們進出，廁所裡飄出的「味道」也各有層次，啊～這位阿伯中午是吃魚肉咖哩吧～海鮮味兒真濃啊，唉喲～這位大哥你也行行好，噴屎的聲音也太大聲了吧！除了聲音與氣味的雙重享受外，由於是付費廁所，門口有提供洗手粉，眾所皆知，印度朋友一向以象徵「不潔」的左手從事衛生紙的工作，於是聽完音效後會看到一個個左手握著謎之物的印度朋友到門口灑洗手粉，啊啊～這位手上還沾著血的大哥擦太大力了喔！唔，這位先生，路上都是你滴下的黃水滴了，啊啊啊……這樣的情形到一位左手緊握黃色塊狀物的大哥不慎在門前跌倒時到達最戲劇化的高潮，那飛躍的黃色彷彿奔放的自由青春啊……

不忍再看這場聲光秀，心裡唸著古人的智慧「久入鮑魚之肆而不覺其臭」

← 再更晚一點，這裡將人滿為患……
↓ 我們坐位的視角，絕佳的觀賞角度。

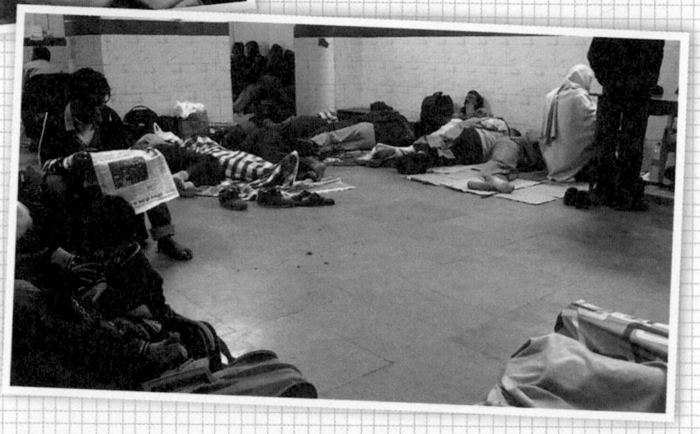

「天將降大任於斯人也，必先苦其心志」等勵志小語撐了下來。也算是旅程中隨處皆可睡的心法修練小有成果，這樣的環境，我們居然也能圍著頭巾（那風格多樣的異味怎樣都難以習慣）沉沉睡去（還是被臭暈了呢？）。睡到晚上 9 點多，感受到微微的異樣中醒來，赫然發現休息室裡除了廁所門前曾飛揚青春的區域外己七橫八豎的躺滿印度人，好像每個人都隨身配備紙箱和毯子般占滿空間，看著脫滿一地的各種鞋子，發覺空氣裡瀰漫著另一股帶有鄉愁的味道，啊～那不是市場裡的鹹魚味兒嗎？小小的休息室裡怎能包容如此強烈與多樣的味道？1+1>2 的味道混合在通風不良的室內，形成一股嗅覺的完美暴力，瑟縮在角落的兩個台灣人就像迷途小羊羔般在這陣「風暴」裡載浮載沉，終於再也撐不下去，踩在人與人的間隙「逃」出門外（貨真價實的臭到奪門而出）。室外的空氣原來是如此的清新迷人，而深夜 11 點的火車總算是快到了。

深夜寒冬無座睡鋪

一上車才發覺我們手上的硬臥位竟是後補車位，在長達 20 幾節的車廂裡來回奔走希望找到能暫睡一宿的位子（花了睡鋪的錢只能睡走道也太悲慘了），在可愛的印度鄉親幫忙下，硬是挪了一個床位給我們（感謝那兩人擠一個位子的善心印度夫婦），兄妹倆頭腳相對窩在一張一個人睡都嫌小的臥鋪上抱著大小行李，連將睡袋打開來的力氣都欠缺，像是暈倒般睡去。在 12 月中的印度，夜裡氣溫驟降，由窗隙間灌進的冷風直往脖子裡頭鑽，頭朝走廊睡的我首當其衝冷得直打哆嗦，好冷啊！半夢半醒帶著發抖身軀，終於在凌晨 3 點 45 分（完全沒睡夠）抵達阿格拉火車站，阿格拉的漆黑夜色讓心裡蒙上一層不安……天亮前就在月台上消磨時間吧。沒有獲得安歇的疲累在身體累積，風依然寒冷而身體渴求著睡眠，抬頭看著月台的英文招牌，至少我們可以大聲呼喊「阿格拉！我們來囉 ~」（無力）。

↑ 在火車上過了痛苦一夜，下車只見眾鳥紛飛……

好個泰姬瑪哈陵！

六點多天微亮，一出車站就被層層包圍，阿格拉果然是一級戰區，凌晨 4 點就有一群司機堵在門口，不放過任何空隙（各位大哥你們都不用睡覺的嗎？），施展國粹打著太極一個個擋開司機，「NO」「NO」「NO」重複得像首歌，軟豆腐人人愛硬骨頭沒人要，慢慢的人潮退去，只剩一兩個硬要吃早起蟲兒的早鳥司機不放棄。在公車未開前的凌晨也只能選一個司機前往天亮前的泰姬瑪哈，最後選擇了一位看似老實，口口聲聲說有長期觀光合作經驗的老司機（人不可貌相的道理，當下我們全忘了）。不料，一上車就開往反方向（我們手裡正拿著地圖與指南針哪），開不到 3 公里就載到一間破爛的旅舍前，想「說服」我們入住，此時此刻……阿格拉的傳說拉開了第一頁。雖然還是嫩，但我們也不是第一天在印度混啊！

手上拿著有力證據（地圖與指南針）強烈表達這不是我們要去的地方，一臉不滿的司機嘟囔了幾句只得開車……事情告一段落了嗎？沒有，接下來雖然方向正確（指南針不會騙人），嘴裡不斷唸著此時全城沒有空房啦～價格太貴啦～我推薦的準沒錯啦～之類的話，重覆了再重覆，不斷在城市裡繞著圈子往好幾間旅社裡送，而推薦的房間實際狀況如何？除了地點極差還破破爛爛！這種貨色開價隨便就開個 Rs400 起跳。幾番折騰後，天空慢慢泛起魚肚白，而泰姬瑪哈的日出越行越遠，最後攤了牌，擺明決不可能入住後（任你說破嘴角，大不了我們用走的），在全然陌生的城市中央（還好有地圖至少知道身在何方）下了車，再攔了一部計程車，才真正抵達……好一個金三角的第一份受騙見面禮！

到達泰姬瑪哈陵後找到了附近的住宿點（走路到瑪哈只要五分鐘，房價也只要 Rs200），順利在天亮前趕上在日出時分朝聖傳說中的泰姬瑪哈陵！（門票是印度最高價的一人 Rs750）相信大家（包括我們）無論在課本、電視、網路等眾多的媒體都曾不只一次看過泰姬瑪哈陵的樣貌形像，如果已經看過了這麼多次，那麼為何要去現場看？還看得不夠嗎？更有人說去那種人人都去的地方有啥意思？人真的不能太鐵齒，都說是世界七大奇蹟了，是有它的道理的。

沒錯，他們說的都對都有道理，但是他們仍然沒有親眼看過，沒有看到在各種角度的陽光下在藍天中閃耀出不可思議光芒的泰姬瑪哈陵，沒有看到水面倒影裡完美無缺的大理石之夢，沒有看到無論由內到外皆是巧匠獨具、秀外慧中的美麗「大地上的永恆淚珠」，原本以為會有「嗯，

和圖片一樣」的心情，但是當你走到了她的跟前，只剩下讚嘆與感佩，除了在這裡感受她、注視她，別無他法可以全然領受她的風華。在寬廣的園區裡走著，每次的回頭與轉身就是一次的震攝，「好美啊~」就是這樣的由衷讚嘆，就是如此不可思議的泰姬瑪哈陵，到了阿格拉怎能錯過她，怎能輕言放棄的離開她？

永恒的淚珠

泰姬瑪哈陵為蒙兀兒王朝第 5 代皇帝沙迦罕為了紀念他已故的皇后慕塔芝．瑪哈而建造，費時 22 年、動用 2 萬名工匠用純白大理石打造，內外鑲嵌精緻的寶石組成花草圖騰、牆上裝飾著伊斯蘭經文，結合中亞、波斯和印度本土風格所建立的美麗陵墓，為蒙兀兒王朝的代表作，也名列世界遺產、世界七大奇景之一，更被譽為「完美建築」。印度詩人泰戈爾曾經形容泰姬瑪哈陵是「tear on the face of eternity」（在臉上的永恒淚珠），象徵它所訴說的愛情故事。

恆久的千年愛情故事，泰姬瑪哈陵散發無以倫比的美麗，有對情侶在其中忘情起舞旋轉，空氣中彌漫著愛的氣息。這就是愛嗎？（嘆！）

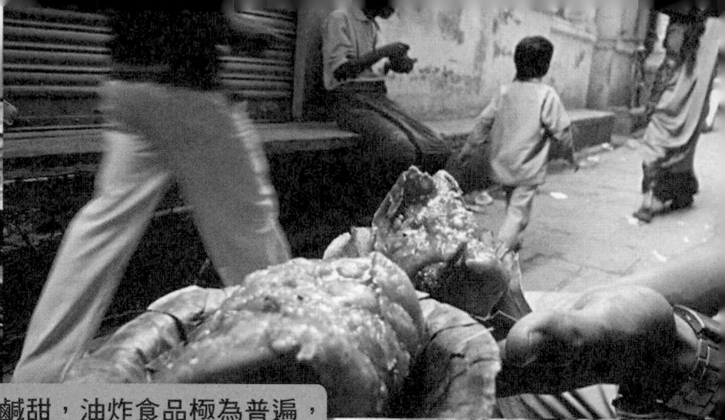

不論鹹甜，油炸食品極為普遍，
好處是一殺菌二快速。

老闆開心的教我們
唸印度小吃名。

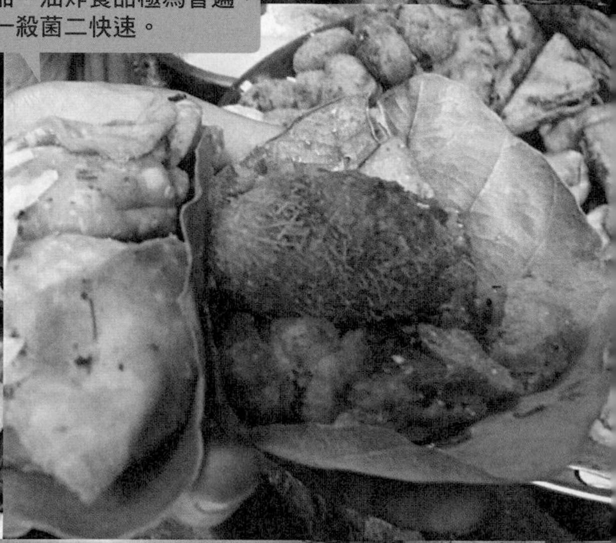

現做馬鈴薯煎餅，有趣的是老闆和老闆娘做的差很多。

邪惡金三角

德里新與舊

↑ 非常擁擠的捷運站！

雖然看到泰姬瑪哈陵很開心，但前些天在兩人擠一位的寒冷夜班火車受了風寒，開始肌肉酸痛身體畏寒，抱著元氣大傷的身體在混亂的月台搭錯了火車，除了多繞了幾小時，還在車上被察票人員罰了一大筆錢（Rs310哪！）。果真是福無雙至禍不單行，但黑暗之中仍有一絲光明，在火車上認識了一個階級制度為剎帝利的印度醫生朋友，這位新朋友也不知是身上貼有標籤還是區隔真有如此明顯（衣著、膚色、行為談吐與四周的印度人的確不同），在車上走動的各式乞討賣藝的人們一看到他就雙眼發亮圍繞身邊，不給錢絕對不走，一趟數小時的火車行程，不斷上演著乞討與施捨的戲碼。昏沉間，終於到了德里，一下火車就感覺是座擁擠且複雜的城市。在印度朋友的帶領下坐上了德里的捷運，突然有種如台灣一般的熟悉感，不論月台或是車廂竟與台北的捷運有著諸多相似，雖然車上擁擠的程度遠超台北，但坐著坐著竟幻想著下站是否會在台北車站停車？德里的捷運最讓人印象深刻的不是它的新穎快速，也不是從四面八方湧出的大量人潮，而是進站前有如坐飛機般嚴謹的安全檢查關卡，搜身、金屬探測、查包，一樣都不少。

↑ 早上到了德里正好碰上他們的路跑活動……超有趣的！

↑ 德里的精神指標之一：印度門。

舊德里與新德里

1912年，德里取代加爾各答成了英屬印度的首都，同時開始於德里南端建造城區為新德里。德里和新德里相距一條亞姆納河，兩者之間的德里門同時劃分出歷史與現代的兩個世界。新德里以康諾特廣場（Connaught Place）為中心，街道呈放射狀向外發展，各式的交通工具穿梭、政府機關、現代化高樓和商業中心林立其中，為印度政治、經濟、文化中心和交通樞紐，印度門（India Gate）是為紀念第一次世界大戰犧牲的軍人而起建，上刻有他們的名字，為新德里的地標。相較於新德里，位於德里東北部被稱為歷史大觀園的舊德里顯得古意盎然，處處坐落著遺留千年的遺跡，人、牛、車全走在細密交織的街弄，擁塞中亂中有序，五花八門的狹窄店鋪組成七彩的街景，空氣中盡是煙塵和喧囂人車聲。新舊之中，極貧暴富之間的距離更加顯而易見，走在傳統與現代並存的德里，盡是時光錯亂的不真實感。

神奇藏族區

在到德里之前，向路上的旅人借來背包客聖經 LONLEY PLANT（寂寞星球，簡稱 LP）出版的旅遊書翻閱，書裡大力推薦位在舊德里北方的藏族區住宿，書裡不但形容該地擁有最高的性能價格比，還是個探索城市的好地點，但從捷運還需要轉乘，再搭嘟嘟車，花了不少功夫才抵達（交通不是很方便。我們還是傻傻的去了！）。就像是美國的中國城一般，這裡就是印度的西藏城，走進該區，四周人們幾乎都是西藏臉孔，街道巷裡轉著經輪的喇嘛、一個轉角就出現的西藏寺廟，四下聊天的人們，無一不是藏族人說著藏族話，四周賣的也是西藏風格的生活用品，坐在一間小店裡吃著西藏水餃，看著每間店裡都貼著的「達賴喇嘛」畫像，這個瞬間好似脫離了印度而不知身處何方了。

按圖索驥的找尋在 LP 裡得到極高評價的旅館，書中形容它除了良好溫馨的民宿式服務外，還會帶領你感受西藏文化，重點是價格還不貴（書上寫著一晚 Rs250）。幾經努力，終於找到那傳說中的民宿，但進門一問卻讓人大吃一驚，不但價格昂貴，櫃台人員更是一副專業的「晚娘臉孔」。「房間？沒了！」（頭都沒抬一下，話超精簡）之後正巧有人要提早退房，想將房間讓與我們，正高興時，櫃台又說話了：「不可能！450，你們要不要？」（還是連頭都沒抬一下）真是酷到翻。在櫃台前十分鐘居然只看到她的抬頭紋和頭皮屑，真正見識到 LP 推薦後讓人腐壞墮落的非凡破壞力，難怪 LP 要年年改版，就是因為絕對的推薦讓人絕對的墮落啊！可以參考旅遊書提供的交通資訊、地點簡介和歷史背景，至於餐廳或是住宿推薦……（默）

印度種姓制度

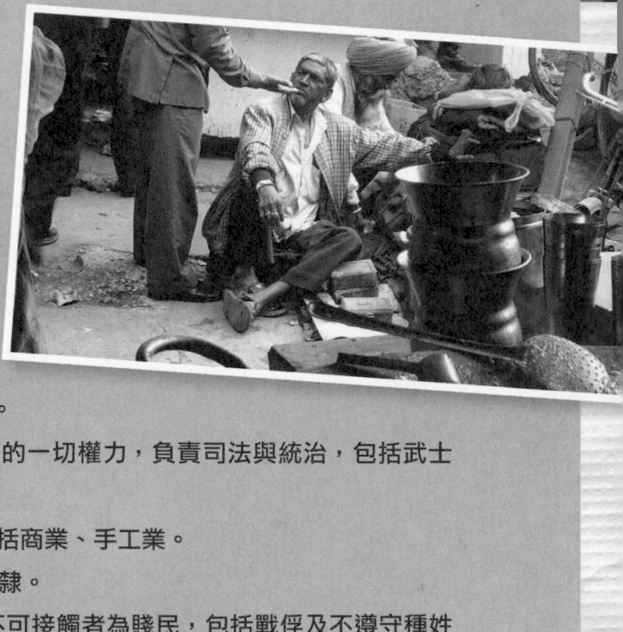

屬於對社會群體的宗教劃分，種姓職業世襲，互不通婚、不共食、不並坐，嚴守其界限。

四個種姓有四種顏色代表：

婆羅門（白色）：人與神之間的連繫，社會地位最高。掌握神權，包括祭司與知識份子。

剎帝利（紅色）：掌握神權之外的一切權力，負責司法與統治，包括武士與王族。

吠舍（黃色）：屬中下階層，包括商業、手工業。

首陀羅（黑色）：包括工匠與奴隸。

排除在四個種姓之外，被視為不可接觸者為賤民，包括戰俘及不遵守種姓制度而結合的人，從事清潔穢物的工作，沒有地位可言，最受鄙視。

印度聖雄甘地反對階級制度，稱賤民為「神的兒女」。

德里車票瘋

每年 10 月至隔年 2 月是印度的冬季同時也是旅遊的旺季，而德里身為北部第一大城，交通吞吐量極為驚人，沒有任何特定計畫與預定車票的我們，就在這裡得了一個結結實實的啞巴吃黃蓮，有苦說不出啊！

兩張德里往捷沙莫爾的車票，竟用了我們整整一天，先是坐了車換捷運到新德里火車站，發覺堂堂首都的火車站裡居然沒有專為外國人開設的窗口（似乎整修中），只能與一群印度人排著隊無可奈何的等著。無聊之餘與身邊的印度人聊天，碰上一名親切的印度人，指引我們坐嘟嘟車前往政府開設的代理店辦理車票（還好心的「強調」車費只要 Rs10）。正想著車資便宜時，到了店裡卻感覺像到了旅行社，進到一個小隔間，問了幾句火車票，就說遠到月底都沒票了。接下來開始舌燦蓮花推銷豪華巴士行程……喂～一路省吃節用到了這裡卻買了個豪華行程，我們是傻了嗎？隨便開價竟高達 Rs48500（我們一個月都花不到那麼多）！還以為多看一個零，揉揉眼才確定自己沒看錯……莫非吃山珍海味兼住皇宮？正感被「莊孝維」的離開店裡，又是一個親切的好心人說「那家是假的啦！給你指一家真的」，結果又是 Rs10 給載到另一間號稱政府開設的代理店，一樣沒幾句就說沒有車票然後又開始促銷巴士行程……有沒有搞錯～原來德里有

→ 德里的嘟嘟車還真不是蓋的，詐騙技術每台都一模一樣！

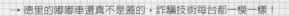

這樣運作的SOP（標準詐騙作業流程）啊！自己攔了台嘟嘟車，說好回車站結果又停到了一間店前說這是專為外國人開設的代理店……一次二次，接二連三的只讓人想大笑哪！怎麼招術相同，連講的話都一樣。我們強硬的要求現在、馬上就要回到車站去，司機才悻悻然送我們回到車站，這下車票總可以順利買到了吧？

到最後一家店時，連老闆都看不下去我們到處奔波的疲憊樣，要司機放棄遊說，直接載我們去車站買火車票。

錯！排了2、3個小時的隊，掙扎到窗口，只聽到「這票只能到舊德里車站買喔~」原來車票還有分新舊車站購買的喔~搞不懂卻只能摸摸鼻子再到舊德里，重新再排了2、3小時又到了窗口，這次是「這個要到另一個窗口填單喔~」接下了再到另一條排滿人的窗口繼續等待，到了窗口卻又再次宣告死刑，「這個需要到另一個窗口喔~」是被咀咒了吧！沒人要賣票給我們嗎？認真問了幾個當地人，還跑去問警察，只得到不確定的答案。「嗯~我想這要到新德里吧？我也不清楚耶」……反正警察的任務是維護治安保護老百姓，不了解怎麼買車票是合理的，最後只指向了最後一個窗口（應該說「一排」），整座大廳的空間，一排窗口都是一條人龍，長度如貪食蛇般繞滿整個大廳，原本就身體微恙的我在擁擠與通風不良的環境，感覺就像一場嚴刑拷問，但充滿光明的窗口就在眼前了啊，一定得堅持到底！但隨著人龍的往前推進，人口密度隨之增加、空氣也更加污濁與沉悶。2個小時後終於站到窗前，妹妹正要購票時，我突然眼前一片銀星閃過後一陣發黑，渾身汗流不止呼吸不暢，

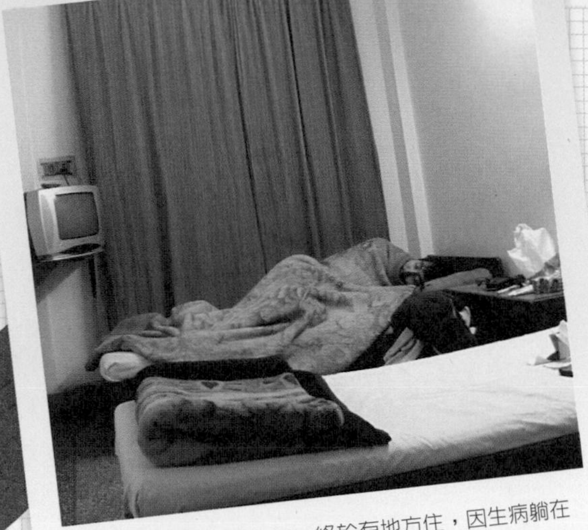

→ 在藏族區找了老半天，終於有地方住，因生病躺在床上動彈不得。

幾乎要當場倒下，心裡閃過「啊～這就是暈倒的感覺嗎？」但總算是買到了車票，在搖晃間撐到了外頭。坐下仔細一看，為何打著今天的日期？我們要坐的是、是明天的火車啊……在德里買車票還真是挑戰極限，得克服重重障礙啊！

拿到車票一回頭，驚覺哥哥已滿臉大汗、眼睛無神半閉，眼看雙腳就要撐不下的同時擠出人龍，一直排在我們身後的印度人在離開前喊著：「你們現在需要去醫院，而不是坐火車啊！」我手拿著車票，無言以對。

18 小時瘋狂二等席

經歷排完車站裡所有櫃台的挑戰後，帶著今晚發車、18 小時後抵達終點的二等坐席（最低等的車廂）車票，帶著奄奄一息的病軀得要挑戰印度火車旅行的「最高殿堂」嗎？既來之則安之，還是得好好珍惜賣命得來的車票。看著各國旅行者或是經濟較佳的印度人上了各等級睡鋪火車，我們呢？背著所有的行李跟著如浪潮般的印度人「擠」上了二等車廂，

運氣還不錯的讓我們掙到了一個靠車門的小空間稍微安身（怎爭得過那如狼似虎的人們？）在前幾站還有聊天的裕餘，心想傳說班班爆滿的二等車廂也不過爾爾時……一切，開始風雲變色。出來混了這麼久，還這麼天真也算是不容易啊！

不知道是從哪一站開始，人群瘋狂湧進車廂，我們坐的位置雖然不是面對月台邊，但每停一次就有瘋狂的拍門聲由身後傳來，「碰！碰！碰！」與一連串可能是「開門哪！王八羔子！」之類的聽不懂的印度話，身旁也身陷人潮、動彈不得的印度人用眼神與手勢示意我們不要理會，於是每一個停站，我們背後的門就會傳來一次次「強烈的意念與震動」（背就貼著門，其撞擊猛烈程度外加瘋狂的叫囂，有如身處活人生吃的電影情節中）。但很快的，就連想開門都沒有辦法了，雖然我們仍蹲坐在行李上，但眼前己是站滿了人，你可以想像好幾個印度男人屁股就離你的臉不到兩公分嗎？要知道印度人大號是用手隨便擦擦就完事的啊！

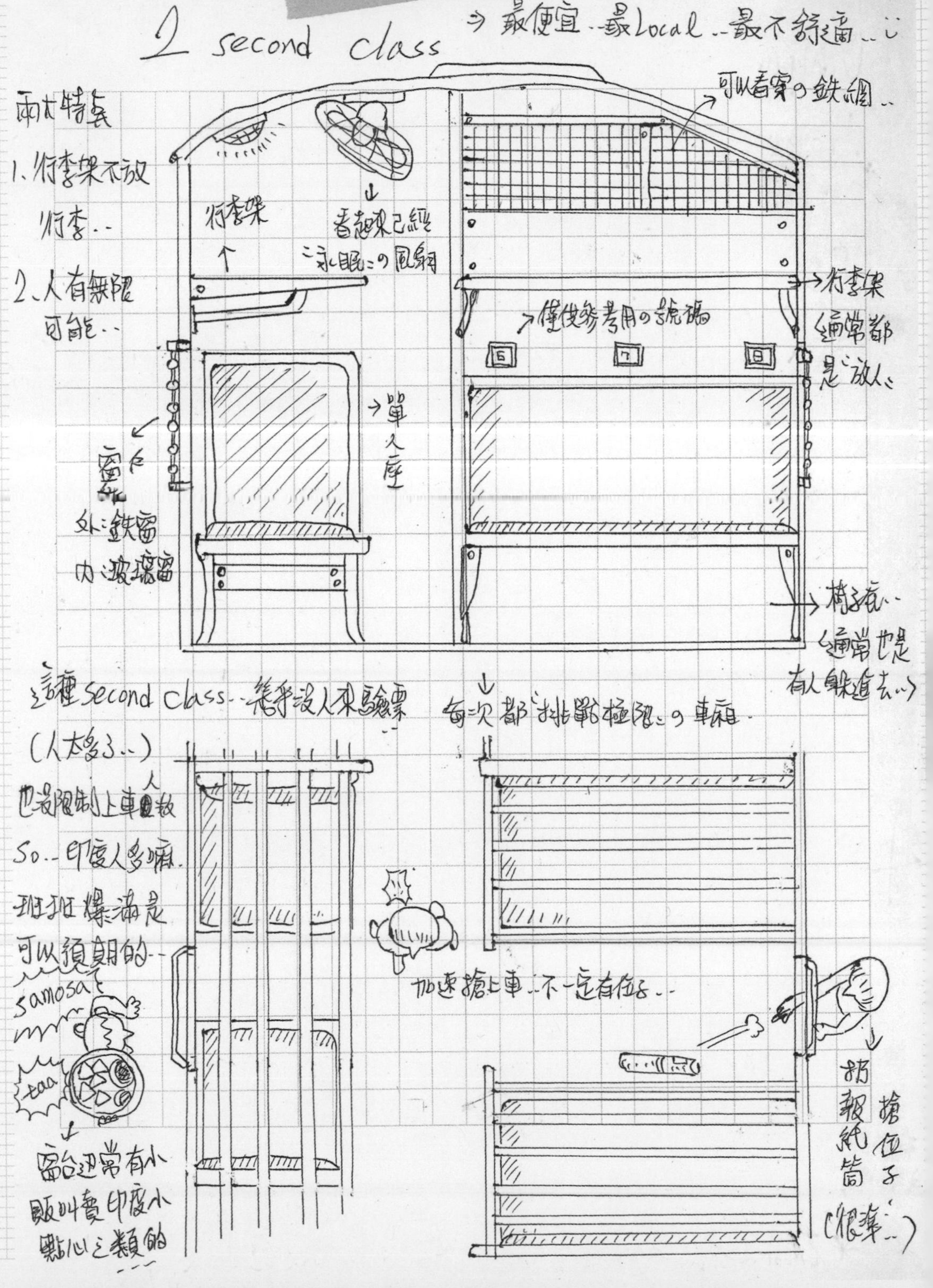
1 second class ⇒ 最便宜..最Local..最不舒適..:(
兩大特色
1. 行李架不放行李..
2. 人有無限可能..
行李架
看起來已經~永眠~の風扇
可以看穿の鐵網..
行李架
通常都是放人~
僅供參考用の號碼
單人座
窗戶
外:鐵窗
內:玻璃窗
椅子底..
(通常也是有人躲進去..)
這種second class..幾乎沒人來驗票..
(人太多了..)
每次都挑戰極限の車廂..
也沒限制上車人數
So..印度人多嘛..
班班爆滿走
可以預期的..
samosa~
tea
窗台邊常有小販叫賣印度小點心之類的
加速搶上車..不一定有位子..
拋報紙筒
搶位子
(很準..)

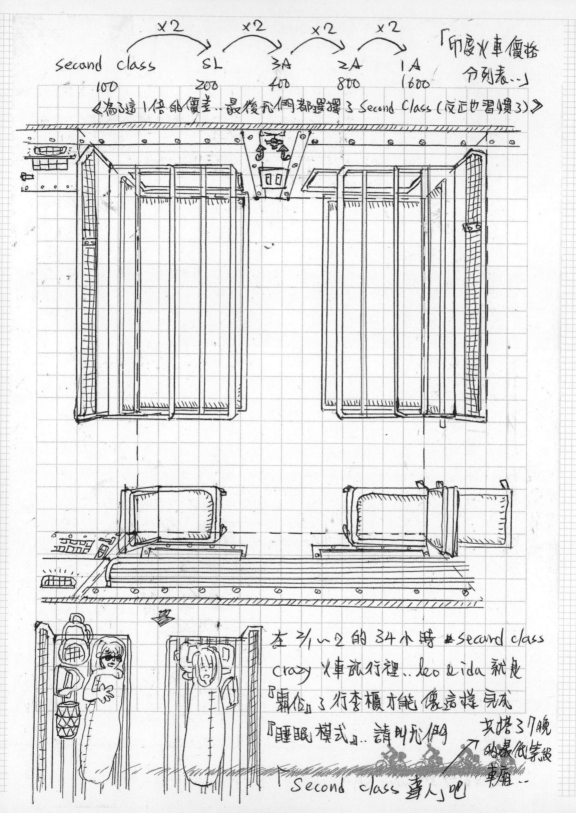

「印度火車價格分列表…」

Second class →(×2) SL →(×2) 3A →(×2) 2A →(×2) 1A

100 200 400 800 1600

《為了這1倍的價差…最後我們都選擇了Second Class (反正也習慣了)》

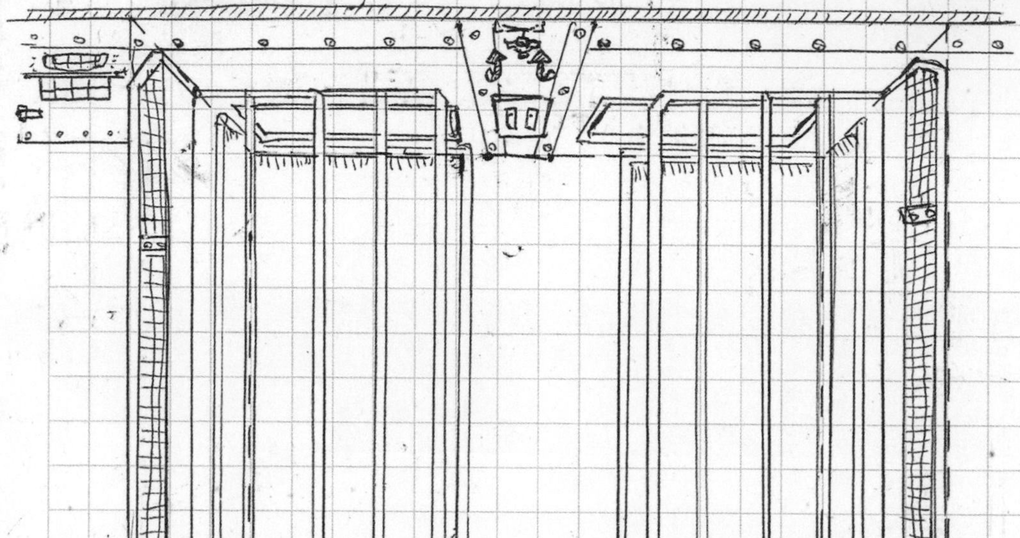

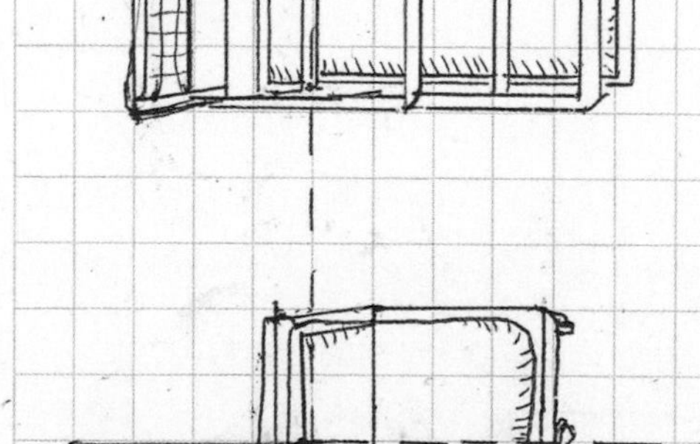

在2/1~2的34小時 #Second class crazy火車旅行裡…leo & ida 就是『霸佔』了行李櫃才能像這樣完成『睡眠模式』… 請叫我們「Second class 達人」吧

共搭了7晚的最低等級車廂…

↑ 在這個地方挨到凌晨三點半，
實在要人命（更別提還抱病在身）。

↑ 太陽出來了，
昨晚的恐怖景像彷彿一場夢境。

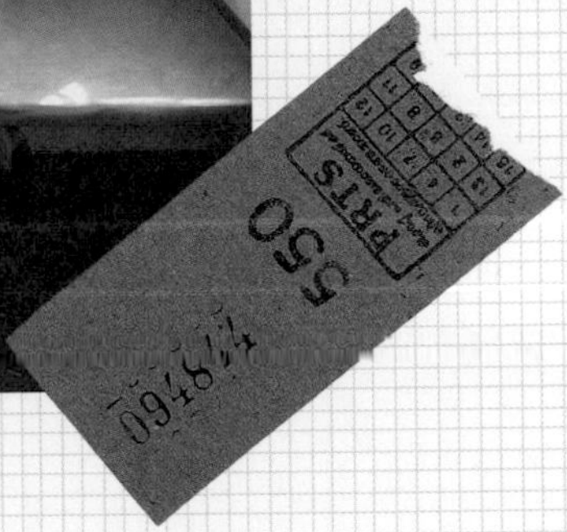

再過了幾站，連坐的空間都沒有了，我倆就人貼人、你中有我我中有你的被密集的人群所吞沒，行李架、坐位椅子下所有想像得到的位置也早已爆滿，真是不可思議！真的只要站著不動也不會跌倒，衣服不用穿太多因為你將擁有許多的體溫……最後，過了深夜近凌晨時慢慢有人下車，這時才有位子可以稍微安歇，接下來就只是等待的時間了，18 小時瘋狂二等席體驗……會讓你無法想像明天的太陽！

當哥哥躺在火車行李架上陷入昏睡和病魔奮鬥的同時，獨自一人仍夾在人群中，有幸遇到位好軍人，沿途幫我擋下不少騷擾也建議自保守則之一：永遠別讓旁人知道旅遊路線。曾經有背包客在某城鎮遇到有心人，多次「巧遇」下沒了戒心，以為交了朋友，喝酒醒來什麼都沒了……

↑ 阿明啊……火車要開啦……快上車啊！

Live 火車大盜

印度火車站一直有人販賣鐵鎖與鏈條，目的就是防範乘夜偷取行李的小偷，耳聞傳說的我們一直十分小心注意（雖然沒買鏈條但是把行李都綁在身上）。就在某日的凌晨 2 點 43 分，半夢半醒間竟看到一群印度男子一把搶走對面女子枕在頭下的包包，那女子一個著急，從後面一撲，卻撲了空，僅撲到我的腳上。一時間，哭叫聲腳步聲不絕於耳碰碰啪啪的鬧了好一會，就發生在眼前的震憾，讓人從昏睡中清醒過來，靜靜的看著那女子坐在位子上抽答答的哭著，旁邊圍著列車服務人員試圖安撫她，在半夜時分超現實的展現印度貧困雜亂犯罪的一面。事後才知道那是一幫夜間火車劫匪，同車次的旅行者也發生睡在行李上，卻被活生生推開搶走的情況，而這類搶劫、偷竊的案件多發生在長途夜車上，大多是凌晨 2~4 點到站前，火車一停下，搶了包的盜匪跳下車就找不著了，難怪有許多印度人除了睡在行李上還得綁條鐵鏈、上鎖，印度經驗 ~ 真是難以一言而概之啊！

火車自保手冊

在印度旅行，最常使用與使用時間最長的大眾交通工具可能就屬火車了，既然需要如此長時間待在上面，難免成為有心人士下手的目標，該如何在車上自保呢？

有許多條例其實都是老生常談甚至有些不近人情，但若你知道一年內在印度發生多少外國旅客受害遭竊，或是發生更危險的情況就會知道，實在不能對細節馬虎或是掉以輕心！

1. 不接受陌生人請客的飲料或是食物

過去日本忍者的訓練裡，除了自備的食物外不吃任何外食，旅行時也是一樣，有許多案例都是喝下或吃下摻有強效安眠藥的食物慘遭歹徒下手，更有甚者，一些沿窗叫賣的小販也可能是犯罪集團的成員，當你坐上車，身邊人可能都是集團一分子，當你吃下那些食物，再次醒來時可能人事物己非。

2. 不透露下一站的目的地或是停留時間

有心人事若是得悉你的目的地或資訊，很容易藉此設計圈套引君入甕，有一個例子就是一個韓國人在火車上認識一印度青年，兩人相談甚歡下透露了未來的目的地，結果在下一站的觀光景點「巧遇」印度青年，印度青年說要請吃飯，竟在食物中下藥，結果那位韓國人是「人財兩失」。

3. 緊盯住自己的行李，絕對不掉以輕心

出發前就應考慮安全因素選擇背包或是行李箱，如果你打算背包旅行，首先淘汰那些時尚、酷炫的背包吧，那只是一個名叫「肥羊」的標籤罷了！而帶太多東西，讓背包變成幾十公斤的登山背包也不是一個好選擇，最好是選用輕便、裝載 10kg 以內的背包，除了減輕旅行的負荷也比較好隨身注意。而在火車上睡覺時，除了把行李墊在身體下外，最好可以準備繩子綁在身上或是喬好姿勢讓有心人士不易下手。

4. 火車床位選擇，以上最優其次為中，下層最危險的思考邏輯購買車票

印度火車背包客最常乘坐的是 SL（Sleeper class）等級的車廂，除了每個人有專屬的位置外，一排共分有上中下三層床鋪，購買車票時請預先購買上層位，為什麼鳥都在樹上築巢？當然是因為比較安全啊！

其實，最重要的還是事事要多一份細心與小心，不要太過相信自己的直覺或是覺得不好意思拒絕別人的「好意」，出門在外只有自己能真的照顧自己，當你先做好「安全底線」後，再放開心胸與別人互動，相信就可以安全又開心的完成屬於自己的背包旅行！

Chapati，用沒發酵的麵團擀平後，放在火上或平盤鐵盤上烤。
Lassi，口味似優酪乳。
一喝驚為天人，從此上癮。
舊德里車站有極豐富的小吃。

邪惡金三角

粉紅城市捷浦爾

→想不到在這裡，碰上了沒地方住的窘境。

在印度旅行時，一些著名的觀光景點火車票總是早早銷售一空，不是僅能留下遺憾或只得等待下一班有空位的火車，也因此這次不得不坐了早上9點半開往捷浦爾，下午3點40分到達的火車票。坐在車上才意識到，這還是頭一遭大白天坐上火車呢！雖然不像夜班火車，交通時間等同睡覺時間，但白天的車廂裡是一個與當地人互動的絕好機會（雖然大部分都是當地人來找我們），畢竟需要多少的巧合才能夠同坐一起？這也是一種旅行的體驗與收獲吧！

粉紅城區尋寶

經過數小時後抵達了著名「黃金旅遊三角」（還是叫邪惡三角好了）之一的粉紅城市捷浦爾，那一天是12月27日，雖然離跨年連假還有一點時間，可一間間的旅社不是客滿就是價格像瘋了一般上漲，很認真的問過在公車、火車站附近幾乎所有的住宿點，不是客滿就是一間房要Rs1000以上的天價。就這樣，我們駝著行李穿梭在街巷之間問了又問，

↑ 統一規格「粉紅色」。

↑ 粉紅城市裡的粉紅女孩。

當問到至少是第 20 間說客滿時，幾乎想坐公車逃離這地方（但是在還沒看到這城市之前，實在不甘心就此轉身離開）。心想，在地毯似搜索下總還找得到一些「稍微」便宜又有空房的地方吧。在印度旅行，大部分的旅社或是 Guest House 房間皆是乾淨明亮，但在這竟找到了一間破爛陳舊帶著潮溼腐味的房間，進房瞬間還以為回到了大陸的廉價旅社，但這樣的低水平竟開口就要 Rs600 ！中途老闆自己還不好意思的降到 400，說跨年的價錢就是這樣啦之類的話（過了連假，這房間 Rs150 就能住到了）。還是再找找吧，最後總算在天黑前在一偏遠巷子的深處入住一間乾淨的 Rs400 房間，放下行囊的瞬間嘆了一口氣，真是「瘋狂旅遊季」啊！

筋疲力盡的找到住宿後，總算能認真的來認識這座粉紅城市。雖然在粉紅城區之外就是座普通的印度城市，但在走過粉紅色城牆圍起的大門

後，就像走進時空隧道，來到處處盡是古意盎然的老城區。城區劃分為整齊的九大區，每一區都有直為方的街巷在其間，而最驚人的是每一條路線裡盡是各種各類的物品、商品等待人們選購，從最民生的蔬菜水果到豪華閃亮的銀飾珠寶，只要你想得到的幾乎都能在其中細細挑選，而巷弄之間還有各形各色的宗教神廟，從回教式的新月到印度教高塔都隱身其中，雖然隨著時間流逝，許多商鋪與建築已不如昔日那般古情詩意，表面繪有的壁畫與精雕窗格也略顯陳舊，但在政策之下，就算是新的建築也是整齊劃一的粉紅色齊高三層樓，在走過亂七八糟的水泥高樓後，這座粉紅色城區還是讓人耳目一新，慢慢的穿街走巷間，永遠猜不透下條巷子裡將看到什麼有趣玩意，讓人有種尋寶的樂趣。

風之宮殿

捷浦爾的舊城區中有座「風之宮殿」（Hawa Mahal），一直是許多明信片的封面與重要的印度印象，但真正走到她的面前，卻發現僅是重新整修過的一面嶄新、粉刷過的窗格牆面，似乎沒有想像中的引人注目與充滿歷史痕跡，一切都在「整修」後被洗刷一盡，矗立在那的像是一個「應該要在那裡」的過往記憶而已，真是可惜了這座名聞世界的百格窗之牆啊！建於 1799 年的哈瓦瑪哈勒宮（Hawa Mahal）被廣稱為風之宮殿，是因為在它 5 層樓高的牆上佈滿著 953 扇用紅砂石鏤空而成的窗，讓宮內隨時灌著微風因而得名。但當初窗口設計的主要目的不是為了通風，而是讓昔日因不能拋頭露面而受困於宮內的嬪妃、宮女們可以透過由細格組成的窗戶俯瞰街景或窺探慶典之用。

↑ 琥珀堡裡精緻華美的門扉。

↓ 捷浦爾附近的琥珀堡，很漂亮，很多大象專門載人上山。

↓ 宮殿正面有如一片粉紅色的小山丘，鑲嵌著一扇扇密密麻麻雕刻的窗煞是壯觀，從側面一看，其實是一堵沒有門、佈滿著窗的厚牆。

狂熱印度嘉年華

說來也巧，在滿足了尋寶的癮頭要離開城區時，正巧碰上了回教的大節日舉行之時，雖然很努力的詢問了路人與旅社老闆，仍然搞不清楚這天是為了誰或什麼事（印度文的發音很難記啊），只知道在城區各個方向正不停湧進身著華麗服裝、情緒激昂的印度群衆，在各個清真寺前立有一座座帳篷，散發出音量奇大的印度式梵唱並分發著色彩鮮豔的水與各類食物，而帶著嗚笛喇叭與各式大鼓的青年男子們沿著街道亢奮的擊打著、歡呼跳躍著。

隨著人群慢慢集中，熱力也益加發散，空前熱烈的情緒在整個城區裡沸騰著，各個方向帶進高達數層樓的華麗高塔在人海中慢慢移動，從眼前延伸過去的人群彷彿浪潮般一波波隨著鼓聲與梵唱起舞躍動著。此時手拿相機的外國人（我）成了興頭上的人們熱情包圍的對象，每個人都想在鏡頭前展現平常隱藏起來的亢奮與瘋狂（其實平常已經藏得很少了），於是被一群拿著喇叭的年輕人包圍著大聲嗚叫，也被像一面牆般衝過來，臉上身上盡是各色顏料的人們逼退好幾步，也在數十名男子奮力擊打大鼓的人群中感受到了全情投入的激情節奏，而在面前走過的，各個穿著可能是衣櫃裡最佳服裝的民衆更像是走秀般讓人目不暇己。離城區的出口不到數公里卻走了數小時之久，回頭一看已陷入狂熱狀態的城區，赫然發覺這簡直就是一場熱烈狂野的印度嘉年華啊！

↑ 陷入無政府狀態、
瘋狂的人群們。

↑ 在人群中緩緩移動的閃亮亮高塔，蠻酷的。

← 這輩子沒那麼近看過大象，還是隻濃妝豔抹的大象。

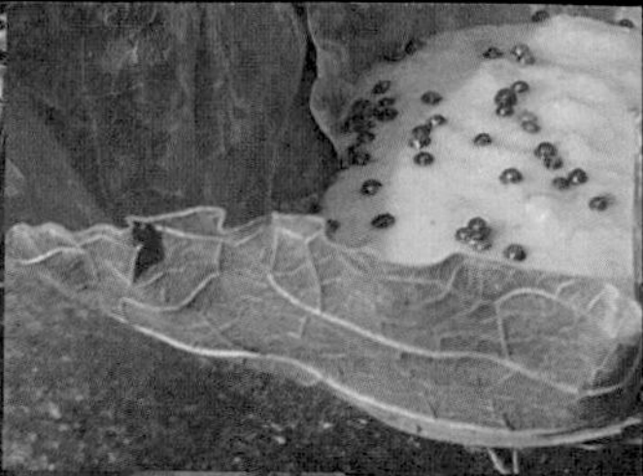

佈置用心的路邊茶攤。

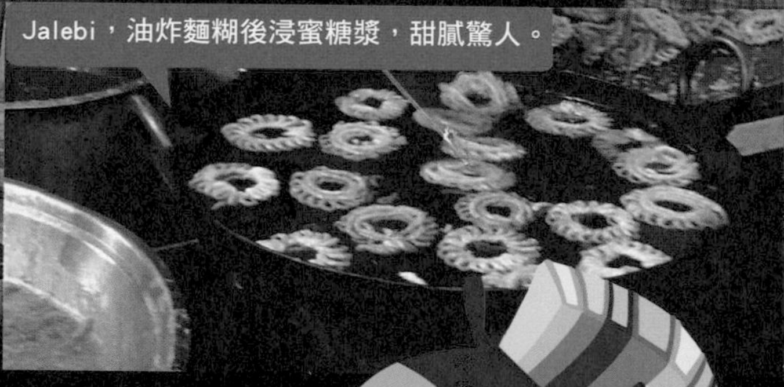

Jalebi，油炸麵糊後浸蜜糖漿，甜膩驚人。

邪惡金三角

聖地 Shopping化

→ 這裡的商業活動實在太多了些，難道這裡不是宗教聖地嗎？
後來才發現，印度的各種面像總是超乎你的想像。

普許卡（Pushkar），出發前就聽說是一個在山凹內包圍小湖泊的小鎮，天神降下青蓮花化為湖泊的印度教聖地，擁有安靜、平和的宗教神聖氣息。當你走近由十數間純白色廟宇圍繞的鵝蛋型湖泊，可以看到虔誠祈禱的人們正沐浴其中想洗淨罪孽，看到祈願平靜或幸運的人們在湖邊放下一朵朵彩花，湖畔各種色彩的花朵像是一艘艘小船盪漾在平靜的水面，當天色漸暗，花朵上蠟燭微光讓整個小湖滿溢燭光，像是對映天上明月，白色的廟堂與祈願的人們構成一幅不可思議的景像。

好美，在出發前就將此地列入旅行計畫中，但我們忽略了一個前提，就是地球日益嚴重的暖化效應全球一視同仁，印度北部的拉賈斯坦省（Rajasthan）原本就是乾旱少雨的地區，暖化影響下夏天日益酷熱，而冬天嚴寒也更加漫長，在此地區竟然已經 12 個月未達正常雨量，而神聖的普許卡湖泊，那朵天神放下的青蓮花已枯萎得僅剩枝葉與污泥，湖泊消失取而代之的是一塘乾涸的泥水漿。當地人語重心長的說，已經 7

↑ 在雨中的宗教遊街，在商店開門前讓人體會到此地的原本樣貌。

個月了，湖泊乾涸讓一般生活用水都陷入困難，而「沒有湖就沒有普許卡」，當前來朝聖的人們只能走到廟堂用水泥建成方正的「洗澡池」面對著一片枯渴進行祈禱，那是多麼令人沮喪的景像？

離開湖水乾涸的聖湖，在鎮區裡行走時發覺圍繞著街道的不是神聖的氣氛，而是連接不斷各式各樣的商店！賣衣服、銀飾、各式各樣想像不到的商品與各類滿足旅行者需求的商店占據一切。湖乾了、祈禱的人們不在了，剩下來的是滿街各國來的旅行者，在此唯一做的就是「Shopping Shopping Shopping」，而價格便宜嗎？衣服不如瓦拉那西的多樣與便宜，銀飾不如烏岱浦爾（Udaipur）的精緻，商店內的工作人員連東方人都不想招待，光是入店參觀就說出「Your people always see, never price」。驚！即使這話說的實在，但有必要這麼不給面子嗎！，更甚者，若是店裡有西方人，就直接要我們不要進店，「有趣」的消費文化正在此形成。而一個莊嚴美麗的聖地 Shopping 化的景像讓人不忍卒睹，她的過去已逝而未來難以期待嗎？

靜雨

有趣的是，當你對一個地方已經失望或是不抱期待時，總會發生一些意想不到的經歷讓人印象深刻。在普許卡待了幾天，對於炎熱風沙的天氣、乾涸的湖水與無趣的購物街正感失望時，某一天早上起身懶洋洋，正想離開房間隨意走走，一開門一股熟悉又陌生的清冷拂過臉頰，外頭竟下起了綿密的細細小雨，如同台灣梅雨季般的雨氣似乎喚醒了對雨水的記憶，原本炎熱多風沙的空氣被這股清雨像是刷洗過般留下純淨的空氣，而各式店家也許因為下雨而延緩了開門時間。套上薄外套走在細雨裡，洗去商業氣息與觀光人潮的城鎮，在雨中只留下了清新與安靜，這是與昨日相同的街道嗎？走在與昨日相同的街角，遇到了正進行宗教遊行的隊伍，在持續的雨滴裡他們仍維持著熱誠與亢奮，手舞足蹈的走在街道上，就像在歡慶這一場雨，過去平和與充滿宗教氣息的普許卡在此時洗

↓ 混雜著各國遊客與各式商家的街頭。

去沉積的「商業沉澱」後，似乎又讓人充滿了想像，想像那在此錯過的安靜與神聖的美麗湖泊。

趁著這讓一切安靜下來的淨雨，往西邊一條直登山頂神廟的小徑前進，隨著高度漸升，整座雨霧裡的城鎮全貌慢慢顯露，眼前一震，那座被群山圍繞，依著一座美麗小湖的安靜城鎮才是她的真正面目吧！

雖然現在依然乾涸，但在青山水氣環繞下，她仍有種舒服與安靜，感動這一場即時來到的「靜雨」，讓我感受到了普許卡洗去商業氛圍後擁有的原貌，在山頂靜靜凝視山區間延伸的農田與綠意，想著普許卡就如同印度許多城市般，擁有不可思議多變的面貌，你總是預料不到緣分會讓你擁有什麼經歷，會感受到什麼無法想像的事物？在印度一切都是難以想像與預測，但就是這樣的有趣與特別才吸引人不是嗎？ **Incredible! India**，就是如此不可思議！

↓ 認真的老鐵匠。

在街上巧遇的牧羊少年。

↓ 這是普許卡，被雨水洗去商業氣息的宗教聖地。

給我蔬菜其餘免談

在外旅行最重要的就是住與吃了。在印度，從東到西價錢也依地區改變，從印度物價水平最低的加爾各答走過消費水平較低的東部，再走到消費慢慢上揚的北與西部，對一路隨意變化的物價總是難以習慣，一樣的茶從 2 塊變成 5 塊；第一次吃到像台灣蔥油餅的 ROLL，從最初一捲 Rs10 到了普許卡竟己漲到了 Rs30，漲幅三倍之多，物美價廉的選項像是消失了一般（可能是在加爾各答給嘗到了甜頭），吃不起那就自己煮！各位可以猜想一下，印度的菜市場裡都賣些什麼蔬果（我吃素，所以比較關心蔬果）？而神祕的當地真正價格又是多少？以下是我們走過數個地點仔細喊價與觀察當地人買賣，收集而來的真正價格區間。以下是市場內常見的蔬菜，種類其實並不多。

名稱	價格區間（Rs/1kg）
馬鈴薯	10~20
洋蔥	15~20
花椰菜	15~25
高麗菜	12~25
紅蘿蔔	15~20
菜頭	一根 Rs5 或 Rs5/1kg
番茄	15~20
香菜	一大把 Rs5
白土司	一條 15~30
果醬	30~35/750g

註：1 印度盧比（Indian Rupee，簡稱 Rs）大約等於 0.6 台幣。

當食物價格過高，或是對印度總是油炸或味道過重過辣的食物感到反感時，總是到當地的市場轉轉，一口氣買幾公斤的各式蔬果，軍式化的分袋擺放，一餐吃一袋完全不加調味料，原汁原味的水煮蔬菜湯，除了飯錢省了（一餐兩個人平均花台幣 35 塊左右），連買水錢都少了。仔細一想，在台灣都沒有在印度吃的健康啊。媽媽，您可以放心，家裡的小孩在國外吃得超養生啊！

P.S. 若沒有購買電力煮水壺方便開伙，其實好好利用印度的白土司（製造日期要多注意，常常沒標或是過期），再佐以果醬加上番茄、菜頭，自製三明治，一樣是俗又大碗！

↑ 健康的無鹽無油蔬菜湯，吃得比在家裡還健康啊！

→ 只要有白土司，什麼都可以夾！

→ 大量的蔬菜與水果！

普許卡專賣的甜食也是糖球一顆。

浮在糖漿中的糖球。

新疆常見的烤饢，印度也有。

雜誌內頁化為包裝紙。

印度之西

金色之城 捷沙墨爾

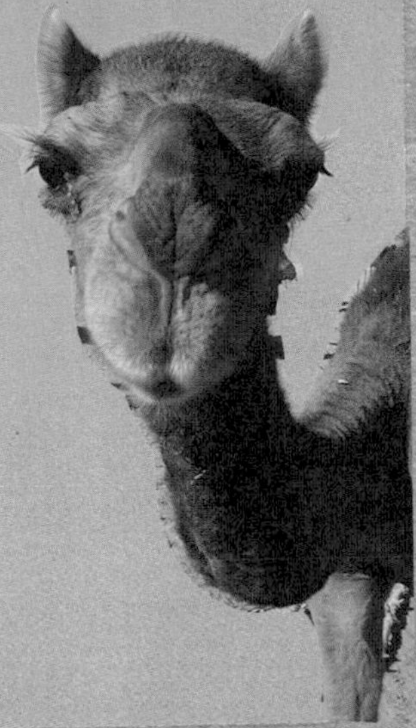

火車還沒到站之前，就已在座位上確實的感受到了周圍氣氛的變化，不僅是空氣的乾燥、隨著窗隙透進瀰漫的沙塵，還有窗外不斷變得金黃一片的風光，沙漠景色取代了綠色田野……印度的旅行，每跨過一省份就像到了一個新國家，而這個位於沙漠深處的所在更是如此，出了火車站就看到遠遠一座城市坐落在沙漠中央，那是名叫捷沙莫爾的城市，無比寬廣的藍天中，強烈陽光像是永不疲累的探照燈，閃耀在黃砂石組成的城市上，刺眼金芒讓人不禁讚嘆這果然是座「貨真價實」的金色城市哪！

在山丘上的古老城堡內找到住宿（印度各地城堡大部分已成博物館或是觀光勝地，而捷沙墨爾城堡內至今依舊住著當地居民），為的就是每日在沙漠中閃耀著驚人光輝的日初及日落……日出之前，在城堡的街巷間四處走覓，就著微亮光影在靜巷內穿行，此時的街道透出一股沉默的冷意，沒有商家的叫賣聲，僅有早起的聖牛在街巷間與我們擦身而過，此時的城市也許就是展露它最初始面貌的時刻吧！

沒有任何人為的聲影附加其上，沒有背著包包的各國旅行者，連住民們

都還沒有開始「擁有」這地方，僅有城市本身在那裡靜靜展現黃砂岩的色澤。依著指南針找到一座正對東方的古老砲台，看著遠方沙漠的地平線慢慢泛起燃燒般的色澤，再過片刻，光影如彩虹般多彩的展示在無垠藍天中，隨著光線加強，整個城市慢慢傳出了聲音，柔和的橘色日暈光芒將整座城市映照得溫暖和煦，居民們也開始了他們的一天。活躍的生之氣息開始漫延到各個角落，取代日出前的陰冷寧靜，坐在砲台上享用自製的早餐，感受陽光灑在身體的每一吋，一整顆火光滿滿的火球終於展現全貌，同時間正式宣告這座閃耀不己的城市又開始炫目的一天。在陽光角度變換下展現不同風情的這座城市，真是座完美演繹陽光魅力的金色神奇城市啊！

↓ 城堡邊陲的小巷弄，仍然是黃砂岩堆砌而成。

↓ 扛著小孩行乞的婦人。

↑ 閃亮亮金色大宅門。

金光閃閃大宅門

在過往時光，這座城市曾經是商旅的必經之路，這也是在貧瘠大地中發展出豪華住宅區的原因，就如同中國大宅門，這裡在過去也有許多商賈權貴在城裡建有多處豪宅，就像在豪奢的風氣裡為了爭一口氣般，一座一座豪華閃耀的細緻建築將這座貴氣十足的城市妝點得更為豪華氣派，而在資料中的「豪華前三名」的「金光閃閃大宅門」都隱藏在深街小巷裡，但其實在找尋過程中，四處坐落的「普通建築」在我們看來都是超現實的豪華精緻啊！

不到現場，不能理解黃砂岩的石頭如何雕琢出如此細緻精密的各種幾何圖案，窗台後陽光透過幾何窗格，灑落在室內形成美麗光影，而在一體成型的窗台後隱藏著奢華的庭園與房間，無論是天花板或是牆壁走道都可說是比照皇宮等級的繁複，走在曾是過往高官與豪商的房子裡，不難想像此地曾擁有的繁華與財富，雖然已是過往雲煙，僅留下記憶與房舍讓人們感受與憑弔，但舉目四望這些高度藝術的建築結晶，實在是件賞心悅目的事。

↑ 從高處望去的金色城鎮。

金色耶誕

既然到了沙漠中的城市，就不能不提在漫漫沙漠裡行進的駱駝商旅，想起在中國絲路旅行時，就曾遙想過去的商隊是如何行經戈壁，是怎樣穿過高山行經萬水的走過一切？在荒蕪大漠中，風沙吹過駝鈴所搖響的不只是清脆鈴聲，更是一種象徵冒險、勇闖天涯的浪漫。到了捷沙莫爾，總算能得償所願，感受在沙漠中乘駱駝聽駝鈴，慢悠悠前進的滋味了！

這趟沙漠之旅的時間正好是 2009 年的聖誕夜，在沙漠裡渡過與駱駝相伴的金色耶誕，是多麼美好的想像！到處打聽後，用力把錢給他花下去，就當是送自己今年一路向西取經的聖誕禮物了！（豪邁狀）

這趟想像中美好的金色之旅，經過我們實際體驗後，感想如何？

「在一片荒野裡，飽經太陽荼毒的坐在臭烘烘的駱駝上，雙腿開開搖來晃去。邊想著自己為什麼在這裡？」

沒有太多浪漫或是輕鬆舒服的旅程，坐在駱駝上的新鮮感漸消後就會發現，自己正在毫無遮蔭的沙漠裡搖來晃去的被大太陽「燒烤」，一整天有近六個小時，在不斷的曝曬與搖晃喔！

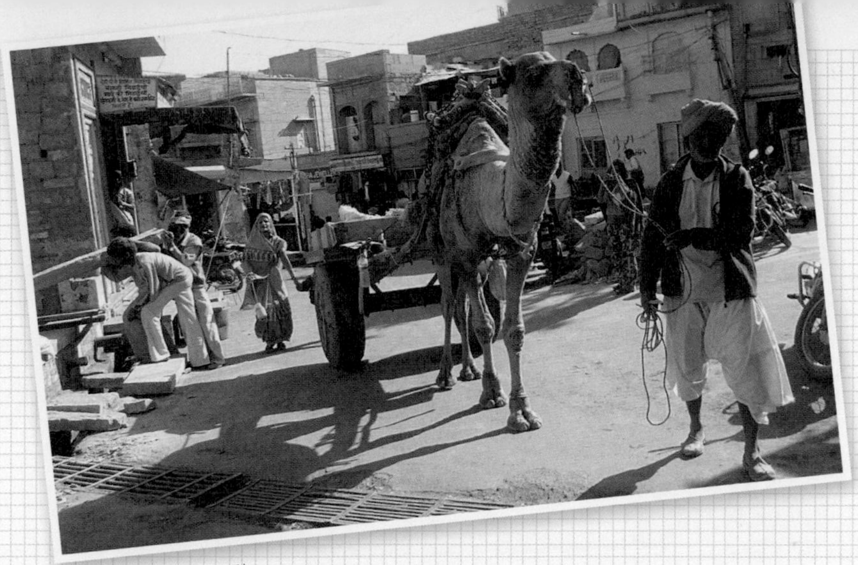

↑ 生活好夥伴，駱駝。

簡單形容一下這趟旅程的特點，就是「熱、曬、搖、沙漠 rock」。

熱＝太陽永不放棄的直曬而下，就算躲在沙漠裡的綠蔭下仍然……好熱。

曬＝熱與曬一體兩面，兩者相輔相乘讓人慢慢感到昏沉進入到半中暑狀態。

搖＝在身型巨大的駱駝上晃悠悠的左搖右擺，可感受到「胯下不間斷的衝擊」。

沙漠 rock ＝以上三點加在一起，背景音樂完全就是重金屬 rock…very rock!

若看過以上幾點就認定沙漠旅行不有趣，那可是天大的誤會，只想讓大家認清楚這些會發生的種種情況，但在這種清況下騎駱駝有趣嗎？當然有趣啊！

第一，你有坐過駱駝嗎？

第二，可曾在沙漠裡以駱駝的節奏慢悠悠的前進過？

第三，可曾在沙漠裡以四處收集來的木柴弄出簡單樸實的一餐？

第四，可曾坐在沙丘上看著火紅的太陽慢慢沉落與昇起？

第五，可曾半夜醒來感受到沉睡在穹蒼之下的星空燦爛？

第六，可曾在夜裡的營火晚會裡喝著酒談著笑，互相交換食物與歌聲？

第七，可曾感受過在沙漠裡過生活的「浪漫」？

認真要列出清單可能列不完，總之能有這樣的體驗是非常新鮮而有趣

的，現在閉上眼仍能想像那鋪天蓋地的星辰光芒，感受那好似天地間只有自己一人的渺小與巨大，而隨著清晨醒來，看到的是就在枕邊升起的迷人朝陽，所以有不有趣？值不值得一去？我的答案是肯定的！但是需要量力而為，曾聽說有連續 21 天的「冒險」行程，相信感受會更直接而深刻的吧！但以我來說，兩天一夜就很夠了啊！

同行的幾個韓國女生在中途休息時，一個個躺平在陰影中，看上去只想回到有冷氣的舒服地方（隔天更是直接提出縮減行程），兄妹聞言後大驚，打從心裡抵死不依，這怎麼可以！錢都花了，飯一定要吃到，行程一定要走完！連充滿浪漫幻想的我也不禁認清駱駝旅行，本質上和苦行是相同的事實（結果是來修行的）。所以，結論是駱駝旅行不有趣嗎？不是的！隨著前進的過程，你會發現每隻駱駝都有牠的個性（沙漠看膩了就看駱駝，看久就有心得），而終日與牠們相處的駱駝伕，個個說學逗唱才華洋溢。在沙漠中滿載行囊的駱駝以晃悠悠的節奏前進，吃飯時間到了，就地取材升火煮食（原本跟在身旁的可愛小羔羊，一轉身就成了可口的佳餚）、天氣太熱就放駱駝自由吃草，而一群人就聚在陰影處煮杯印度奶茶閒聊著，夜深了就升起一團營火，一群人唱著聊著，直到星星聚集穹蒼，好似時間與距離不是一件太重要的事……

↓ 沙漠中珍貴的水源。

↓ 啓程前往沙漠深處。

當然，過去的商旅生活一定更為緊張且行程緊湊，這樣觀光旅行的兩天一夜，充其量就是種「體驗」罷了，當我們行程結束離開沙漠，這些牽養駱駝的沙漠居民們仍然日以繼夜帶領著「體驗生活」的旅者們，原地不動的他們仍然繼續在強烈的陽光下，牽著駱駝走過一座座的沙丘。無論在哪，旅行都有一部分是為了體驗與平日不同的「生命情調」，但最終我們都會回到所謂的「現實生活」，離開沙漠時，回頭看著仍然佇立在原地等著下一批遊客的駱駝伕們，當我們帶走了所謂的「體驗」，而他們留下的是值得等價交換的生活嗎？

有時覺得旅行在本質上存在一些弔詭……說是為了體驗人生，但最後究竟是為了感受什麼？或是期望獲得什麼？一百個人有一百種不同的解答，也許在這趟旅程結束前，我也能找到屬於自己的答案。

到了印度，發現很多印度人喜歡幫人算命，他們會說這是上天給予的禮物，所以是祕密不能說，只有遇到有緣人才會偶而幫人看相不求回報。接著就會捧起妳的掌心左翻右轉（不就是吃豆腐的老伎倆嗎？），說了很多似是而非、好像很有道理又聽不太明白的話。在這兒，也給我遇到了一位印度算命仔（正職為旅館店小二，行跡可疑動機不明），在他凝視了許久沉寂片刻後，斬釘截鐵的說：不久，妳將會在印度遇到那個人。（疑？在印度哪天不遇到人啊！）第二天，我跨上駱駝向沙漠邁進，把店小二的話遠遠拋在腦後，殊不知等在前方的金色聖誕夜，會是如此的讓人印象深刻……（欲知詳情請看番外篇「意外的聖誕禮物」。）

↓ 沙漠。

↑ 金色耶誕夜。

↓ 當地小孩的樸實玩具。

↑ 沙漠中的牧羊人。

意外的聖誕禮物 | by Stefano

聖誕節前夕，我們一行四人在炙熱的塔爾沙漠（Thar desert）中騎著駱駝，前往此行的目的地── 一座位於印度和巴基斯坦模糊邊界上的寧靜沙丘。在毒辣太陽下，雙腿耐著疼痛在彎曲的駝峰間騎著駱駝，讓我不禁懷疑，參加這個過夜的沙漠之旅是不是個好主意。正當我出神時，突然間一個帶著印度口音的響亮聲音劃破了寂靜：「前有危險！前有危險！」我的朋友 Vishal 看見了什麼？

參與印度老朋友為期二星期的拉賈斯坦邦（Rajastan）之旅，幾乎是到最後一刻才確定。一開始就因為沒有送達的行李而遇到些麻煩，但是在出發後，我的靈魂就被壯觀的蒙兀兒城堡和印度神廟所鼓舞，在擁擠的市場與街道上，充滿著不停吵架的印度男人與穿著多彩沙麗的拉賈斯坦女士，別忘了那些隨時四處徘徊的牛、還有偶爾與停在街旁的駱駝四眼交會的時刻。這就是印度，果真如人們所說──不可思議！這也是驅使我來此的原因。但在這聖誕夜，在猛烈的太陽下，我的人生考驗才正要開始。

「Vishal，你看見什麼了？」我擔心的問著我的印度朋友。
「在那裡！那些紅色褲子！看來是個麻煩。」我朋友帶著調皮的表情回答。
遠目所及，我注意到一個黑髮的女人穿著紅色褲子站在沙丘頂上，確實，看來像是個大麻煩。

稍後，我們抵達營區，從駱駝上下來，此時，太陽也開始下山了。
「我來自臺灣！」紅褲女孩非常直接的自我介紹，同時介紹其他已經抵達的人。我發現她有點主動。就像 Vishal 說的，相當危險。相較與她同行的男士，可能是他先生，就安靜許多。

我哥哥生病剛復元，她急忙解釋著。這說明了兩件事，一是為什麼這男生比較安靜，另一個是他們的關係，他不是她的先生！

她主動、積極的本質有點吸引人，讓我想多了解她一點，揭開她堅毅本質後的神祕面紗。她的名字有點難記，但是綽號就容易得多了。她叫自己「小黑」或「大嘴」，確實，她有一張大嘴 ，因此她說個不停，在沙漠中不停製造背景聲響，間歇穿插著我印度朋友 Vishal 的大聲應和。

落日非常地美，當最後一道光親吻柔軟的地表時，沙丘變成紅橘色。當夕陽沉下，黑夜很快來臨，清新乾燥的空氣帶來了美麗星夜，皎潔的月光使得所有沙丘閃閃發光。

→ 沙漠裡認識的義大利人。

沙地很快地冷卻下來，惡名昭彰的沙漠開始變冷，營火讓晚餐時間的交流變得溫暖。這將會是個很棒的聖誕夜！在大自然包圍下，我暫時遠離了日常生活與抒解壓力。然而，美好感覺很快便結束，直到「大嘴小姐」穿著她的紅色褲子坐在我旁邊，打斷了剛才的放空，我很快地忘了月光、繁星與閃亮的沙丘，我想要了解她。

我們開始聊天。因為好奇，我發掘了她的旅行故事、興趣、喜好以及熱情，並且與她分享我的故事，她似乎很熱衷她所做的一切，她積極、主動的本質逐漸變得非常感性與溫柔，這是我發現的一個驚喜。隨著時間流逝，我意會到其他圍在營火旁的十幾個人早已成了背景黑影，我的焦點逐漸圍繞著這位來自台灣的迷人女孩 。

啤酒在晚餐間流轉，距離我們幾呎的山羊最後成了我們的晚餐，美味的食物、飲料與可愛的談話伴隨著美麗的環境，產生了奇妙的氛圍。當時我告訴自己，雖然被這女孩深深吸引，但我決定當晚不要採取任何行動，才不會破壞了兩人之間浪漫的氣氛。

但是大嘴小姐自有引誘天真的義大利旅人改變心意的方法，當我餵她吃一塊山羊肉時，她溼潤的嘴唇輕輕碰觸我的手指，使我整個身體有如觸電般、腎上腺素直線上升。但是我忍住了，自我控制真是我引以自豪的天分。

午夜來臨，有些人已經準備就寢，但這美麗的星空拉長了夜，不是每天都有機會看到這麼多星星，我們這些有興趣看星星的人便前往最近的一個沙丘上，許多人因為酒醉，很快地昏睡過去，再一次，我跟這個美麗的台灣女孩怡臻（此時我終於記得她的名字！）獨處。伴隨著月光，明亮的半空中仍能看到許多星星閃爍著，另一半邊天則滿是光采奪目的繁星並很快地上演了一場流星雨，我們數了至少二十顆，當然，實際有更多顆流星劃過這神奇的聖誕夜。夜漸深氣溫漸漸變冷後，我努力的使我的新朋友保持溫暖，幫她裹上導遊給的唯一的毯子。當下感受非常強烈，我掙扎著，試著守住不破壞浪漫氣氛的承諾。

我們一直聊到日出，當朝陽取代夜空，我們知道時間到了。我們在 12 小時之內發掘了許多彼此的一切，我知道我已經準備好到任何地方去，只為再見這個可愛的女孩一面。在最後一吻之後，我們承諾彼此要再相見，但是她真的相信嗎？或者她認為這只是神奇夢境的終點？

一個接著一個，所有人陸續醒來並用過早餐，在人群中，我再也無法像昨晚那樣和她聊天，距離也開始產生，我知道如果我想要讓這個神奇的夢成真，我必須再見她一面。我承諾自己在幾個月內要再見她一面，然後我躍上駱駝揮手道別，在溫暖的旭日中繼續前進。未來的事交給未來，假如這個神奇的夜注定要成為一輩子的愛。

溫情木偶民俗劇

先前由德里開往捷沙莫爾的直達車票難買，就是因為正逢印度放長假的時刻，觀光地點多的拉賈斯坦省，原本交通就擁擠，而捷沙莫爾正是這個省分最西邊，沙漠裡的「金色城市」，在過去，此地曾因身為商業經貿的中心而盛極一時，但隨著時間消逝，商業中心的角色慢慢被淘汰，僅留過往輝煌的歷史埋藏在沙漠中的城市裡。

六十年前，曾經有個小男孩在這個被歷史遺忘的城市長大，隨著觀光興盛，這座城市也慢慢蛻變成截然不同的城市，小男孩長大後成為一個老師，退休之後，一個人慢慢收集著有關這座城市往日的記憶，慢慢的以一己之力成就了一座博物館，用著數十年不變的熱誠對來到這裡的旅人們介紹她的歷史與面容。雖然以博物館來說，內容並不特別豐富、物品保存的也不特別好，但在晚上表演傳統木偶劇時，仍然可以感受到那小男孩對家庭的感情與記憶的溫度，雖然他現在己是年過七十垂垂老矣，但在每場木偶短劇開場時，他仍然以充滿感情的聲音開場、講解下一幕代表了過去哪一段的故事，接下來將為大家帶來什麼……

木偶劇好看嗎？與現今發達的聲光娛樂相比，自然遜色許多，但總讓人回想到過去在土地公廟前看著布袋戲的時光。這裡的現場演出，展現的是「人」的表演，老實說很感動，而且看著曾未看過、想像過的木偶表演也真是有趣。你可以想像吊線木偶跳肚皮舞嗎？不禁讓人忍俊不住大笑一場，結束表演走出門外，心裡還留存著這座博物館帶來的感情悸動，我想，若是任何人有機會來到捷沙莫爾走走，這裡是一個適合來感受城市過往記憶溫度的地方，而且除了這裡，這樣有趣的木偶劇說不定其它地方也看不到了呢！

↑博物館門口。

↑準備開演的舞台。

↑熱情的售票員，後來才知道他會玩一手好樂器。

沙漠裡水源更顯珍貴。

油炸後瞬間膨脹、類似蝦餅的七彩零食。

麵粉沙塵攪和出的沙漠風味。

用沙子洗盤子，亮晶晶。

印度之西

藍色驕傲焦特浦爾

→ 若是蕃王戰死或是早逝，她的妻妾將要遊城一圈後將手印蓋在城門邊，然後被活活燒死……多麼可怕的故事啊。

夜裡 10 點，坐上公車前往僅有幾小時車程的焦特浦爾（Jodhpur），半夢半醒間在凌晨 4 點到達目的地，下了車只有深夜的冰冷與無人街道，背起背包大海撈針似的找尋落腳處，隨著一間問過一間客滿的旅社，尋著地圖與指南針的方向慢慢往城堡走去，努力與一間間半醒的店小二奮鬥價格的過程，真是讓人印象深刻的記憶，最後終於在價格與床位間取得平衡，在天未亮的 5 點窩進溫暖床鋪裡尋求真正的休息。

睡了 3 個小時後醒來，開始以雙腳去感受這座名為「藍色城市」的焦特浦爾，看著遠在山頭，那座在夜裡擁有巨大剪影的城堡矗立眼前，這座城堡會帶來怎樣的感受呢？

細細走過後發覺，雖然是座雄偉驚人的城堡，但是相比阿格拉或是歐恰的城堡，並沒有特別出色，卻是旅行至今印象最為深刻的城堡，為何如此？

也許是經營者的用心不同吧！最後一任蕃王接任這座宮殿時，將這座產業轉以「信託基金」管理，除了將資產做良好的分配外，更用心經營，將這座城堡當成極好的歷史教材與博物館。

除了委託專人維護與管理外，光出入口就有印度少見的仔細設計，購票口動線詳細外，還有電梯讓行動不變的旅客到達山頭，除了城堡的基本維修與保養外，內部也安排了故事豐富的博物館展覽廳，只要依循著路上的標記前進，決不會迷失在巨大的城堡裡，良好的動線設計不錯過每一個該看的細節，是最成功的環節。門票裡就包含各國語言（包含中文，唯一有中文導覽的城堡啊～））的生動電子講解，而各個解說牌帶領你依次走在精細設計過的講解路線，當你循著設定好的路線慢慢參觀，過去的歷史連接到了現在，回過神來已深入遊歷了這座城堡所蘊含的故事與歷史，良善的規畫是參訪過的城堡裡最為徹底與完善的。

↑ 遠遠看去的藍色城市。

↑管理良好的信託宮殿。

藍色街頭小巷阡陌交錯，從山坡下沿著高矮不齊的藍色平房一路蜿蜒向上，可望見坐落在焦特浦爾岩山之上的梅蘭加爾堡（Mehrangarh Fort））,城堡外牆旁三十一隻血手印記錄著過去寡婦殉葬自焚的風俗，那是王后嬪妃們邁向火堆前留在人世最後的血紅印記。

雖然蕃王在歷史洪流中失去領地與君王的權力，但在導覽語音裡，蕃王說到「大學畢業後開始思索一個失去了子民與領地的現代土蕃王該有什麼作為？該以怎樣的方式延伸過去的歷史與故事？」我想這位大學畢業就接下國王寶座的年輕蕃王，做了極好的示範，而這座焦特浦爾的信託宮殿以及各式以他為名成立的慈善基金，就是所謂現代蕃王所能做到的最佳典範了。

七彩飲料攤，便宜又好喝。

最常見的就是以報紙包食物。

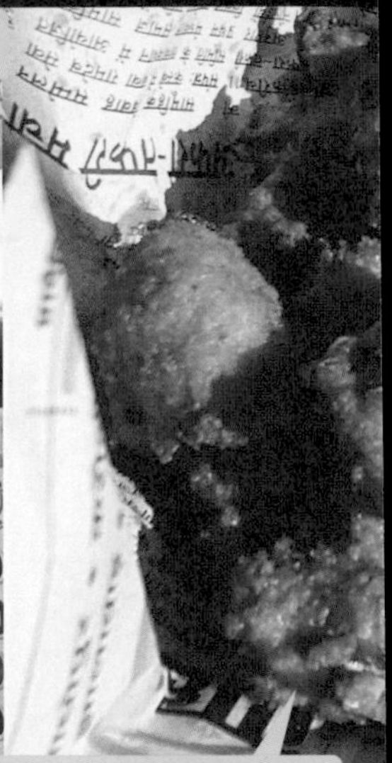

買了才知道是炸辣椒。

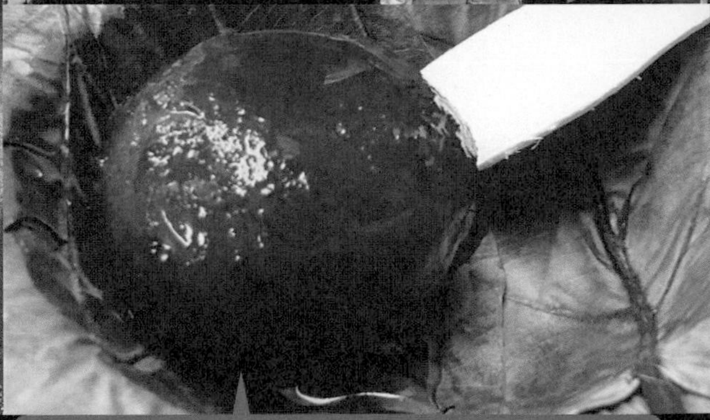

Gulab Jamun，玫瑰蜜炸奶球，口感軟綿滋味甘甜。

印度之西

白色浪漫烏岱浦爾

→ 在夜裡夢到自己身處 007 電影裡的烏岱浦爾，不覺莞爾。

月色下急駛的夜班巴士，總在凌晨時分到達下一個城市。凌晨 3 點半，我們「照慣例」又開始帶著指南針與地圖，走在「應該正確」的路上試著找到住宿。走在幾近無人的街道小巷，搜集著城市的第一印象，總是喜歡那些還殘留過往風華的舊城區，看著月光中牆壁上的有趣壁畫與那些初次涉足的街道，每一步每一轉角都是一次新鮮的體驗。慢慢的，也接近日出時分（走了 2 小時終於走到湖邊），正好在湖邊趕上了今天的第一道曙光，放下長時間步行後越來越沉重的背包，安靜坐在湖邊啃著作為早餐餅乾，那座佇立湖中的潔白旅館，在月色與日光交替時閃閃發亮，如此美麗的烏岱蒲爾（Udipur），無怪乎人稱印度最浪漫的地方

看過日出後扛起包包，再度開始「敲門→詢價→殺價→下一間」的循環，確信在這座「浪漫要代價」的城市裡一定能找到價格合理的住宿點，而

↑ 湖濱旁的城市宮殿，一條河分割出富與貧。

找尋的過程也是一種貼近、感受這座城市的方法吧！

要來個環城大爆走，平均約 **3** 小時，健身省錢之餘同時探察地理環境、了解民情。

幾經努力，終於找到便宜價格的旅舍，稍事休息出了門，又是一座彷彿未曾來過的地方，月色下的安靜與皎潔只存在夜裡，日出後又是另一種面貌與風格。但尋訪旅社過程裡的月光印像，那將醒未醒時，湖邊的光明初現，都已是深植心中的烏岱浦爾初體驗。

湖邊宮殿

↓ 夕陽之時。

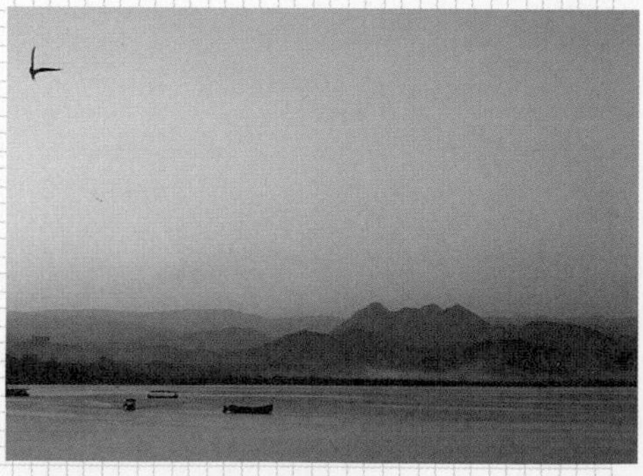

烏岱浦爾地處印度的拉賈斯坦省，因歷史因素，在拉賈斯坦省有許多城市都建有城堡，大多數都隨著時間刻痕慢慢退去鉛華而略顯殘破，除了捷布爾的蕃王宮殿令人耳目一新外，烏岱浦爾號稱擁有拉賈斯坦最大規模的城市宮殿，今日一見，光是門

↑ 不可思議的城市宮殿。

面就己不凡，「氣勢」是腦海裡浮現的第一印象！

該怎麼形容這座活生生仍然呼吸使用的宮殿呢？這座極為華麗與保持完善的宮殿，雖僅畫分三分之一古老城區作為博物館展示，但光是三分之一的內容就花了將近一整天還無法看盡每個細節與房間。

論美景，這裡可說是湖光水色，不愧為印度最浪漫的城市，論壯闊，這裡也有全拉賈斯坦最大型的城堡！更別提城堡內讓人看得目不暇己的各式壁畫與建築，心服口服的認清這座城市宮殿確實「不可思議」！

烏岱浦爾湖邊提供遊船服務，在人群聚集的一側要價 Rs300，若走到城市宮殿外，可以 Rs50 的價格享受一小時的船遊。在黃昏時刻搭了船繞著湖邊，看著城市宮殿在湖中互相輝映的倒影，在天色漸黑後城堡像是換上金黃色晚禮服展現她金碧輝煌的晚宴笑靨，隨著船首破水前進，水波一環環往外盪開，引得水面上的野鳥水鴨們拍著翅膀、迎著夕陽列隊飛去，賦予薄霧濛濛的湖光水色一絲熱鬧與趣意，晚風配合落日時分的

↑ 宮殿裡的彩繪。

涼意帶走整天的燥熱，看著倒映在湖水中的宮殿，彷彿過往的華麗從未隨著時間褪色與改變。

漫步在街頭看到一張宣傳播放免費電影的海報，好奇心驅使下入店詢問（免費力量大啊），原來是在 1983 年時 007 系列電影〈八爪女〉（Octopussy）以這白色城市為主要拍攝場地，從此讓烏岱浦爾聲名大噪，這家位於頂樓的餐廳因此打著入內消費即可免費觀賞的廣告。想著人總是要吃飯何不順便看場電影的心態，當晚準時報到，看著電影裡擷取著白天走過的場景，搭著搞笑兼具緊湊的情節，不時轉頭看著現實中夜色下閃閃發亮的湖上皇宮。即使螢幕不大（就台電視放在那），錄影帶不時出狀況（每日每夜一直放，也難怪了），倒也真的享受了老龐德的翩翩丰采。

→夜裡的民族表演。

浪漫裡的真實

自從看到這座環繞著湖泊建成的城市，就想到台灣東部的鯉魚潭與中部的日月潭，都擁有一條秀麗景色的環湖公路，無論是鯉魚潭的輕鬆寫意或是日月潭的景色變化萬千，都讓人想騎著自行車迎著湖面吹來的清風跑個幾圈。到了印度的烏岱浦爾，不禁想感受在這裡繞著湖區騎乘將會是如何的感覺？

認真查探後發覺出租自行車的車行僅有兩間，不但限制一次需租用一天且價格比起其它地方貴了一倍！（印度式自行車 Rs50/Day、避震式自行車 Rs100/Day）在城市邊陲找到出租一天 Rs30 公定價的自行車行，但自行車的狀況只能說「七痨九傷」，認真一看，剎車皮僅剩薄皮一張但還算有點剎力，但車輪鋼絲己有一兩條變型，輪胎也慢慢變成橢圓形，內胎上有小洞也不認真補好，有人租時打飽氣就了事，其它的小零件就不用說了，連踏板也只是掛著沒有掉而己。想著「不就是環個湖」能糟糕到哪裡？不多想的騎上車，開始幻想中的「湖光水色環湖行」。

才開始騎乘不到十分鐘就發覺到幻想果然難敵現實的考驗，除了舊城區裡道路狹窄，車輛、行人又多，難以通行外，道路皆是由 20 度左右的上下坡連接而成，沒有變速系統的印度自行車只能靠腳力重踩上坡，而下坡又剎力微弱的冷汗直冒，心裡想著「沒關係，出舊城區就沒問題了」的「掙脱」舊城區的小巷範圍。才剛到新城區的邊緣，路是變大了沒錯，但旁邊的車也變大、變多，情況沒有好轉反而更顯惡劣。而湖邊的安靜道路呢？一棟棟「濱湖而建的旅社」讓通往湖邊的道路肢離破碎，幾乎所有湖邊有景色的土地都蓋了旅社，只能在湖外圍打轉。而上下坡的狀況依舊充滿挑戰性，努力在印度道路上前進，騎到了浪漫城市外圍，發覺走出觀光範圍後就如同所有印度城市般「車多、人多、空氣糟」。

這次的自行車「考驗」終於在數小時「環湖」後回到租車處，認清了人為「保留」與「建設」而成的「浪漫」，與外圍城市早己「印度都市化」的現實，在不出幾條街的距離，就可以看到那巨大的差異，而這裡的「環湖公路」適合以自行車的方式來體驗嗎？要不是租了一天不能以小時計費，不然一小時就把車牽去還給老闆啦！

↑回程騎在乾枯的河床上，有一朵在烈陽下驕傲的小黃花。

↑似曾相識的場景，有看過電影〈刺激 1995〉嗎？裡面就有一堵很相像的石牆。

↑在城鎮裡四處亂騎，最後跑到一個不知名的小村鎮。

這是？
राजा ट्रेडर्स
是熱牛奶攤。
常見的煎蛋攤，經濟實惠又營養。
ROOF TOP
RANGOLI-RESTAURANT
रंगोली रेस्टोरेन्ट
現做好喝的優酪乳。

印度之西

2009 Last Day

↑ 在城門口悠哉的牛兒。

旅程總會認識各國的朋友與旅人，而最常聊的「題庫」前三名就是

1. 你從哪來？

2. 要到哪去？

3. 你最喜歡哪裡？

總會在聊天時談到心目中最喜歡的城市或是小鎮叫什麼名字，有一個名字總是出現在談論的清單之中，每每談到的旅人總是以熱切的眼神說不管建築風景或是樸實的人民都讓人再三回味，眾人推薦令人難以忽視的邦迪（Bundi）就這樣排進旅行清單之中，那裡真是個值得如此大力推薦的地方嗎？

除了想親眼見證傳說外，也為了逃避跨年時各大旅遊勝地的瘋狂價格，坐上了號稱三個小時就可以由捷布爾抵達邦迪的國營巴士（最便宜所以也最不舒適）前往這一無所知的小鎮。隨著時間過去，原本認定三個小時小 case 的車程延伸了它的時間，就在人擠人、空氣沉悶的巴士裡困守座位，半夢半醒的搖晃著，偶爾醒來望向窗外，這個小鎮就是她嗎？

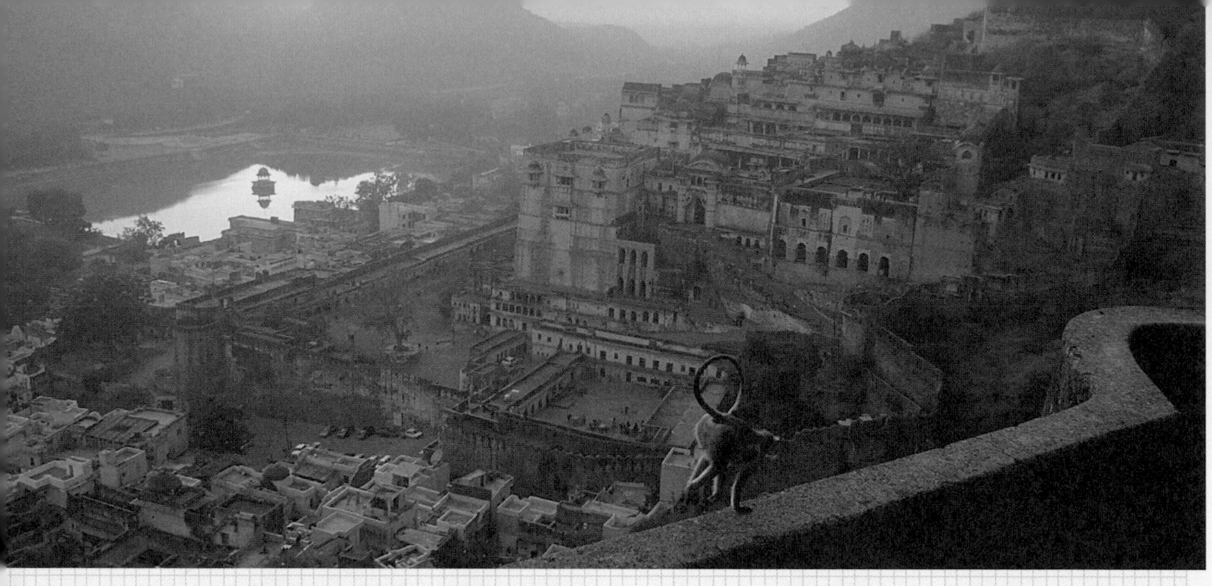

↑ 有看到那隻跳躍的猴子嗎？

昏沉間四周經過一個又一個小村鎮，相似的面貌、無突出的特點與灰濛濛的景像重覆出現，心裡想著「不會這裡就是吧？」「這裡好像沒有住宿的地方吧？」

最後，六個小時過去了，在昏沉間、如夢似醒的突然看到了邦迪，看到那在山頂上盤踞的雄偉城堡，那底下倒映著山影的小小湖泊，一棟棟藍色民居，看過去真可稱之為「藍色城鎮」，至少第一印象就讓人打心裡舒了一口氣啊！邦迪啊邦迪，究竟是什麼原因讓那麼多人對妳念念不忘呢？

漫騎印度鄉旅

邦迪附近有些景點需要交通工具才能夠到達，像是在山區之中有座種滿蓮花的聖湖，與一些彷彿保留過去印度風情的的安靜小村莊，更遠一些有坐落在山中的大小瀑布。租了台自行車看著地圖，騎著車四處探險，雖然瀑布因為今年少雨而乾涸，但這趟自行車小旅行還是讓人興奮無比！

↑ 熱情大方的小村姑娘們。

其實在印度小城鎮間的 野道路上騎乘自行車挺愜意的，離開熱鬧的城區，騎在安靜的路上，幾個起落後到達聖湖。在炎熱的拉賈斯坦旅行，只要一塘池水或是湖泊都讓人身心瞬間放鬆許多，雖然 9 月盛開的蓮花己然枯謝，但在安靜的湖面上倒映著山色，掠過的水鳥偶爾由空中竄入水裡揚起一陣陣漣漪，或是一條小水蛇靜溜溜的由水面滑過，只要凝視片刻就能發現許多在裡頭活動、生活的氣息。

走進濱湖神廟的祭壇邊看著在湖水裡沐浴淨身的人們，沒有瓦拉那西那樣的熱鬧蒸騰，但浸在沉靜的湖水裡，人們顯得是那麼虔誠。騎過湖區，一轉眼就到了小村莊，質樸的村民總以好奇的眼神看著我們，大膽些的就「Hello~」「Hi~」的打起了招呼。轉進寧靜的 間小路上，只有自行車的微微喀喀聲響與起伏的呼吸聲，風吹過樹梢帶來沙沙的聲息，伴著我們乘風前進。剛好繞過了一座山，回頭又看到了邦迪，在半山腰上正好俯覽整座山與城堡交融的藍色城鎮，多麼驚喜的視覺贈禮！

↑ 應該稱作「藍色城鎮」。

居高臨下看著由頂樓拼組而成的萬花鏡，穿著鮮艷莎麗的婦女相對盤坐，嬰孩在旁慵懶的隨地打滾，男人曬著太陽，穿著黑色小皮衣的女孩追打著白帽男孩笑鬧嘻打著，在這還未被列為觀光勝地的小城，生活顯得簡單卻豐足寧靜。

看著藍色民宅上三兩活動的居民正放著風箏，那似乎不受拘束，在天際飛翔的五彩繽紛讓藍底色裡穿綴了色彩，不夠過癮的又騎回了湖區，隨便找了個樹陰處，開始自製蔬菜三明治做為午餐，愜意又安詳的午後時光啊～

除了環繞的湖光美景外，邦迪還有享受盛名、坐落在山頂的雄偉城堡，在看過那麼多城堡後，這一座會帶來不同的感受嗎？

一開始沿著慢慢上伸的山路（這點倒是都一樣）進了兩頭大象雕塑的大門，只走了幾階，心想這樣子的收費（Rs60/ 人）與偏遠的地點，裡面

↑ 優閒的商家，最常做的就是聊天和看報紙。

會有什麼精彩的玩意嗎？走在略顯陳舊的台階，看著並無特別出色的建築正想發表些不滿言論時，僅僅走到第一個擁有壁畫的房間就讓我閉上了嘴，一間非主要的跳舞室就已繪滿了「全景」式的壁畫啊！

由屋頂到地板所有細節與角落皆繪滿風格各異的手繪畫作，整間由豔色的紅所組成，而正巧西下的日落餘暈將繪畫的矇矓豔麗詮釋得淋漓盡致，瞠目結舌的以朝聖精神去細細感受精彩藝術呈現，而這僅是布滿壁畫的房間裡最小的一間。隨著腳步，一間間不同色調的驚人房間彩繪讓觀者不禁屏息，到了最精彩的房間（皇室的臥房）時已讓人心服口服的臣服在感動之下，難以盡數此處壁畫的有趣與細緻，但確實是在目前所觀賞的城堡裡擁有最多、最棒壁畫的所在。

注意：歲月流轉，山城的主人也從過往的豪門貴族轉手到山野猴群，以脾氣剛烈、性格火爆著稱，因有襲擊人類等不良前科，門口處有兩三人專出租木棍給遊客防身。

印度跨年趴

在邦迪的最後一晚，正巧也是 2009 年的最後一天，在城裡各個角落的 Hotel，都能看到外國人四處奔走、籌辦跨年 Party，到了黃昏前，己有太多讓人目不暇給的選擇，想要一個邦迪的印度式跨年嗎？就當是送自己今年一路向西取經的新年禮物！噫！？（基於才剛送 / 收過禮〔別忘了沙漠裡的金色聖誕〕，心虛錢虛之餘，因而作罷。）

我們決定用電子爐煮一頓大餐，順便買些甜點，兄妹倆自行慶祝便是。在菜市場準備新年大餐的材料時，認識了一位退休教師，言談盡歡間，竟要帶我們去參訪他的「祕密地點」，試探性詢問是否要收費讓老教師有點受傷（天下無免費午餐觀念深植心中），在跨年倒數時刻的衝動下，毫無計畫與心理準備的跟著老教師走了幾公里，彎進郊區的無燈灰暗廣場（開始擔心了），不料走過了幾個轉，遠方竟矗立一座在燈光打照下的白色大理石神廟，遠遠看去就像一座在夜裡發光的小型美國白宮，是座擁有圓型屋頂與 80 根白色大理石柱的三層樓建築，在黑暗中顯得特別耀目。爬上廟頂與老教師閒聊家常式，看著遠處城堡與城市合奏的邦

迪夜景，好一個新年驚喜！除了對美景的感動外，更對人性多了一絲的信任，這難道不是 2010 的極好開始與幸運徵兆嗎？

帶著大包小包的食材回到民宿，還沒開始煮食就被老闆一家人「強力（強迫）邀請」參加了在頂樓的小小家庭式跨年 Party，在微寒夜裡啜飲著啤酒，仿佛家人間的互動聊天，在倒數時刻，城市裡的各處 Party 不約而同放起了煙火，不落人後的我們也加入「讓天空閃耀」的神聖任務，在 2010 來臨前，夜裡的天空盡是閃耀而炫目的煙火跳躍散發著，雖不如台北所能感受的華麗與熱鬧，但在印度的小 鎮裡還是能別有一番風味的高喊「Happy New Year~~!!」

回到房間，2010 的第一件事是開始料理遲到的「新年大餐」，享受著食物之餘，回想「昨日」與過去的 2009 年，因為有那麼多人的支持與鼓勵、那麼多的力量與期許，才讓我們兄妹走到了這裡，回想走過絲路、身處印度的這一刻，心裡充滿了感恩，誠心的在新年來臨時祝福所有人，回想過去這一年，抬起頭來輕嘆了口氣，2009 年真是充實刺激而又幸福的一年啊！

Super Guest House

在印度找住宿通常有兩種選擇「Hotel」（旅社）與「Guest House」（民宿），印象中Hotel代表了高貴價錢與完整服務，而Guest House是便宜與貼近印度家庭生活的代名詞，但隨著服務業的進步，許多Guest House差不多成為較便宜的Hotel，真正貼近生活的民宿反而成為少數，而這樣的印象直到在邦迪住進了一間巷子內的Guest House後全然改觀。

一開始住進去的第一印象，「嗯，真是一間很有印度風味的房子」，放了行李開始研究房間，竟在房間角落發現有一個大鐵筒放著「大米」！原來這房間除了出租外還有儲藏間的功能嗎？而經營民宿的老闆一家四口，除了在捷布爾從事導覽的先生與家庭主婦的太太，還有一個有可愛、捲髮的兒子與未來漂亮可期的女兒。兩層樓的房子也沒有太多的客房，一家人也同住在一間屋子裡，在房間裡不時可以聽到一家人看電視的大笑或是高聲聊天的聲音，住在裡頭，真有在印度人家中坐客的感覺。

除了住的很有感覺，用餐時間更是老闆夫婦相偕在廚房做菜煮茶，給你一個「Home Made」的印度食物！僅是簡單的家常菜但吃起來就是有「家的感覺」（感覺是個很難說明又有點貴的玩意），許久未曾吃到帶有媽媽味道、溫馨的餐點了。

入住那天，正巧是老闆弟弟的生日Party，而隔一天正逢跨年，一口氣與老闆一家參與兩個印度式Party，而所謂印度式宴會，其實就是一群印度人在廣場上吃吃喝喝隨便亂聊，而宴會高潮就是印度男人們拿起酒瓶灌酒的時間。

帶領我們參加宴會的老闆最後喝茫了（別倒啊，至少帶我們回民宿後再倒），宴會結束後，領著我們在大街上大叫大鬧，搖搖晃晃的走回家（真的以為老闆會醉掛在路邊啊），回到民宿後就上演了「喝醉的爸爸與生氣的媽媽」精典肥皂劇（弄到半夜1點多才慢慢平息，酒量不好不要多喝比較好），總而言之真是無愧「民宿」之名，的的確確感受到很「居家」的味道。

貴松松家庭式早餐。

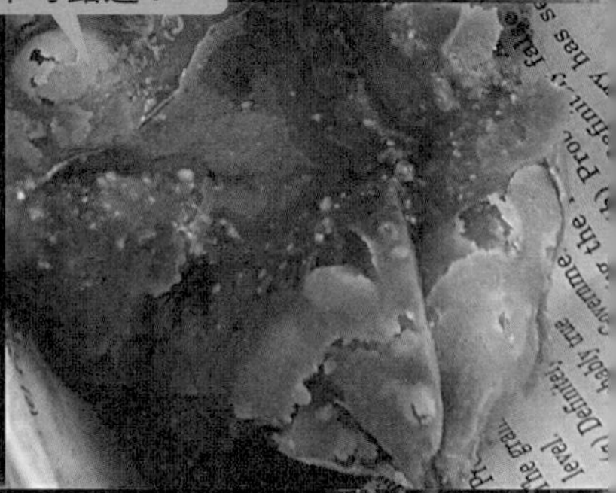

Samosa，將蔬菜、馬鈴薯等當內餡，
捏入三角麵餅後油炸，不可錯過！

中印度

Rupal's Home Stay

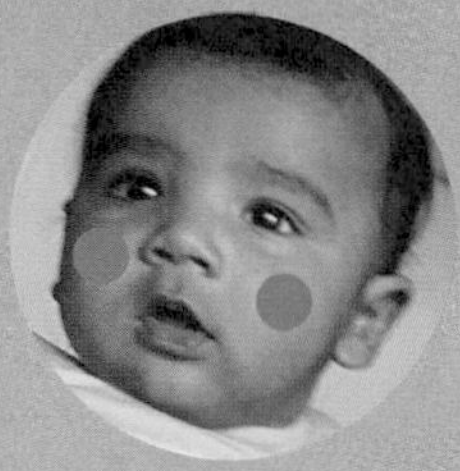

由東印度的加爾各答一路走到西邊的捷沙莫爾（Jaisalmer），接下來就要「急轉直下」往印度最南端前進了！隨著一路往南，氣溫也隨之升高，緯度與地形的不同讓景色為之一變，不論是走過經商成名的古吉拉特省（Gujarat）或是進到中印度內陸走訪數千年前的石窟，一個省份就是一個新世界，而遠離外國遊客如織的北部各省份，中南印度的人們又是一套截然不同的相處模式，無論是食衣住行各個部分都讓人耳目一新（重新適應），而街頭上的英文也隨著國外遊客的人數遞減，雖然仍是難以辨別的文字卻也還能看出其中的不同，印度啊印度，果然是一個讓人驚喜不斷（驚嚇也不斷）的國家啊！

↑ 在這三天裡，彷彿成為他們家裡的一份子。

Rupal′s home stay

在印度由北轉南的過程中，妹妹的另一位印度朋友，剛好住在路途的中間省分古吉拉特（Gujarat），於是我們走到了 Rupal 居住的城市阿南德（Anand）。

阿南德位於快速發展商業中的印度西岸，在過往時光，古吉拉特就是一個以商業聞名的區域，雖然阿嫩德僅是大城市附近的衛星城市，但在城市面貌上已經與過去我們所經歷印度城市大不相同。高聳的樓房參天而起，新穎的各式建築一棟棟比鄰而居，連麥當勞 M 型標誌都出現了（商業氣息的指標？）。在火車站與魯巴碰頭後，找來接應我們的印度新朋友山迪夫，就是一個標準的現代印度人，身著帥氣新潮的西裝，配合俐落髮型兼能言善道，是個標準生意人。開著嶄新的 VOLVO 房車，嘴裡說著即將換第七台新車，坐在冷氣車廂裡，窗外的景色也脫離了過去在印度所認知的，有趣的是街上趕著牛車的印度老人與各式新穎進口車輛仍比鄰而行。山迪夫特別帶我們參觀他的鄰居，一位自英國回印的

↑簡直把我們看作他們的孩子一般照顧，臨走前送了我一條領帶。

印僑，房子設計新潮，完善庭園造景自不在話下。接著又帶我們看了一間興建中、讓人目不暇己的新式住宅區，一棟佔地近百坪，含車位、庭園的三層樓挑高西式設計新樓房要多少錢？不到 700 萬 Rs（約 420 萬台幣）！真實的價格可能還要更低，但這樣的價格對絕大多數的印度人來說，肯定己是令人窒息的天價（一公斤馬鈴薯只要 10Rs 就可以知道物價了）。

從事蔬果出口貿易的山迪夫讓我見識到了融合過去與現代的印度發展，而離古吉拉特不遠，就是旅行至今，印度人口稱的「夢之都市」，印度人所夢想的城市孟買。街上人人皆西裝筆挺，開著舒適的車輛，乾淨的街道筆直便利，通往任何地方，聽起來似乎和所有的大城市沒有不同？當全世界的城市慢慢「規格化」之後，當世界變得又平又無趣時，旅行這件事會不會也變得沒什麼意思了呢？

↑ 四處拜訪親友，到處串門子。這是魯巴的大嫂。

在古吉拉特參觀豪華住所時不禁感嘆他們的華麗與樣式繁複，雖然新穎的挑高樓房很炫目，但大空間裡相隔甚遠的房間似乎讓人感到疏離。那位印僑的老伴已去世而小孩都出國了，獨自守著庭園，感覺就是空盪與寂寞，所謂的「家」還是需要「人」啊！

Rupal 的家是一棟 30 多歲的老平房，不到 30 坪的空間，每個角落都井井有條，每一個房間都有門戶互相連接通行，這種房間也是走道與門廊的方式讓空間感擴大，但讓人印象最深刻的是廚房，盤子、餐具皆是已傳了三代，超過了 30 年的光陰，從房子建造最初就陪伴這家人共度每一次餐聚的時光，到了現在，它們仍順序有致的在餐櫃上閃著備受珍惜的光亮，相信再過 30 年，它們仍會忠實陪伴著這家人。

由細處的餐具與房間的設計就感受到他們對「家庭」的重視，從每個人的互動與彼此應對的小細節讓家庭關係就像 30 年如新的餐具般恒久，

讓人對那溫馨的氣氛印象特別深刻，看了這棟 30 多歲仍堅固乾淨的建築，突然對家這個詞有了一點感觸，想起了在台灣的家，曾不明白「旅行為了回家」的說法，但在充滿互相關愛與支持的屋簷下，對有一個家人張開雙臂歡迎的回歸所在感到格外珍惜，不想要居住在看似舒適豪華的大房子裡，也不願待在充滿新穎設計但無法真實互動的屋子裡，只想有一個互相關懷、充滿親情與人味的所在，家，原本就是讓人與人相聚並互相照顧啊！

原地休息一回合

玩大富翁遊戲時，總討厭抽到「原地休息一回合」的牌子，它意味著「晚別人一步」，當所有人正忙碌著買地建樓拓展事業時只能待著動彈不得。說來有趣，這趟長達五個月，橫跨中國與印度的旅行如同自行宣告「原地休息一回合」，看著昔日的同窗好友不斷的拓展事業、買車、買樓，做著到了這年紀應該要做的所有作為，而在這緊要當下放下了一切，告別工作暫離台灣，放棄了兩三年來工作累積的資金與資歷，為的是什麼？當身邊所有人持續擲骰子奮力向前時，為何在此停下了腳步？

想起了這趟旅行，因為時間不夠而想去的點又太多，許多城市都像是跳

↑ 新生的孩子 總是家庭聚會的核心。

跳棋一般僅過了三、四天就快速的移動到下一個位置，在跳躍裡像是從不停止的勁量電池兔，看似去過了許多地方但真實進入核心的又有多少？可以說旅行本就是不停歇的移動，但在 Rupal 家待下來的三天，沒有該去參訪的世界遺產，沒有華麗驚人的城堡或是美麗的自然景色，就是單純的作為家裡的一份子一起吃喝，到了晚上，拜訪朋友或是親人，一起吃些小東西配著印度奶茶談天，時間總是輕易過去，聽起來沒有什麼特別，但當你持續移動、不斷的變換所在的「居無定所」將近四個月後，一個能「原地休息一回合」的牌子能讓你從心裡呼出一口氣，在暫停的時間裡，沒有人逼迫你該去做什麼或不該做什麼，就是你自己決定接下來該怎麼做？什麼是你真正想做的？看著別人似乎依著再正確不過的方格往前跳去，但你是否想過，那條畫得方正不過的一格格、理所當然的道路真是你想要的嗎？當用盡全力跳至了「終點」你真的會為了那感到快樂與滿足嗎？還是也許你根本不想就跳在

方格子裡，就是想跳到那「未知的迷霧」裡，想去冒一場險，去做你一直想要嘗試的事，想要抵達的那個方向？你會輸了什麼？又有什麼值得去放下賭注的？

「原地休息一回合」不一定是個懲罰，也許是一個契機讓你蹲的更低，累積了足夠的力量，跳出由始自終根本不想參與的這場「大富翁」，沒有任何人為你設定好的方格，自己的路靠自己開創，也許不那麼輕易抵達「終點」，但在這裡擁有在方格世界裡永遠想像不到的景像，有著無法想像自己力量可以抵達的彼方，兩者如何比較？「方格内的賽跑」或是「方格外的未知」，每個人心裡都做著答案與選擇，抽起這張牌，試著往外走出去，也許我會失敗會失去過往累積的一切，但所發生的一切與這趟仍進行中的旅途不正是我己擁有的「報酬」嗎？也許不如車子、房子一般，但它實實在在的就在這裡，就在我的心裡、刻印在我經歷的每一天裡。

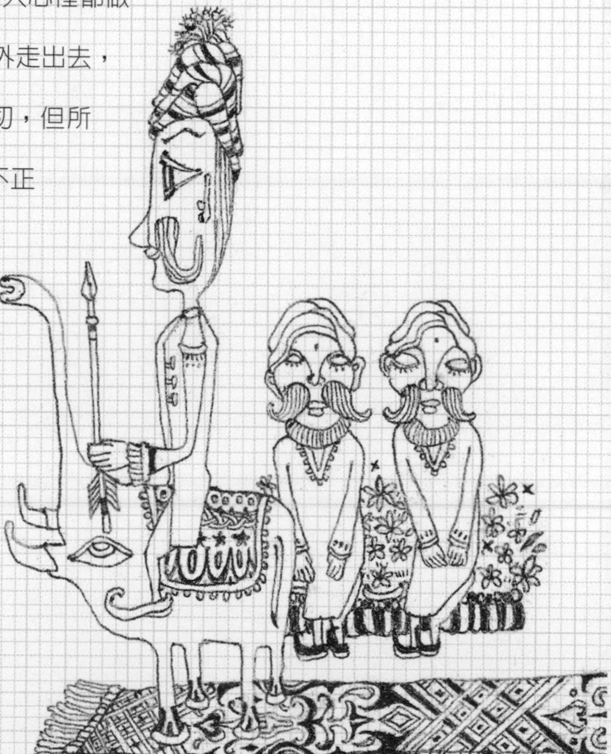

→ 在別人家做客，
總是受到如國王等級般的招待。

依循傳統，坐在地上吃。

牛奶甜粥。

Rupal 美食教學。

中印度

石窟傳說

在印度走訪了兩個世界有名的「世界遺產」，其一是印度代言人的泰姬瑪哈陵，雖然在行前總認為那只是個「觀光客盛地」，擺 Pose 照相的所在，但被那陽光下的純白無暇震憾後，秉著對「同是世界等級的尊重」想去看看也富有盛名的世界遺產阿姜陀石窟（Ajanta Caves）、艾羅拉石窟（Ellora Caves）。

印度西部有 1500 個石窟，阿姜陀和艾羅拉石窟較為集中也較值得一探。阿姜陀是印度文化黃金期笈多王朝的佛教遺跡，為印度最大的石窟遺址，共 30 窟。艾羅拉則是挖通全部石山建成的石窟寺院，和阿姜陀石窟的佛教文化不同，艾羅拉石窟內包含三種宗教，佛教 12 座、印度教 17 座、耆那教 5 座，總共 34 座石窟。依據教義的不同別具特色各展千秋，非常雄偉壯觀。

↓僅存的斑駁壁畫。

Say hello to Ajanta

「Ajanta」在印度文裡是「隱居之地」的意思，在深山叢林的峽谷裡，一群隱世獨立的僧人用了數百年的光陰，順著名為「老虎」的河流邊上的岩山石壁挖出一間間的石窟，在當年佛教在印度最鼎盛的時期，無數人用時光歲月雕刻出各式佛像與滿天神佛，許多無名畫師更在岩壁上留下了記錄時代的巨作，這裡的畫作歷史竟比敦煌的莫高窟年代更為久遠。而這名為「隱居之地」的石窟群在佛教衰敗後也隨之野草蔓生，廢棄多年，直到 1918 年，英國統治時期一位到野外狩獵的英國軍人，在追獵老虎的過程中無意發現了這座河谷裡隱藏的眾多石窟，才讓這身處在懸崖峭壁上的藝術經典得以重見天日，阿姜陀也進入它的下一個「觀光」盛世。時至今日，在古蹟維護並不特別用心的印度，畫作能保存下來的已經不多，但已保存數千年的壁畫與石雕，卻在觀光人潮下逐漸破損凋零，而印度隨興式的保存風格更是令人不敢恭維，看著千古畫作不

↑ 因地勢較高……竟有抬轎服務哇～

只因時光更因觀光人為破壞，不免心驚，雖然殘留的遺跡與畫作還是精彩，也能見證從印度傳到中國的原始壁畫藝術，遙想過去，也只有宗教的影響力能橫跨千里無遠弗界，也因為秉持宗教的熱情，過去的人們才能完成一件件不可思議的藝術作品吧。

以歐朗嘉巴德（Aurangabad，距離阿姜陀約 104 公里遠，距離艾羅拉約 28 公里遠，有直達巴士前往兩處石窟。）為中繼站，我們選擇搭乘最便宜的 Local Bus 來到阿姜陀石窟。阿姜陀地形為一個彎曲河谷，中間夾著一個山丘台地，爬上山丘頂部，能看到遠方老虎河的瀑布順著陽光灑落，整座阿姜陀石窟仿彿仍如同過往時光般靜靜佇立在那，穿梭其間的人們，比照它的歷史就像幾滴水滴落入，大海微不足道。但未落實保護下，每個到訪的人們都多少會留下了傷害吧！

比照敦煌的莫高窟的人群控管與保護遺跡的種種措施，阿姜陀就像赤身裸體般毫無保護。離開阿姜陀時心裡感到遺憾與惆悵，遺憾的是我們錯過她最美麗的時代，而惆悵的是她在千年時光中保留下來的一切卻在破壞中快速逝去，再過十年、二十年，她還能繼續佇立在「隱居之地」裡保留她僅存的美好嗎？真切的如此盼望啊。

Say amazing to Ellora

帶著失落的心情離開阿姜陀，下一站是人們口中所說的「amazing Ellora」，印度已經很多不可思議的事了，有必要特別冠在她身上嗎？

由歐朗嘉巴德乘著公車，不到兩小時就抵達了艾羅拉石窟。在中印度的炎熱天氣裡，轉個彎就看到了其中一座最為顯目的一座神廟，又是一次瞠目結舌的藝術衝擊啊！

可以想像將一座山當成雕刻材料的霸氣嗎？
可以想像將一座岩山「一體成型」挖空一半雕成的純天然石頭神廟嗎？
簡單用一句話來「具體形容」，就是「把一座岩山由上而下雕空，再細細於各處刻出各式浮雕、立體的雕刻」。
果然是遠超想像的雕刻規模與壯大的設計，走進最具知名度的第 16 窟神廟，凱拉薩神廟 [Kailasanath]，高 33 公尺，長 50 公尺，動用 7 千多人力，費時 150 年建造，是祭拜印度教濕婆神的神廟，全世界最大的石刻神殿從最底部抬頭往上看著雕空的寺廟頂部，透過岩山的斷層，廟頂像是直插入藍天之中，360 度將人包圍的各式石雕訴說了一個個不同的故事；

立佛坐佛各式印度教神祇，超脫出歲月與時光的限制，展現在人們眼前，好驚人。此地有大小超過 40 座的石窟，而第一窟就讓人打心底嘆服，在久遠的歲月裡，究竟有多少石匠、藝術家在此付出了一生，成就這壯麗的場景？

艾羅拉石窟群的規模大約是第 16 號窟為中心往北延伸 3 公里，與往南延伸 1 公里，將近五公里的山區間有著許多座同樣以岩山為材料，由外而內雕出的各式大小神廟，有的內部空間極為寬廣，有的整座神廟以極為細緻精密的雕刻滿布整座廟宇，「整座廟宇」哪！ 整座廟宇大至主殿，小至各根柱子，其上細細密密的精刻各種作品，多餘的空間滿佈壁畫，雖然現在壁畫已難以辨認，但整體和諧的設計、精密的細部雕刻、由遠處看來與自然融為一體的景色，在在讓人難以形容，只能在口中喃喃的唸著「amazing…amazing…」（快被嚇傻啦～）

走訪的過程，試著從高處的岩山攀爬而過，到了山頂所見，是一片綠色田野與藍色河流交織而成的田野色彩，微風拂過帶走炎熱天氣的燥，在旁邊流過的小溪稍微梳洗一番，走在無人的小路旁，坐落幾個不知名的石窟，像是過去台灣山中的小土地公廟一般引人思古之情，有趣的是岩山山體的年齡高達 4 億年，行走其中時竟就在路邊「撿到」純天然的水晶，雖然品像與色澤比不上商鋪販賣的商品，但簡直是入寶山尋寶！驚人的藝術創作、心曠神怡的美景再配合上走路都可以踢到水晶，好吧！讓我們一起說「**Ellora is so amazing !!**」。

← 探尋過程中發覺的小小水塘。

↑ 整座山雕成，超有魄力。

18 小時 Rocking Local Bus

↑想上車？先把票交出來！印度最機車的車掌，最後乘客與司機把他圍起來痛罵了一頓。

公家巴士是一種很有意思的交通工具，它擁有最便宜的價格、最意想不到的突發事件（好壞不定），再配合最長的通車時間與最不舒適的狀態（班班都是暴滿的沙丁魚罐頭），但也是與當地人互動的好機會（幾個小時坐在一起也算是緣份吧）。其實一般當地人對外國人基本上都熱情友善，不過幾個背包客朋友整理出一個有趣的原則：「一口流利英文的要小心，無法說好英文的都是好人。」

舉例來說，我們曾與一群印度人擠上公車，正思索如何在慘烈的環境中生存時，有一對「完全不會英文」的老夫婦使用「眨眼」「微笑」「各種手勢」嘗試告訴我們，他們即將下車，位子要留給我們，離別前還與他們可愛的孫子玩鬧了一陣，雖然中間只能以微笑、肢體語言和簡單的印度文溝通，但仍有「聊」得非常開心。雖然公車依然在顛簸的路面上跳動，鬆動的椅子唱著不合適的樂曲，但是心情一點不覺得煩惱或感覺疲憊，Local Bus，最刺激的印度在地移動選擇！

是否曾有過貪小便宜反而虧大本的經驗？在印度旅行，購買任何東西，我們總是比價再三殺價不厭，這次購買由歐朗加巴德往享比（Hampi）的車票，問了四五家皆開價為「Rs200/ 座位」，硬是將價格殺到了「Rs180/ 座位」，老闆自然不大開心，看其眼神也有點不自然，但想著票到手了沒啥問題，不料在半夜 11 點開車前，竟將原先 booking 的車票給改成了次一等的 Local Bus！想衝回去和老闆理論，但車就要開了，你還有選擇嗎？坐在椅背壞了的座位，看著整夜通宵高聲播放的印度電影（長途巴士常見，也是一種乘車樂趣）硬生生吃了一次悶虧啊！

轉念想著反正錢也省到了，慢到快到反正會到還能順便欣賞幾場的寶萊塢電影，心裡對不舒適的環境也較能釋懷了。

離開寒冷的北印，中南部的夜裡，氣溫也較為舒服了，雖然一路搖晃，但只要「睡著就沒感覺了」。第二天一早，到了位於中間的轉繼站，原本預計的直達巴士出乎意料的沒有開，只能走到當地巴士站，再度開始今日的「無限 move」。從中南部開始，氣溫一路陡升，路邊的風景隨著緯度一再變化，一望無際的各式農田漫延天邊，在台灣，油菜

花田只要有一整片就很美了，在印度的油菜花田則是以「海」為單位啊！一片又一片的金黃色油菜花由路的這一側延伸到地平線的盡頭，富繞與豐碩在農作物上盡顯無遺。乘坐在巴士裡，公路不停止的往前貫穿農田，風景隨著作物不停轉換顏色，金黃色油菜花、綠油油稻田、咖啡色的啤酒花田在眼前不時變換著，時間慢慢到了中午，熱浪也從窗口流溢車廂內，長時間的夜車加上沒有休息的乘坐巴士，讓人在車上溼重的熱意中昏昏沉沉，在道路搖晃間不時睡去又不時醒來，在半醒之間看望窗外仍是一片農田展現眼前，復在悶熱中睡去，如此往復的過程，這趟巴土像是一場不會結束的夢境。

從歐朗嘉巴德到享比總長 500 公里，在這中間的過程裡轉了一次又一次的車，一小時又一小時的在路面的震動裡流去，總共坐了幾台巴士呢？六台！帶著大包小包的行李像是搬家般移動到一台又一台的巴士，而花了多久的時間呢？由 1 月 13 號的深夜 11 點直到 14 號的下午 5 點，經歷了 18 小時 Local Rocking Load 巴士，才直正到達了享比。

蔬菜湯製作流程……由採買到用餐一手包辦。
移動小廚房。
依照停留時間進行食物採買。
無所不夾之甜鹹嗆辣照吃不誤。

中印度

背包客的第一名

從歐朗嘉巴德到享比，移動距離超過500公里，在沒有直達火車下選擇了搭公車。在這段橫過中印度高原、騁馳在平原，看著延綿不斷啤酒花田的路程，總共轉了6次的公車，由黑夜開至天明再進行到黃昏時分，由半夜11點到隔日的下午5點，痛快的坐了18小時的公車（背包客特徵之一，錢沒有，時間特別多），才總算抵達了背包客最愛的印度城市享比。

不巧，抵達日正好是印度大節慶之一（印度人的節日也太多了吧！），貴為宗教聖地的享比，在公車下車的區域竟是一圈圈擠得水泄不通的人潮！

車子還沒停穩，人群已牢牢「黏」在公車的各出入口，爬窗子的推門口的像是「活人生吃」的殭屍大舉進攻，差別在沒有發出「嗯~~吼~~」的叫聲，但魄力已相當逼近。在人海中雙手雙腳並用「游」出人海（逆水行舟不進則退啊~下不了車就要被載回去了），在18小時的磨練後終於踏上了實地。這個滿溢印度人的小城鎮，真的就是人們說的「美好、寧靜、印度最愛城市No.1的享比」嗎？人潮淹過全鎮的下場就是住宿點難找，不是客滿就是開天價。其中有家店老闆因房間客滿，不忍心看我們處處碰壁，提供露天庭院、價錢隨意，也算是善心人士。問了正要離開的旅客，得知在過了河的對岸可能還找得到住處，匆匆趕到河邊，在天黑前坐上最後一班開往對岸的小船，對岸的未知裡會包含可以落腳的地方嗎？

在試圖阻止插隊的印度人（今天有在人海游泳的命運）吵鬧間擠上末班船，晃悠悠吃水極深的小船讓人冷汗直冒（水線離船沿只有幾公分），在「沉船」前到達了彼岸，好啦！最後一班船走了，天也黑了，在這似乎僅有椰子樹與農田的黑夜，要在全然的未知裡找到可以安身的處所。大大的違反了背包客的不成文原則，黃昏前找到落腳處。天色一昏黑不只沒了講價的籌碼，經濟實惠的店家也早已沒了空間。

↑ 河邊人生百態。

一河一世界

在河的這一側，水流隔開了文化遺產與人潮，只見一條泥巴路往前延伸，路旁是一間間南洋風味十足的旅社與餐廳，拖著疲累試著找住宿，只得到「滿了滿了還是滿了」的回答，雖然過程中既餓又累，但月色朦朧中，周圍是一座座附近岩山的黑色剪影，夜風裡似乎都帶有椰子的氣味，安靜的鄉間小路與對岸人潮形成強烈對比，一河竟是一世界！

最終有一間竹籬圍成的餐廳願意讓我們在熄燈後睡在餐廳裡（Rs50/1夜），放下沉重的背包，半躺在舒服的位子裡點了食物與飲料，正用餐時碰上了大停電（印度鄉下供電系統不穩，常常停電），店家點上了蠟

燭，在昏亮的燭光裡食物的味道似乎更加美味了燭光晚餐不就是這麼一回事嘛。微微的南風讓燭火忽明忽暗，意料之外的燭光晚餐洗滌去長途旅行的疲憊。半夜熄燈後，在座位攤開睡袋與餐廳伙計們一起準備就寢，在沉沉睡去前想起，這可是住過的「最大的房間」啊！帶著一絲笑意睡去，明天會帶來什麼驚喜？令人無限的期待。

過了睡在餐廳的一夜，戶外的田野被陽光揭露出昨晚隱藏在黑暗中的一切，像是巨人隨意推砌的石塊岩山錯落在田野，在形狀有趣的石塊山上總有幾顆「特別」的大石塊巍顫顫的立在頂端，似乎只要輕輕使力，將以千軍萬馬之勢落入地面，但卻已立在那兒千百年，維持那看似危險的平衡。也許是這種氣氛吸引了世界各地熱愛攀岩的好手，在日升之時看著他們以極佳的平衡與技巧晃悠悠的往山上爬去，在每一片刻的攀爬裡似乎展現了某種生命的力量，佇立在頂峰，被拉長的人影顯得額外巨大，不禁幻想自己也能站在頂端感受暢快與愜意。

繼續上路尋找落腳處，隨著「客滿」的回答，越走越荒涼，走在鄉間小巷，路邊淨是隨意奔跑的各類家禽（想必很好吃）與不穿褲子跑來跑去的活潑印度小孩。穿過民宅往一座岩山走去，竟無意間找到了一個特別的地方，有幾間簡單的客房、一座三層樓高的「印地安式帳棚」的露營地，簡易搭建的餐廳裡聚起一群已久居此地，看上去就像流浪者的外國嬉皮。在裡面認識了一位曾到台灣旅行會說中文的瑞士女孩，旅行走久了，聽到久違的中文特別悅耳，決定隨著她的腳步在這隱密的角落住下。現在回想起來，深覺這是旅程中做過最好的決定。

↓ 享比著名的馬車廟。

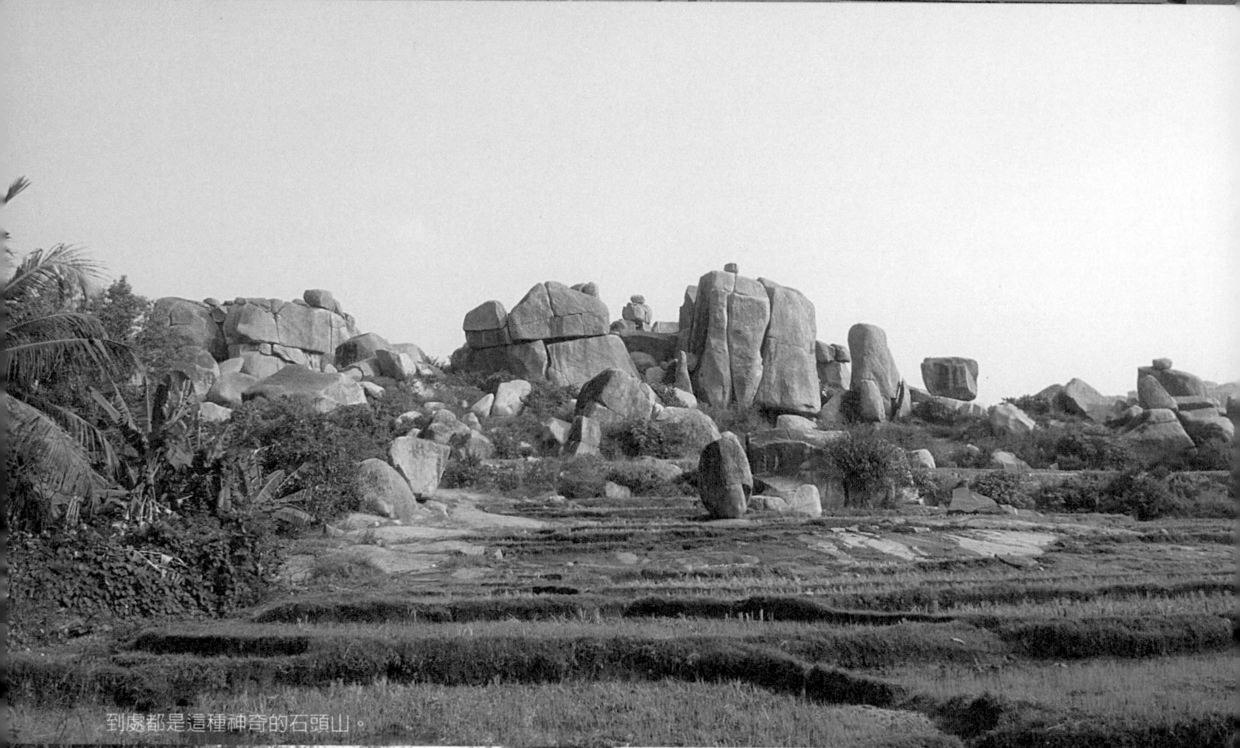

到處都是這種神奇的石頭山。

↑ 充滿音樂與歡笑的嬉皮餐廳。

↑ 古樸的小村落。

Hampi (Hampi Island) 2010、1、14、 RS50/人=100、

Hotel : name : Laughing Budha Restaurant & Guest Hous

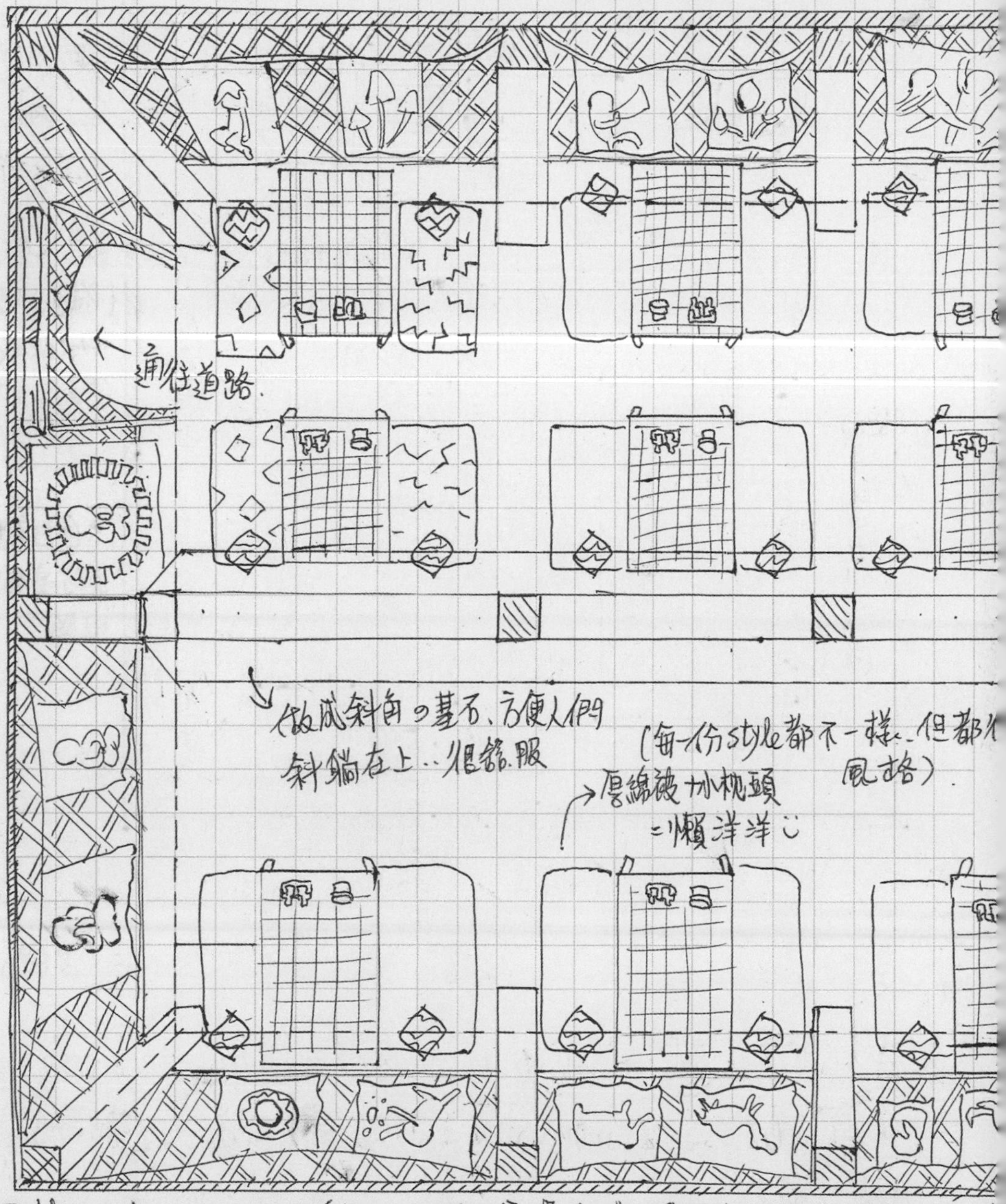

通往道路
做成斜角の基石、方便人們斜躺在上、、很舒服
(每一份style都不一樣、、但都很
風格)
厚綿被+小枕頭
=懶洋洋

因Hampi這2天(14.15)正逢節日、、印度人塞爆全城、、房間全部吃滿、價格也上揚
番、、擠過渡河後在嘻皮風十足的對岸找到一間占廠願意給過夜、、有趣的經歷

※和乞廳伙計一起在乞廳打地鋪..有史以來sleep過最大の房間..(笑)

乞廳除了柱子外，其餘皆用竹籬圍成牆面，很有特色在頗熱の夜裡也有通風降溫的效果..ご

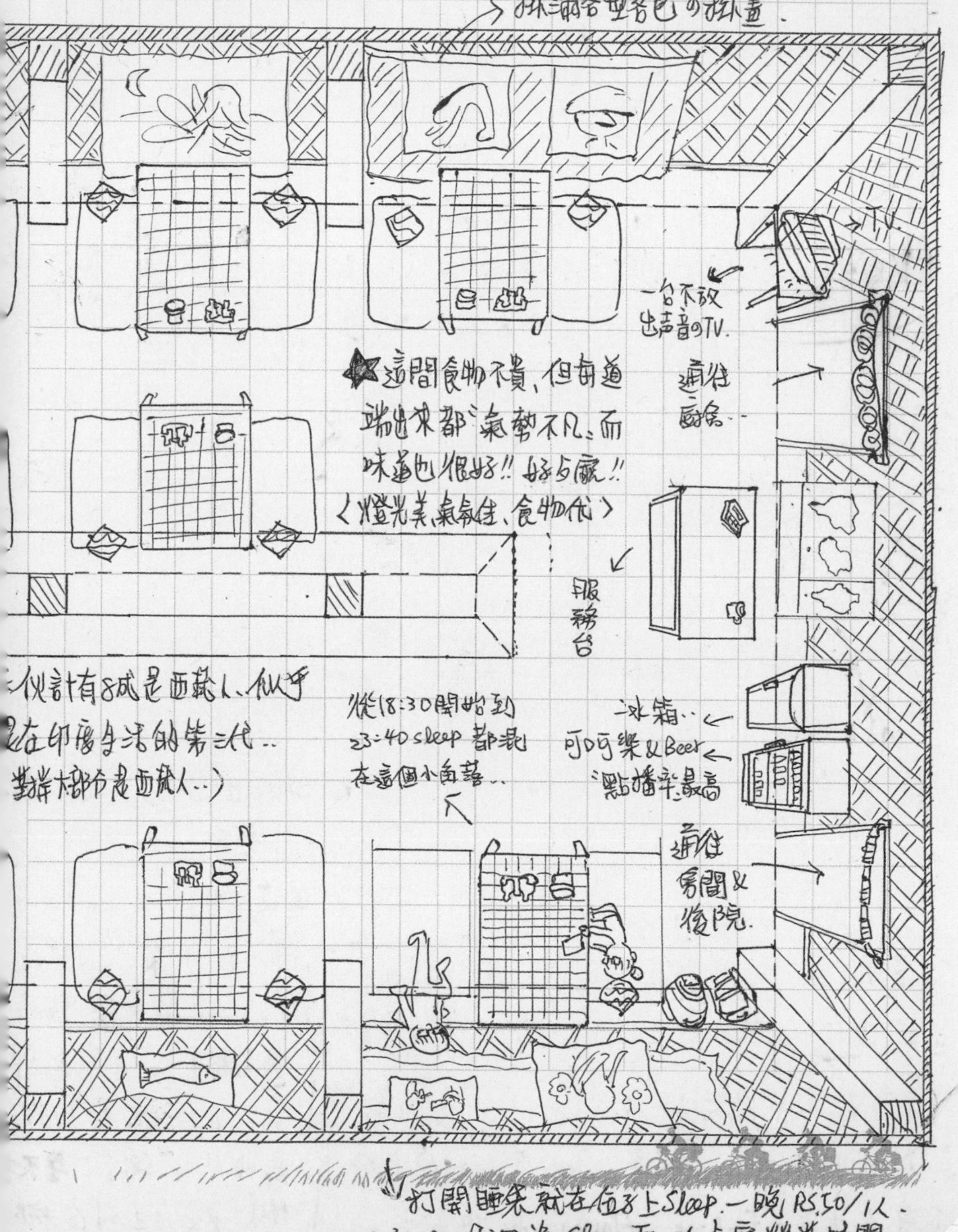

掛滿各型各色の掛畫.
TV
一台不放出声音のTV.
通往廚房
★這間食物不貴、但每道端出來都氣勢不凡、而味道也很好!! 好乞廳!!
〈燈光美、氣氛佳、食物优〉
服務台
※伙計有8成是西藏人、似乎是在印度生活的第三代..（對岸大部分是西藏人..）
從18:30開始到23:40 sleep 都混在這個小角落..
冰箱..
可口可樂&Beer 點播率最高
通往房間&後院

打開睡袋就在位子上Sleep.一晚RS.50/1人.
23:00～7:00為Sleep Time＊乞廳營業時間.

你總猜測不到在這裡會發生什麼驚喜，也許會碰上嬉皮們即興的創作音樂，或是看著已住了半年的藝術家一筆筆的現場作畫，就算只是懶洋洋的待在餐廳與來自各國的人們聊天也非常有趣，每每鬧到凌晨時分，人們才漸漸散去。

還有戶外電影院（某人的筆電），當時四、五人隨意躺著趴著看著由鬼才庫斯杜利卡 [Emir Kusturica])，導的〈黑貓、白貓〉（Black Cat, White Cat）建構的狂想世界，聽著身後傳來的即興音樂，這是讓人離不開的夜。

幾乎是每天晚餐後，帶著各式樂器的嬉皮們總會即興玩起音樂，狂野的鼓聲配合蕭瑟的手風琴如何？高揚笛聲混合在嘟嘟作響的喇叭聲裡是個特殊的搭配，那麼三個印度手鼓加上笛子與手風琴再配合喇叭聲呢？自由拼湊而成的音樂就像交響樂般配合出奇妙樂章，突然一股磁性低沉的嗓音加入了樂曲裡，像是溶入了什麼，完整了現場的一切。夜風輕輕拂過椰子樹的輕響溶入在美好音樂與歌唱中，將意

識帶到極為放鬆與滿足的境地，輕輕的在口中哼著節奏，享受著這充滿生命力的愉快時光，這樣的美好發生在每天的夜裡，你捨得睡去嗎？

遇到的嬉皮們各各身懷絕技天賦異稟，時而吹笛時而擊鼓隨口唱來都是嘹喨，相較之下，我光是試著讓 Didjeridoo（長管樂器）發出聲音就費了好大一股功夫（嘆）。

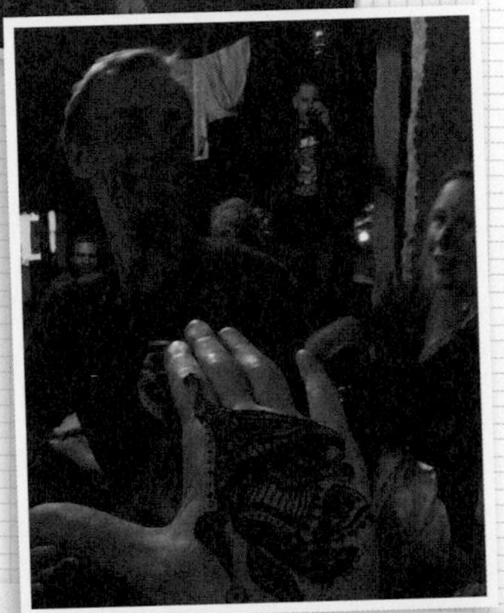

當人群散去，總有些人爬上岩山上找尋安身的角落，有備而來的不是掛起吊床，就是用蚊帳佈置一個角落，更隨意的只要一個平坦石頭，蓋上睡袋就過了一晚，當一切就　，躺在留有陽光餘溫的石頭上，睜開眼就是滿滿的星空，而你絕不會錯過每一天陽光灑落的日之初。

享比十小時健走行

在河的這一側過了好幾天樂不思蜀的日子，到了今天才猛然想起那一側還有好許「歷史遺跡」要看。享比，一座過去古老王國的都城，隨著受到外敵的攻擊陷落而廢墟化，但腹地包圍極廣的範圍內坐落著王城、各式神廟、鄰近區域的種種歷史建築群，可以想像縱長十幾公里，隨意一個轉角就是幾千幾百年的歷史遺跡嗎？走在河岸邊都會無意間踩上古老的圖騰刻印，享比就是一個如此神奇的歷史古城。

正巧一條道路環繞著享比古城的外圍，帶著充足的糧食飲水，進行一個大膽的計畫「徒步環繞享比城」。為了不錯過任何一個小型但可能有趣的文化遺產，從早上八點出發，開始「發現」享比的有趣之處。隨著看過一間間的神廟，繼續「探險式」的發掘在隱密處的歷史遺跡，慢慢到了日正當中的時刻，漫步在近似蠻荒的樹林間幾近無人的小道上，只有一條流浪犬與香蕉樹在身邊。逐漸西斜的陽光提醒了時間，此時已走了多久呢？六、七個小時嗎？認真研究十年前出版的地圖，發覺走不到周長的一半，距離與時間付出的努力不成正比，為了避免天黑了迷失叢林的慘況，試著加快步伐，卻只看到日漸西下的太陽速度似乎越來越快，而行走的道路卻越來越小，此時連陪了大半段的流浪小黃狗都不知所蹤，在香蕉樹的密林裡碰上一位蕉農（終於看到人了），才發覺繞了大半天，已不在正確的路上。幾經努力回到有車輛的路上，夕陽時分已然降臨大地，帶著不知身在何處與趕不上最後一班船的擔心招了一台嘟嘟車，結束了幾無停止的 Walking Day，坐在車上才發覺竟走了近 10 個小時！看著車上晃眼即過的景色與未完成的遺跡，雖然疲累但仍感可惜，無法完成環繞享比 Never Stop Walking 的有趣計畫。

下一回，有興趣的人，可安排和我們一樣的「早上 8 點出發，傍晚 6 點結束的 10 小時步行，路上僅吃乾糧與礦泉水」的極限行程，肯定會瘦喔！

追風游湖夕陽景

電影裡有一個畫面總讓我神往不已，「一台摩托車在陽光燦爛的午後如輕風駛過湖邊，人車的倒影交溶在山水景色裡，就這樣的一直走、一直走，往前延伸的路似乎沒有止盡。」

在享比，租了一台極有型的印度小型摩托車，在壯麗與秀美並容的景色裡敞開衣裳，任由風帶起衣角揚起髮絲，不去管璀璨陽光照耀身上的灼熱，風帶走了午後炎熱與心裡所有煩憂，在鄉間小道隨意的騎乘，路過的小村小鎮總伴著熱情的小孩喊著「Hello~」隨意的路邊一棵枝芽滿布的大樹都像是訴說著極長遠的故事，在陰影下稍事歇息，遠方田野裡的農人們彎腰插著秧，隔壁田的水牛噴著鼻息拖著沉重的犁，在這裡的一切似乎仍保有鄉間的原始生命力，四十年前的台灣是否也是如此的美麗？

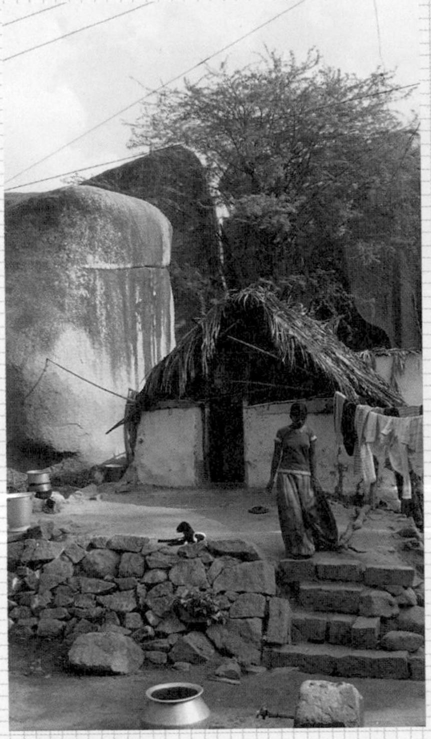

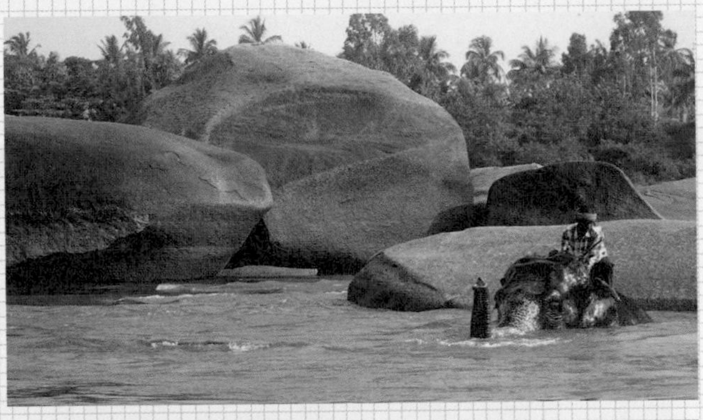

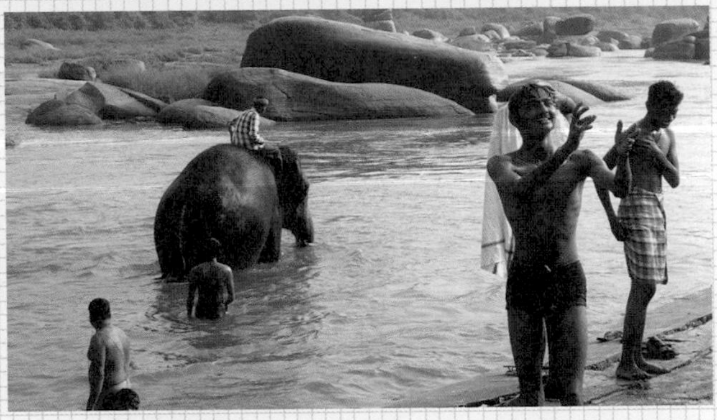

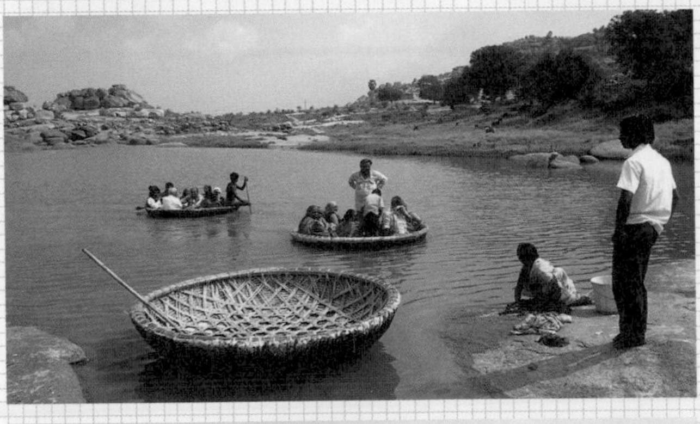

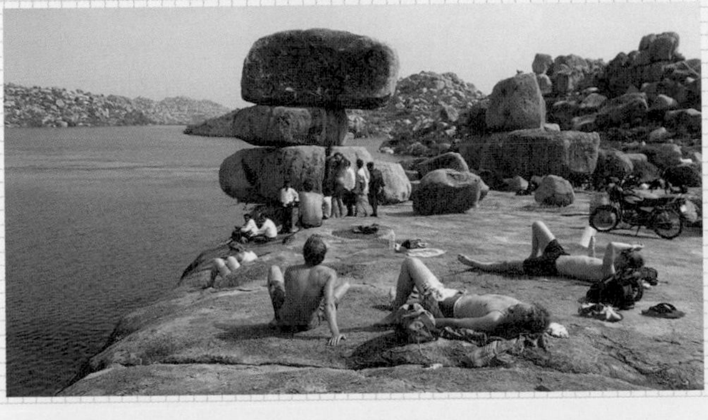

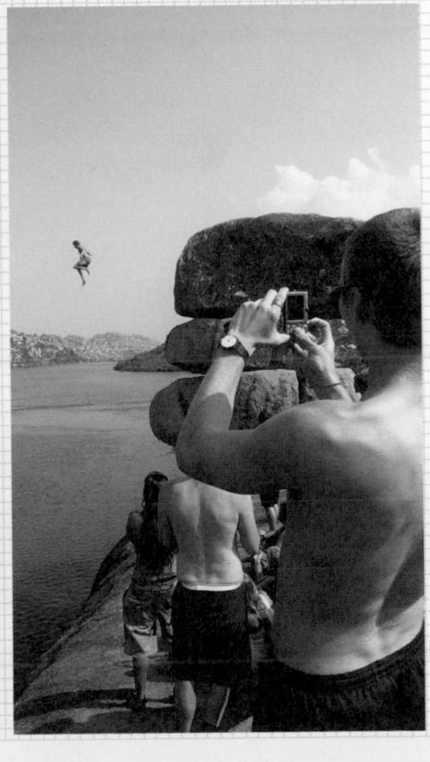

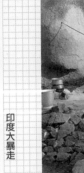

在水源充沛的南方，小河小溪總穿梭在路邊橋下，找到它們匯集的一個大湖邊，騎著車看著湖邊倒影，才發覺駛入了電影裡的畫面。沒有止盡的路上，湖水安靜在身邊靜盪著，吹過湖面的風帶著清涼，平靜無波的湖面似乎在向我們招手，找了安靜的角落，慢慢走進湖水，任由水波帶來的涼意由趾間浸至全身。午後的陽光映在水波，反光有些刺眼，緩緩的飄盪在水面上，看著幾塊白雲陪襯出的完美藍天，放鬆身上每一寸神經在湖裡愜意的游著，游累了上岸，一顆在水裡浸了許久、涼透的西瓜正等著我們，大口吃著冰涼與甜意，有什麼比得上此刻的快意？

黃昏時分，攀爬著岩山石階，試著走到頂部的神廟，漸爬漸高，景色益加開闊，農田綠意，椰子樹往遠方延伸出去，如臍帶般的河流在綠意間穿梭流動，讓生命滿溢這塊大地。略喘著氣到了岩山頂上的神廟，大大小小的猴子家庭在岩石間跳躍活動著，猴子也懂得選擇景色壯麗的地方居住嗎？

夕陽漸漸西沉，照耀在大地的色澤開始變化，坐在附近的人們吹奏起一種長筒狀像是西藏大管的樂器，發出如同梵音般低沉緩慢但富有力量的聲音，「嘟 ~~ 嘟 ~~~~」悠揚的溶入日光漸暗的景色之中，樂音、夕景、風聲、落日後的舒服涼意，讓人直到天色漸暗才捨得離開。

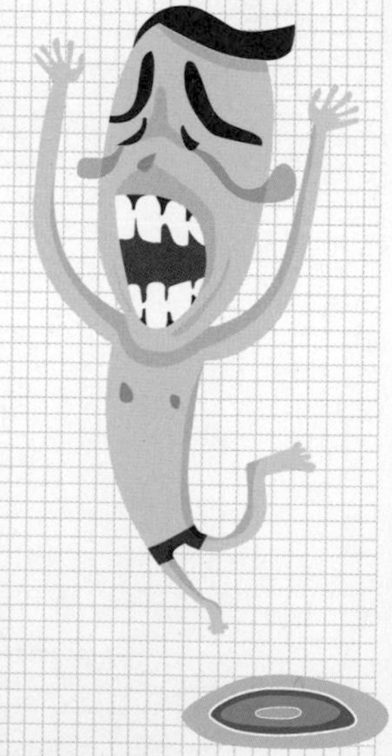

天全黑了，一台小摩托車載著妹妹和新認識的朋友，在平路時如氣喘噓噓的老頭，而上坡時後座的人還得以雙腳幫忙推進，就這樣在如牙新月的映照中大笑大鬧的騎乘在夜裡，回到露營地，迎來一場即興狂野的音樂饗宴，今天，歡樂彷彿沒有止盡。

原本只待三天的計畫，行程表被一次次延長，在意識清醒前，一個禮拜已無聲無息的過去，享比果然是一個讓人不捨離去的桃花源啊！

在享比的幾天裡，享受了自旅程開始以來最快樂愜意的時光，每天都試著發現新的驚奇與樂趣，白天騎著摩托車、自行車，或是步行在各個角落，有時回到湖邊暢快的游上幾個小時，有時找到一座岩山試著在黃昏前夕爬上頂端享受美景，而夜裡回到露營地，伴著音樂與歡樂過了一夜又一夜的不眠夜。深夜在岩山上不錯過每晚的星空璀璨與每日清晨的日初時分，總有不間斷的樂事發生在 24 小時裡，時間在這樣的步調裡消失得異常迅速，就如同總會清醒的夢境般，又到了準備離開的時刻。

這一天早早租了自行車，開始繞行幾個特別喜愛的地點，帶著西瓜又回到了湖邊，盡情倘佯在湖水裡感受清涼。黃昏時分攀爬一座未曾到過的岩山，頂端上黃澄色夕陽佐著潑灑橘紅的天空又是幅山清水秀夕陽景。靜靜坐著回想這一段由中國出發到現在的旅程，銀勾般的月亮漸漸在空中閃耀白色的光芒，漸暗的天空裡看到一個黑影由樹梢盤旋而起，帶著一種沉穩有力的節奏繞著圓，看著那有力的身影，認出是頭鷹，黑色的剪影乘著夜風穩穩的直上天際，風忽忽響著，老鷹的身影慢慢成了遠方一個再也看不見的小點，牠想要飛到哪裡？為了什麼要飛得那麼高？就像是要飛向那夜色裡的銀勾，那閃耀白光的夢幻之地？

生活本不是件容易的事，因此我們總選擇輕鬆的方式，不用飛得那麼高那麼累，只要一塊安全熟悉的角落便已足夠，就算嚮往天空，期盼飛得更遠或是追求開闊，卻總是害怕跨出那一步，離開熟悉的角落。
人人都嚮往成為老鷹，希望能擁有強健的翅膀、有神的雙眼，總是盤旋在高空之上，擁有一般人無法擁有的視野與遼闊。但又有幾許人願意負擔那高飛的風險，願意承擔那帶來強健翅膀的辛苦磨練？是否想像過隨著力量而來的責任？有神的雙眼下是多少努力付出的累積？
生活本不容易，有時輕鬆的選擇也許相對容易，但那真是你想要的生活嗎？旅程中，這問題在腦海裡從不間斷，什麼是自己真正想要的？我有那個勇氣與力量去追尋嗎？願意承擔那不同的選擇所帶來的磨練嗎？願意燃燒熱情，付出無止盡的努力去前進嗎？

看著遠方仿佛溶化在月色裡的老鷹身影，遙想著牠所擁有的廣闊與世界，想起出發前的放下的一切與現在所擁有的，我能成為老鷹嗎？可以用強健的翅膀迎向高空的強風嗎？看著宛如銀勾的月亮，沉默不語。

CHOCO DANISH Rs. 25
CHOCO CINAMON Rs. 30
LEMON CINAMON Rs. 30
CHOCO DONUT Rs. 15
PLAIN DONUT
木瓜牛奶有兩種作法（上：哥，下：妹）。
險遭牛吻。

中印度

一路往南

結束了在亨比樂不思蜀的日子，坐公車到轉接點哈沛（Hotpet），一個沒有觀光客的熱鬧小鎮，預計乘坐傍晚6點到清晨5點的夜間 Local Bus 直達下一個目標邁索爾（Mysore），印度西南方卡納塔卡省（Karnataka）的首都。也因此有了一整個下午空閒，試著在車站附近找到安靜的角落是困難的，但是背著包包繞著轉著竟找到了一個安靜的區域，乾淨整齊的宅院坐落在九宮格般規畫良好的空間，走著走著有種似曾相識的味道，那巷弄間玩鬧的小孩，那種緊密又獨特的聚落感又帶著一絲軍人般的不苟言笑，這裡好像台灣的某個地方，找了一個有陰影的角落坐下，突然發覺這裡簡直就是眷村的翻版嘛！

隨後出現的嚴肅男人揭開了答案（來驅趕兩個怪怪的外國人），原來這裡是印度警察眷村，難道全世界的眷村都有這種味道嗎？帶著「保衛家園」嚴肅感的警察將我們「請」出了村落，這種獨特的排外感也是其中一味哪！

在這安靜的住宅區裡，戶戶門口前都用彩色的粉筆在地上畫著的各式的圖騰避邪祈福，有的線條繁瑣結構複雜，有的用幾何圖形重疊組成，有的精簡俐落小巧可愛，千變萬化中不變的是鮮明色彩。

奇幻午後歌唱秀

在炎熱的印度午後另外找了棵大樹，靠著一堵矮牆試著寫些明信片，鄰近住家的家犬也許沒看過台灣人，持續叫囂卻不敢真的靠近，被人趕完被狗趕，正覺得今天下午注定奔波時，狗主人出現了，喝止了吠叫，開始一連串制式印度問題大集（他們有官方問題集嗎？）

「來自哪個國家？」「叫什麼名字？」「在這裡做什麼？」「喜歡印度嗎？」

印度從北走到南，回答已經不需思考，正想著問完大約要走人時，突如其來的一個邀請，「要到我家來聽我唱歌嗎？」這個從未出現在題庫裡的問題，讓我們在午後陽光下愣了好幾秒……烈日當頭，在住宅區被人趕在樹下被狗吠，公車還要等很久的狀況下，實在沒有理由拒絕這誘人又古怪的邀約。

十分鐘後，在印度人的客廳看著他非常專業的打開電視、開啓音響、準備麥克風（還有專用的設施啊），開始了現場卡拉 OK Live Show……

雖然已經確信在印度想像不到下一刻會發生什麼，但這次又再加深了這樣的信念，一個無聊的炎熱午後，不知為何就坐在某個印度人家裡客廳椅子上，聽著印度男人用非常抒情投入的歌喉唱著一首首的歌曲，隨著節奏搖擺著身軀，由當地的語言唱到官方印度文版本，再熱情的介紹他家裡的生平、生活的哲理。

↑ 印度家庭式卡拉 OK。

等到了坐車時間，我們已經知道他家裡有幾個親戚、養的小狗名字、生平有什麼愛好與興趣（還非常驕傲的表示曾站在演唱會的舞台上……當主持人），後來時間到了背著包包互道別離，直到坐在公車上仍覺得像是在做夢，印度，永遠讓人猜不透啊。

狂人級好野人宮殿

在世界各地都能見到貧富差距，但在印度卻可以看到最極端的表現方式，數百年前定下的「種姓制度」讓各種階級幾乎固定了他們一生的職業，也限制住他們的發展與收入，像是最低階級的「神之子」舊稱的「賤民」（多令人反感的稱呼）睡覺就是圍個破爛的毯子倒在街頭，沒有收入與尊嚴的靠乞討維生，但最上級的「婆羅門」與「剎帝利」呢？

到了邁索爾參觀在印度也是數一數二有錢的蕃王住所 Maharaja's Palace（叫作「王」的幾乎都是住宮殿），除了佔地大如故宮，精緻豪華遠超圓山飯店（想不出台灣其它的豪華建築），雕樑畫柱的程度到達難以想像的繁複建築風格融合印度教與伊斯蘭教樣式，心裡閃過「我服了」。這樣的挑高天花板需要花費多少人工？更別提在高達數層樓的地方仔細

繪上巨型的天頂繪畫，隨便一扇門上需要費時半小時才能細數有多少細雕動物、花卉躍然其中，要花費多少的財力、人力與時間才能堆砌出這棟氣勢磅礴的閃亮宮殿？（建造時間約 15 年、花費 4 億 2 千萬。）

在印度各地都能看到衣不蔽體的神之子們居無定所的乞討維生，但不到一條街的距離就可以看到用天文數字打造的蕃王住所……越是華麗越是感到諷刺，現在仍存在著這種結構性的社會問題，這些不平等的差距古今往來多少傑出之士試著弭平與修補，但有誰能真的完全打開這糾結纏繞的死結呢？

在印度總能看到美麗與醜陋、寧靜與喧囂、誠實與欺騙、傳統與蛻變，融合在每一天的所見所聞，成就了她的豐富卻也形成種種糾結不清的瘋狂，總是猜想不到下一刻會帶來什麼經驗，走在幾近瘋狂的豪華宮殿裡遠遠望見倒在街頭的貧民們，這棟狂人似揮霍金錢堆砌而成的宮殿突然讓人有些不自在，這種極大的對比真可以視為一件「正常」的事嗎？

南印水果蔬菜瘋

自從捷浦爾買了電力熱水壺後，當地市場就是重要的食物來源，在印度旅行一個多月後，腳步踏進了土地肥沃、物產豐饒的南方，還記得在北方我們曾分享蔬菜水果的價錢嗎？走進中部大城邁索爾的果菜市場，壓倒性的豐饒以排山倒海的態勢迎面而來，各種蔬菜水果，五顏六色讓人目不暇己，開口一問，價格更是自出發以來最低價格，隨便舉幾個例子：

名稱	北方價格 (Rs/1kg)	南方價格 (Rs/1kg)
馬鈴薯	10~20	5~10
洋蔥	15~20	5~10
高麗菜	12~25	5~10
紅蘿蔔	15~20	10~15
番茄	15~20	5~10

低廉的價格配合賣相極佳的蔬菜水果，難怪到了南方，餐廳的價格開始下滑而食物的份量卻上升了，從較為濃重的北方口味，到了南方開始清淡易於入口，米食料理壓倒性的出現，在北方一小碗的 Plan Rice（白米）要 Rs20，在這裡只要 Rs15 卻給你滿滿的一盤！

也許南方物產相對富饒，食的部分不虞匱乏，這裡的人們表情比北方穩定許多，而南方人住的很多都是有庭園的獨棟住宅，城市的街景除了摩登許多外，公車等等的公家設備也遠比北方或是東方要先進（加爾各答的公車還在用 30 年前木造的車身，而邁索爾的公車和台北的已經一樣了），乞丐的數量少了，吃飯的餐廳數量驚人且選擇多樣（北方除了給觀光客吃的店，當地人吃的都很刻苦），店鋪關門的時間延長等，實在太多的例子，對於同一國家，南北城鄉面貌差異如此大，深感不可思議。

大量的香蕉。

市場到處都是賣蔬菜水果的攤販。

賣米的印度帥哥。

邁索爾的果菜市場。

南印度

天涯海角

→ 印度人只要到聖地都要洗個澡～

離開中印度的範圍後一路往南前進，氣溫像是無休止的直線向上，隨著溫度與氣候的不同，路上看到的一切都起了變化，不論是招牌上的文字讓人更難以理解（印度有十五種官方語言），英文出現的頻率不斷下滑，居民在黑夜中越來越難發現的膚色，都宣告著又到達印度另一個面貌所在，氣候、風土皆大不相同。

印度南北大不同

南印度究竟是怎樣的地方？和北印度又有什麼差別？

1. 外國遊客漸漸稀少，相應觀光業的產業變少，過去在觀光發達的北印度，隨便一招手，嘟嘟車馬上出現殷勤問候，南印這裡，你呼喊半天也不見得有車要停，就算停車，問了目的不想載，車子一聲不吭開了就走，帥氣！南印人生活較北印度人富裕，常常看到嘟嘟車司機停在路邊午後小憩，工作似乎只是點綴生活的一部分。

2. 南印度是重要的農產品生產地，因為風土不同，食物也呈現熱帶風情，像是椰漿做成的配菜，特有的喀拉拉胖胖米（北印度米細長），各式各樣的豐富食物讓愛吃的我超愛南印度料理（相比北印度食物的重口味，南印食物也清淡許多）。在北部城鎮，一條街上可能只有一、兩家餐廳

（專門開給外國旅客的不算），食物種類也是又少又小，在南印度，同樣長度的街上可能就有五、六間餐廳，除了種類多樣連份量都很驚人，盤子還是用超酷的香蕉葉裝盤（部分店家已改用一般盤子），吃飽了若沒將蕉葉對折，老闆就會一直加菜一直加飯，呷到飽！而且價格也非常實惠（重點！不過南印度除了食物便宜外，其它什麼都比北方貴……）

3. 宗教的版圖也開始發生變化，東印度是佛教與印度教的大本營，北與西印度的回教勢力開始壯大，到了南印度可是不得了的百家爭鳴，印度教的勢力如日中天不可動搖，而基督與天主教的各式教堂比例遠高於北部各省，常常可以看到聖母的塑像立在交通最繁忙的市中心，但是旁邊卻正舉行印度教的宗教慶典，似乎宗教的活力深殖在這塊土地的核心。猶記印度朋友問到我們沒有宗教信仰時那驚詫表情，接著總牽住我們的手深深的用力說著：「願你迷失的靈魂能找到歸宿」語氣充滿讓人印象深刻的堅定，宗教，幾乎就是他們的第二生命啊。北印度也對宗教很虔

誠，但在南印度的宗教祭典裡，我看到燃燒生命的狂熱溫度，嗯？會不會與同樣熾熱的天候有關係？

4. 社會資源的貧富差異，還記得我曾提過東印度加爾各答那車身木造的老爺爺公車嗎？還沒忘記那車頂坐滿了人，幾乎要報廢的老公車，到了這裡居然坐上一台有冷氣的公車！還有到站前的 LED 跑馬燈！嶄新又舒適的坐椅、大片的玻璃車窗，若不是坐在旁邊身穿紗麗的老太太，幾乎要以為正坐在台北的公共汽車了！而最能代表生活水準的「住」呢？這樣比較好了，北印度住的多是眷村般的聚落，而南印度最常看到的是「有前庭後院的單棟別墅」！不誇張，每間都像出自天母住宅區，而這僅是一般人住的地方而已啊！當然還是有住在路旁的乞丐，但數量上遠低於北方。

↑ 在海邊想要洗去罪孽的人們。

以上幾點也只是略略提到這南北之間的改變與反差，種種經驗的衝擊，讓人認清印度是個充滿多樣性與巨大的國家，而這天候熱情如火的南印度，又會帶來什麼不一樣的旅程印記呢？

印度最南端的「黃金海岸」

旅程由在台灣已漸寒冷的 11 月抵達仍擁有熱帶潮溼悶熱氣候的加爾各答，一路往西，時間的軸轉到了 12 月，氣溫才像是心不甘情不願般慢慢加入了秋意，在太陽未出之時略有寒意，而 12 月底才在白色城市烏岱浦爾碰上第一波象徵入冬的寒流，瞬間帶來濃濃冬意的清晨氣溫5度C（在印度這氣溫可不得了啊！），此時月曆翻過一頁進入 1 月，氣溫應該是更加寒徹入骨的 1 月啊，但我們隨著火車的搖晃慢慢往南方走去，隨著緯度往下竟感受到四季的倒退，由寒冷冬天回到了微涼秋意，最後竟倒回火熱夏天。聽著台灣傳來寒流凍死人的訊息，躺在南印度沙灘上感受炙

熱豔陽的我們產生了知覺上的錯亂，原來南印度最冷的1月氣溫竟高過7月半的台灣夏天啊！

隨著熱度的提高，走到了這趟旅行離家最遠的所在，站在印度次大陸的盡頭，站在最南端的科摩林角（Cape Comarin）看著遠處無法再前進的方向，由此刻開始的每一步都是回頭路，每一步都更靠近回家的方向，如果我可以看到旅行所能到達最遠的極限值，我想在那三面海洋交會的盡頭，冉冉升起的日初破曉就透露了這個祕密。

帶著旅程最遠處的浪漫想像來到印度最南端，一心想在海邊找到僻靜角落過夜，想聽著海潮聲入睡與醒來，為的是清醒時第一眼看到的就是最南端的第一道曙光，美好的畫面在想像中如同一張構圖完美的照片，就差真正的實現它。

印度半島最南端—肯亞庫瑪利（Kanyakumari），原意為未開發的處女地，在抵達前對她早已有了美麗的想像，想像著站在三洋交會處（孟加拉灣、印度洋、阿拉伯海）看那美麗夕陽。

終於由東到西從北到南直線下到了最南角，想不到下車後映入眼簾的是

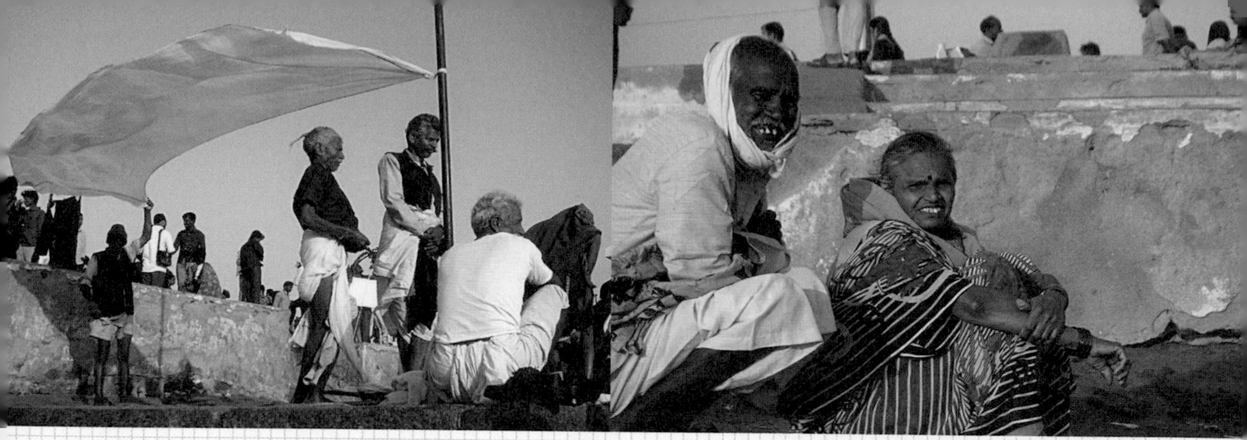

↑ 用非常自然的方式風乾衣物。

萬頭鑽動的人潮，原來在特殊地理環境加上建立在海邊的印度教神廟庫馬利廟（Kumari Bahal）加持下，此地成了印度人熱門的朝聖地點。

帶著一身行李直奔海邊，離海岸越近卻越為那洶湧的人潮感到震驚……這地方也太多人了吧！原來這裡因為三洋交會，過往就被印度人視為「聖地」，如同恆河一般，只要在裡面洗個澡就有洗去「業障」的神效（恒海？），因此無論男女老少富貧貴賤，只要心懷印度教宗旨的人們通通聚集在這小小的海角南端。許多貧窮的印度人只有包車的錢，連窩居大通鋪的旅費都沒有，於是海邊除了停滿一輛輛滿載朝聖印度人的大客車外，入夜後，較為貧困、負擔不起房資的印度人，就在臨海的馬路兩旁排開，裹著單薄的毛毯，頭尾相依的躺在人行道上……那場面不能不說壯觀，長到看不見盡頭的人行道上睡滿一排排看不到盡頭的人群！

有人就會產生「廢棄物」而沒錢睡在屋簷下的人們自然沒閒錢上公廁（印度公廁大部分都收費），於是延著海岸線，只要不是洗聖水澡的沙灘都滿布著……怎麼說呢，滿滿的「人造地雷」啊！密集的程度遠超過想像，只能稱之為「黃金海岸」！我們非常自然的放棄在地雷區過夜的想法，只能說浪漫果然敵不過現實的考驗。

日出嘉年華

隔天起個大早，在天還昏黑時，半夢半醒間又回到了海邊，在同樣等待日出時刻的人潮裡靜默的等待。在微暗時刻滿布海岸的人潮裡竟盪漾著一股微溫的靜默，這麼多的人像是感受到什麼而靜默不語，形成一股微妙但神聖的張力，像是有股超乎人智的力量讓成千上萬的人在日出前沉默，只有海潮聲在益發高漲的張力間嘩啦作響。突然，就像有個祕密的默契般，在光華透出海面的一瞬間，從人群中傳出一陣陣如海潮聲般的祈禱聲浪，隨著海面上炸裂的金黃色光芒讓身邊祈禱的影子蒙上一層橙光，滿益的張力得到舒展般，大量的聲音也呼地炸裂開來，一時間人潮聲浪來來去去，此時反倒像是一場擁有神聖性質的嘉年華了。

過去在恆河邊看過的祈禱到了海角南端仍是那麼相似，不論是瘦骨伶丁的老朽貧民還是滿身豐腴的富人，一樣向著陽光誠心祈禱，在人群背後的影子拉得很長，光影間交融合併再也分不清階級或是出身，光影之中人人平等。

站在岩石上看著老婦頂著手杖巍巍顫顫的向海走去、看身瘦如柴的老先生虔誠的淨身祈禱、看著沙灘被五顏六色的莎麗點綴的繽紛莫名，有如嘉年華會般華麗盛大，深刻感受到宗教對他們來說有多重要。

進入南印度後，宗教的氣氛就更加濃冽了，常常可以在街上看到各種宗教活動或是塑像，而馬杜賴（Madurai）就是南印度宗教代表性的地方之一。在這個印度教聖地，有一座巨大壯觀的印度神廟「米娜克西神廟」（Meenakshi Temple）。

還記得那天下了火車跟著人潮慢慢的走近，越靠近神廟朝聖的民眾就越多（各朝聖團體會穿著不同顏色的「制服」，遠遠看去就像各種色塊在人群中移動）， 還沒走近就可以看到遠處高聳、充滿氣魄的彩色門樓，那是高達五層樓、上面滿布彩色印度神像雕塑的巨大廟門，東南西北竟有四座這樣子的龐然大物。神廟內部更是將印度常用的繁複與華美展現無遺，一路走來對印度人在宗教藝術上的執著深感敬佩，今天也是一次令人驚嘆的相遇，為何在這個國家總是有那麼多的面向讓人著迷與敬佩呢？

↑ 米娜克西神廟是印度最大的印度教寺廟。

↑ 象鼻拿錢了錢就會給你摸摸頭（祝福）

↑ 著統一制服的信徒。

↑ 廟大到逛完就餓了。

公廁旁人味十足小套餐……照吃（大無畏）。

牆上的手繪地圖。

頂上好功夫。

南印度

科欽 keroro

↑ 嚴重懷疑 keroro 的創意是從這裡來的～

在中國飽經戰亂的年代，有許多中國人背起行囊往世界各個角落尋找生存喘息的機會，無論遠至美國或近至東南亞都能看到那一代中國人辛勤求生後留下的痕跡，在印度西南角就有一處地方留下了過去中國人求生存的痕跡，那是離海岸有些許距離的幾座小島，過去的人們以中國東南沿海流傳的捕魚手法開始了新生活。時至今日，這方法在中國已然失傳，只有現在人們稱為科欽堡（Kochi Fort）的地方，繼續使用這古老的捕魚方法，而成為此地極富盛名的「觀光景點」。

你可以在黃昏時分與當地的漁民一起奮力操作漁網（當然，「體驗」是有價碼的……），清算網裡的漁獲後，挑選幾隻肥美好吃的生鮮水族到岸邊小吃店現場製作料理，但美好想像的背後是近海水邊已推滿了垃圾與雜物，飽受污染的海水裡，進網的水族總是少得可憐，更別說什麼肥美好吃的新鮮活魚了，聰明的印度人早已想到解決方法，撐天高的中國漁網不過是個「活招牌」，各式多樣的水族海產早早就由漁船捕撈成箱的送到觀光客前任君挑選。黃昏時分，中國漁網仍是在漁夫的吆喝中起起落落，只是每個起落間，網子裡總是空空如也，看著倒像是一場現場實境表演的捕魚秀了。

↑ 與其說捕魚不如說在「捕觀光客」的漁夫們。

從艾納庫蘭（Ernakulam）搭著渡輪，悠悠晃晃之際看到那一排撐天的中國漁網，就知道科欽堡近了。傳說當初由鄭和引入捕魚方式，如今更像是專屬科欽的旗幟，在阿拉伯海上飄揚引人入港。看著四、五人合力將漁網拉起，左右搖頭的樣子，收穫似乎差強人意。沿岸旁的魚市場，叫賣聲把現場氣氛炒的熱絡，此起彼落拉高嗓子喊價的頻率和手法像極了台北華中橋下的魚市場，但沒了刺鼻的魚腥味，有的是漂浮在空氣裡的海風鹹味。

看完因為殖民歷史而留下的葡萄牙建築和中國人傳入的漁網後，到了喀拉拉邦（Kerala）不能錯過的體驗，坐著小舟到迴水（Backwater）走一遭，在水鄉澤國順著曲折蜿蜒的平靜河流滑行，看著河中的椰林倒影、小平房裡的人家頂著濃蔭的綠傍水而居，聽著竹篙劃破水面的節奏，彷彿身在世外桃源。

經人介紹，坐著公車找到小村落裡的印度古舞蹈教室，有一位年過中年的婦人在房間後的倉庫一日日的傳授力感十足與美麗肢體遊動的古舞蹈。中午過後，沒有冷氣的倉房裡氣溫懊熱，房間裡有小至 5、6 歲到最大 15、16 歲的孩子，依著老師傳的節奏舞動。舞者舞動著肢體，在空氣裡撒落汗水，陽光隨著時間轉動角度，光影透著窗戶映照在整齊劃一的動作裡帶著莫名的美感。不停的旋轉、眼波流轉變化不停、手指不時幻化出或蓮花或老虎的形像，喀喀的木板敲出節奏，整個下午，我們坐在角落裡觀看這一場如夢境般神奇的情境，屋內的懊熱、汗水的氣味、舞者的喘息都在單調的木板喀喀聲中融為一體，也深深的在我腦中烙下屬於科欽最深刻的記憶。

夜幕低垂時分，喀拉拉邦的傳統舞蹈，卡拉卡利舞劇（Kathakali，Katha 意為 story、kali 是指 play）每晚上演百年的傳說，舞者變換著複雜的手勢，用豐富的肢體動作加上靈活轉動的眼球，說著沒有對白的故事。在台下看著舞者從如何使用天然顏料上妝、解說及示範後正式開演到結束差不多一小時半，雖然外行人看戲有如霧裡看花，不太明白，但很美。

→ 在科欽住的房子。

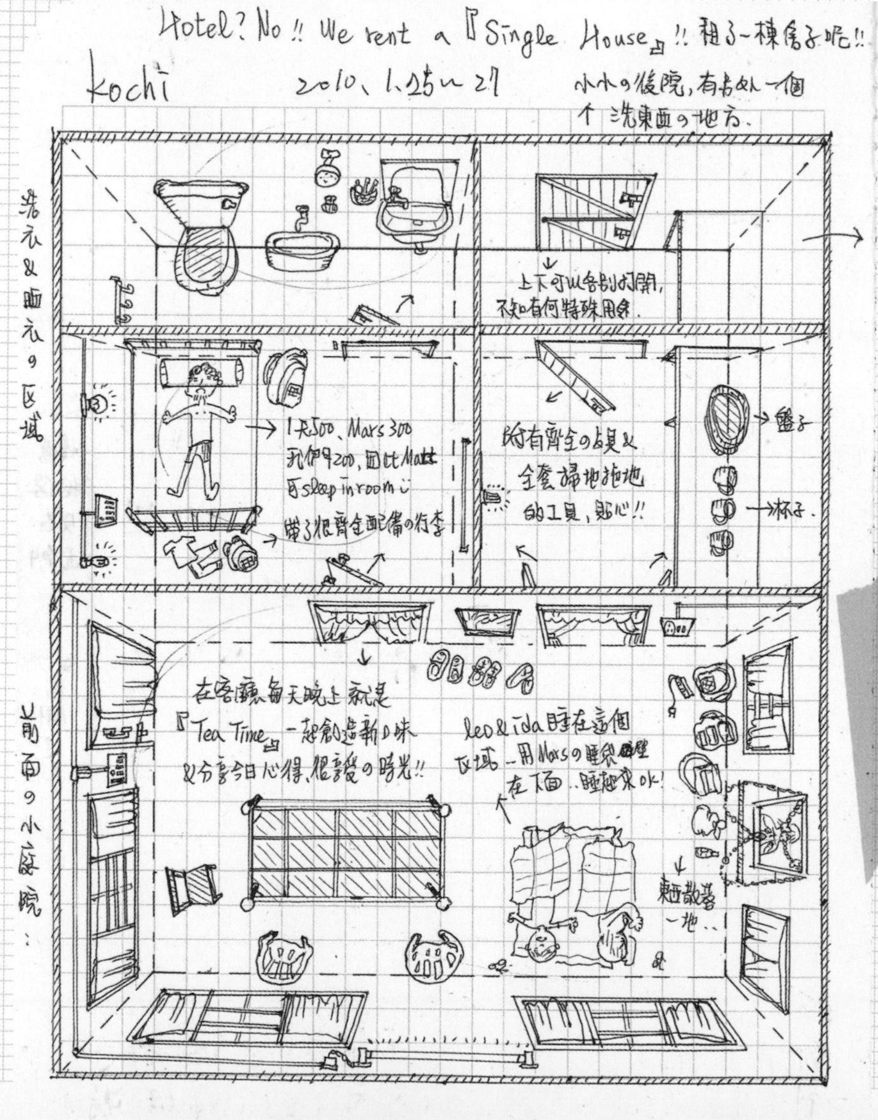
Hotel? No!! We rent a『Single House』!! 租了一棟房子呢!!
kochi
2010、1.25~27
小小の後院,有曬衣服一個
↑ 洗東西の地方.
洗衣&曬衣の區域
上下可以各別打開,
不知有何特殊用途.
1天500、Mars 300
我們只要200,因比Matt
可sleep in room
帶了很齊全配備の行李
附有齊全の餐具&
全套掃地拖地
的工具,貼心!!
盤子
杯子.
前面の小庭院:
在客廳每天晚上就是
『Tea Time』一起創造新口味
&分享今日心得,很享受の時光!!
leo&ida睡在這個
區域—用Mars の睡袋舖
在下面..睡起來OK!
東西散落
一地..

在觀光化的科欽，許多過往人們的生活方式都成了表演節目，無論是以前一場演出要三天三夜的印度野台戲，或是搭著小船深入叢林間的小水溝，體驗印度水邊人家的生活，雖然在時光的流逝裡已經有被「馴化」的感覺，但是僅留的些許殘影都是片片皆美麗的浮光掠影。

科欽的中國漁網。

在科欽的船遊。

南印喀拉拉邦的傳統舞蹈卡拉卡利舞劇。

人人一手好功夫。

芭蕉葉裝盤，環保又省事。

南印度

除了海灘還是海灘

就如同過了青少年時期，光陰真的就像火箭一樣飛快而逝，原本在漫長旅程裡時間如固態，突然，時間每一刻的流逝都是顯而易見的快速且驚人（repeat：就像火箭一樣飛快），最後半個月，短短的15天，每天都想抗拒時間流逝卻徒勞無功，但一天還是24小時，終點站的步步進逼還是讓人難以喘息，就在想抓住旅程尾巴的想法下，放棄了傳說中過去為印度嬉皮的聖地果阿（Goa），順著在某地聽過某人（已忘了是誰？在哪裡？只記得酒酣耳熱的高談闊論，那振振有詞的言語）說過的「印度最美麗的沙灘」，那是一個南印度再普通不過的小城卡努兒（Kannur），一如其它的南印城市，在最熱鬧的街道上滿滿是盛產的各式熱帶水果與富饒的農產品，空氣濃厚得就像能滴出蜜汁般，背著包包無頭蒼蠅般找尋傳說中的絕美海灘，問了當地人卻得不出什麼道理，他們是這樣說的：「往那走去是有海灘，不過沒什麼特別的啊！」這就樣，得不到什麼「絕世海灘」的評語，但人已經在這了，還是得往那裡探一探！

幾經找尋，在闖過悶熱樹叢後我們看到了！！竟是一整片往遠方延伸不斷的金黃與淀藍的交界，金黃色細砂在炎熱的下午讓赤裸的雙足火辣辣的燒，寶藍色的海水卻帶來陣陣冰涼。在沙灘上不覺走得遠了，更驚喜的是一路走來竟沒有一絲垃圾積累岸邊，不可思議之餘想到當地印度人的另一句評語，「那兒沒有旅社沒有餐廳，就一片沙灘而已呀！」想到此不禁莞爾一笑，這不是旅人們朝思暮想的純淨之地嗎？

走累了，離開海灘隨意走進岸邊的民居小巷，抱著姑且問問的心思，竟找到了間沒有招牌的民宿（老闆娘一直不敢相信我們是誤打誤撞找到的）！就在這離海岸不到五分鐘的民宅中住下，幾天的時間裡，光陰的流動好似又再次緩慢下來（被我們刻意忽略就是了），常常早上就赤著腳在沙灘上盡情奔跑玩鬧，累了流汗了就跳入海裡暢快一番，餓了回到住處，民宿老闆娘正好端上南印度料理，好一個讓人樂不思蜀的好地方！

就是只有沙灘，沒有多餘的其它「休閒產業」。

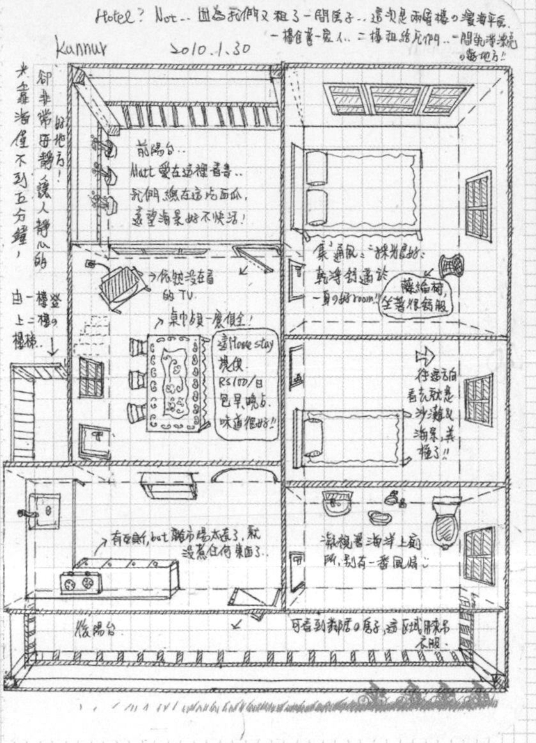
Hotel? Not.. 因為我們又租了一間房子.. 這次是兩層樓の濱海平房.
一樓住著一家人.. 二樓租給我們.. 一間乾淨漂亮の好地方!!
Kannur
2010.1.30
前陽台..
Matt 愛在這裡看書..
我們總在這吃西瓜,
遠望海景好不快活!
乾淨舒適
藤編椅,坐著很舒服
的TV
後陽台

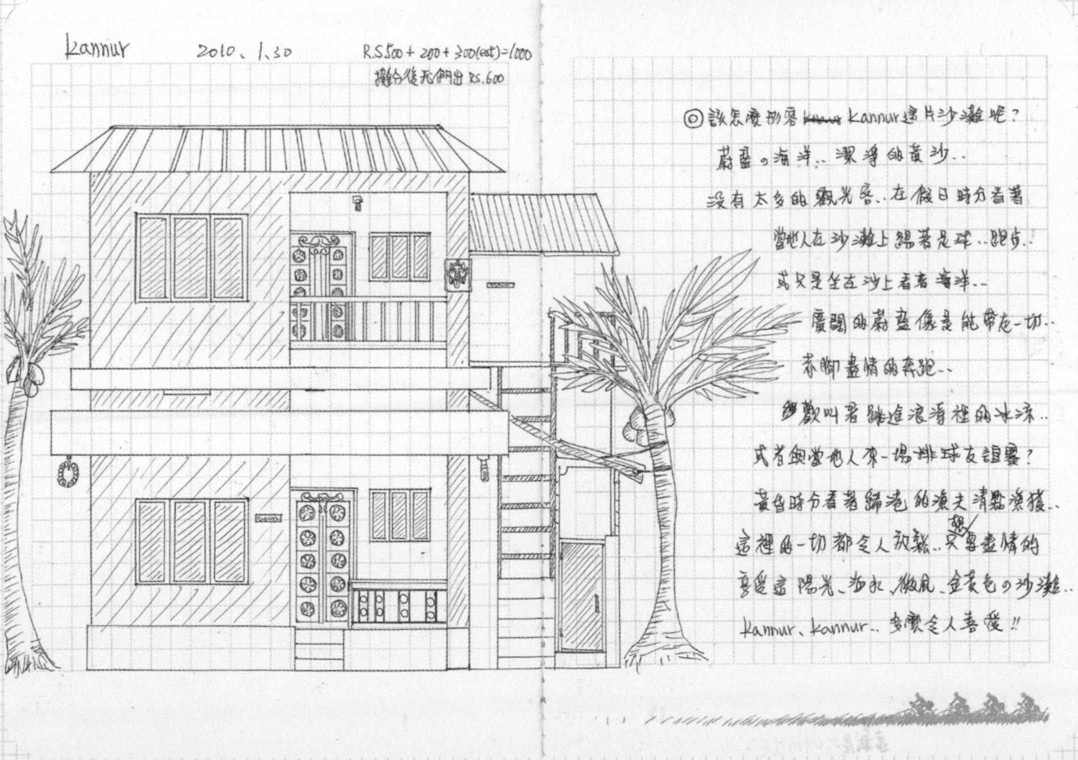
Kannur
2010、1、30
RS500 + 200 + 300(eat) = 1000
◎該怎麼形容 Kannur 這片沙灘呢？
蔚藍の海洋.. 潔淨的黃沙..
沒有太多的觀光客.. 在假日時分看著
當地人在沙灘上踢著足球..跑步..
或只是坐在沙上看著海洋..
廣闊的蔚藍像是能帶走一切..
赤腳盡情的奔跑..
歡叫著跳進浪潮裡的冰涼..
或者與當地人來一場排球友誼賽？
黃昏時分看著歸港的漁夫清點漁獲..
這裡的一切都令人放鬆..只想盡情的
享受這陽光、海水、微風、金黃色の沙灘..
Kannur、kannur.. 多麼令人喜愛!!

↑ 在卡努兒住的房子。

原本預計前往果阿（Goa），一路走來，聽說果阿已從當初的嬉皮天堂、遠離紅塵的美麗海灘，成了商業氣息濃厚，宰殺外國拜金女的開趴集中營，讓人不經望而生怯，轉身踏上另外一個南印沿海城市卡努兒。經過一番舟車勞頓和尋覓住宿點等固定模式後，在介於市區與海邊中間的小招待所卸下行囊，迫不及待的直奔沙灘……原來，湛藍的海拍打著金色的沙灘就藏在樹叢後。隔日一早，立即從蚊蟲肆虐的破舊招待所移居到豪華面海別墅，過著日初慢跑、中午閒臥沙灘看碧海藍天吃西瓜、黃昏戲水賞夕陽的渡假時光。

是的，這裡除了海灘還是海灘，在南印的海灘邊待了幾天，好像洗去了長途旅行的所有疲累。

背包客的天堂

太過舒服的日子讓人不禁盤算能留在此地的極大值（離回家的時間越來越近），後來無意間看到當地觀光 DM 的景點簡介，有個地方的介紹只印著短短的一句話「背包客的天堂」，這句話就像一道絕美的餌食，讓我們這兩條傻魚情不自禁的上勾，明明快要天黑了，仍義無反顧的跳上最末班開往那「天堂」的公車……於是車子到站，在一片烏漆嘛黑、連路燈都很少的村莊下了車，說好的天堂還沒出現，倒是陷入讓人很想噗哧一笑的窘境（不知道是太樂天了還是怎樣，這時兩兄妹還是挺開心的……嗯，神經有點失常了），在印度旅行也有幾個月了，還是第一次到這麼偏僻的小村落啊！從英語不好的村民口中得知這裡真真正正的「沒有旅社沒有餐廳，就一片沙灘」，而最近的旅社就在我們坐末班車來的地方……

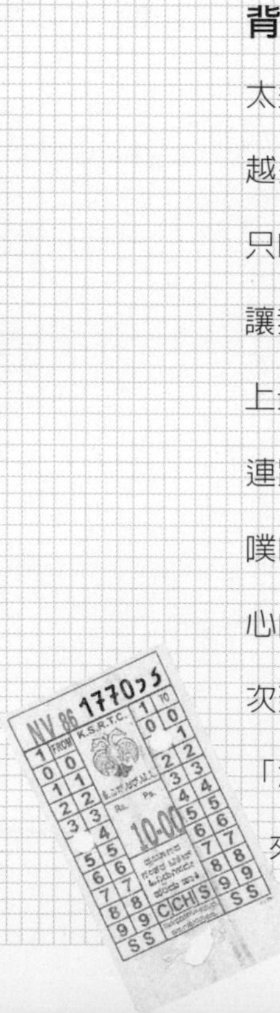

人是永遠不滿足的動物。當無意間看到地方資訊上僅有短短一行的景點介紹，Meenkunnu：The paradise for backpackers.，擋不住想在返鄉前看到傳說中的人間天堂，義無反顧的退了房、背起行囊，勇敢的坐上前往目的地的末班公車，駛向未知的夜色中（多衝動、多不智啊！）。當車掌比手畫腳的表示已到站時，我們在不知名的鄉下小村，被丟在電線桿旁看著公車遠遠駛去。沒有人的街上，只有小雜貨店的老闆一臉狐疑的看著我們。

既來之則安之，以走一步算一步的心態往沙灘走去，越走路越是暗了，是一個不見月亮朦朧的夜啊，偶有路過的村民在遠方就睜著一雙眼直盯盯的看著，一副「這兩個傢伙打哪來，想幹什麼」的標準神情，越往深處走越是荒涼也讓人更是心慌，夜風一陣陣吹過而「天堂」的海浪聲都還沒聽見，是要硬著頭皮繼續往前？還是回頭再想辦法？最後抱著準備睡沙灘的打算前進時，遠方傳來一陣杯盤交錯的聲響，尋著聲音找到了一處帶著光亮與人影的小聚落，溫暖昏暗的燈光裡有群人正吃喝談笑

著，對於身陷黑暗鄉間小路的我們，此情此景馬上聯想到「賣火柴小女孩」那在窗前看著別人歡樂的影像……

抱著最壞也不過如此的想法，兩個落魄的外國人突然出現在快樂小聚落，馬上引起一陣騷動（如果聽得懂印度話，內容應該是「哪來的兩個怪傢伙」）。在這陣因我們而起的混亂中努力詢問「這有住的地方嗎？」也許是發音不正確或是看起來就很餓（應該是挺落魄的），不會說英文的印度老太太們一直送上看起來就很神奇的南印度料理（我倒是挺開心的，超純正南印家常料理耶！）。不好意思拒絕也不想拒絕的情況下吃了幾道，正鬧騰騰之際，終於出現了一位聚落代表，一位在中東杜拜工作的先生操著熟練的英語理清了所有事情，而這位正義感十足的家族代表一聽到我們打算睡海灘，竟熱情邀約至家中住一晚。半小時後，在客廳的我們依稀聽到他與老婆的談話，「白吃就算了，竟然還想白住」之類的言論，趕緊在鬧出家庭糾紛前主動要求睡在門前走廊就好，一時間

又是鬧騰騰的一陣混亂，到了夜已深，一切終於安頓好時，才意識到正躺在一戶陌生人的家門口準備睡覺，此時月光正好透過雲層灑在我們鋪好睡袋的角落，旅行中千變萬化的機遇還真是難以預期！

隔日一早，起床後發覺海灘就在附近不到五百公尺的距離，兩兄妹呆呆的走在僅有早起漁夫在海裡撒網補魚的海灘，沒有意識到在這號稱背包客天堂的無人（至少是沒有觀光客）海灘上所看到的絕美日出，竟是離開印度前最後一段的悠閒時光，也是在印度看到的最後一個日出。接下來的幾天光影是持續了 **34** 小時火車 **+18** 小時公車的長距離移動馬拉松，於是留在記憶裡最後也是最美的海灘成了一個好似假造的記憶，不那麼真實卻在腦海永保它的美麗與感動，就如同這段旅行，永遠都會是我倆心裡最動人的註腳與印記。

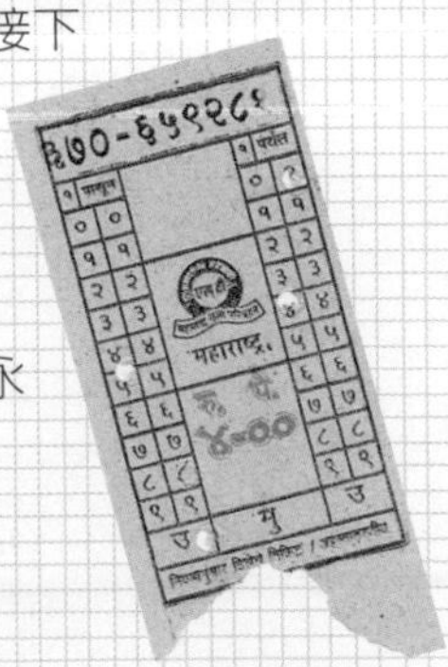

↑一切都是為了這句話，Meenkunnu：The paradise for backpackers.

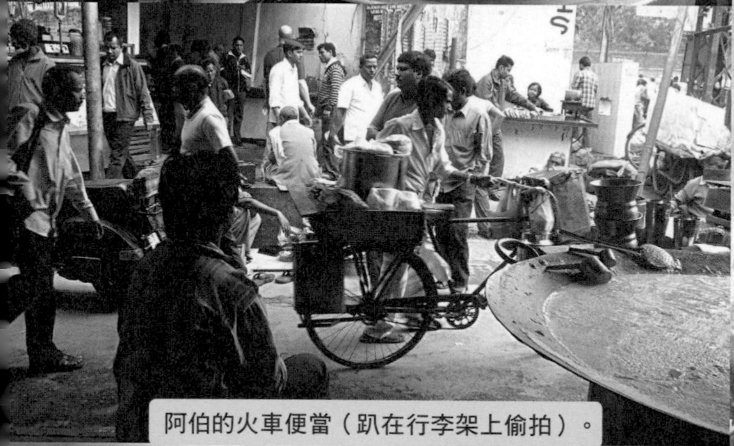

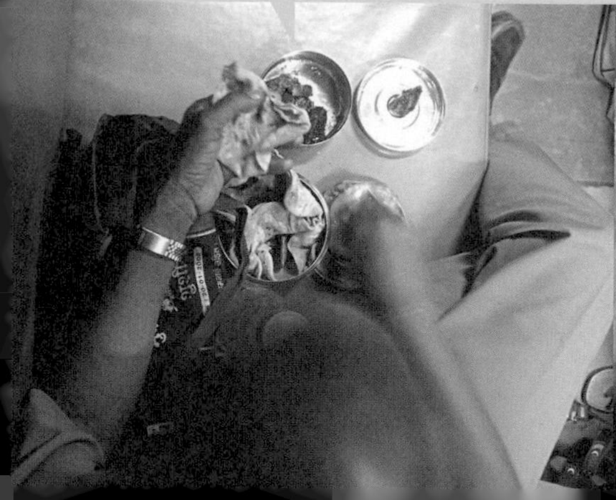

阿伯的火車便當（趴在行李架上偷拍）。

光是煮茶的香料就可以鋪一地。

印度 使用手冊

No1. 小偷

小偷們無所不在、技藝高超，偷得無聲無息，偷得你不知不覺。如何走遍大江南北，以下防範措施有幾招：

雞蛋學著分開放，錢一定要分頭藏：鞋底的錢踩久會爛掉，要用塑膠前後包；肚前綁條舊絲襪，證件支票貼身藏；一只短襪配上安全別針即成隨身暗袋。

隨身鎖鏈：火車上巴士裡公共場合睡夢間總是讓人有機可乘，進入夢鄉前別忘將將背包開口處朝向內側（下方），接著鎖在位置上，然後用身體局部壓於上方（看是要拿來抬腿還是當枕頭）不要怕麻煩，過程搞得越繁瑣，小偷越沒時間偷。

入境隨俗：行李能省就省，越精簡越好，服裝越樸實低調越安全，手飾戒指項鍊耳環這些全都不必要，觀光行程時用當地超市的提袋放置隨身物品，掩人耳目外兼具一份輕鬆自在。

No2. 騙子

印度除了泰姬瑪哈陵享譽世界，印度的騙子也是頂頂有名的到處橫行。如何在旅行中自保，全身而退？有人說：說著一口好英文的就是騙子。這說法或許太過果斷但確實有其依據（一整個感同身受）。不過，騙術縱有千百招，但總會繞著一些老梗轉。常遇狀況如下：

掮客：總是帶著滿臉笑意的挨近，熱情的噓寒問暖後，貼心的引路，接著帶你去與價錢明顯不符的破舊旅館，當您掏錢付費時，他也跟著分贓。
對策｜事前做功課，何去何從心裡要有底、對於掮客千呼萬喚百不理。

錢來錢往：從雜貨小店到兌換中心，從買完水後找的小零錢到美金換印度盧比，錢來錢往總是有機會算錯，但怎全是有減無增？當眾抓包後，對方若無其事的還錢，接著還笑笑的說：若你沒發現少了錢，你開心我開心大家都開心，不是很好嗎？如此理所當然的行騙也算一絕。
對策｜小店買賣時，錢不點清絕不離開；換錢時兌換收據、鈔票一張都不可少，心算欠佳粗心大意者，請隨身攜帶小型計算機。

愛心詐騙：路上巧遇後隨即掏心掏肺跟你做朋友，沿路耐心的說著當地的歷史背景、分享宗教神話小典故後，接著說對於印度貧富差距的不忍、孩子是何其的無辜，看著他演唱俱佳用情至深感動之餘，還拿出相片和捐贈者留言手冊讓你內心激起水花，錢也就這樣心甘情願的交出去。
對策｜沒照片沒眞相，有了照片也不見得是眞相，非到正式慈善機構絕不掏錢。

除此之外，切記，無緣由奉上的茶水絕不喝，因爲有可能隨後被迷昏，旅遊計畫行程別熱情的到處講，小心半路埋伏，路邊搭訕不要理，被邀入室要三思。最重要的是小心之餘也別緊張過度，錯過印度的美好。

No3．拉肚了

話說鐵打的胃也難抵印度這一關，印度的食物既油膩又重口味，咖哩辣椒加香料，路邊攤旁塵土飛揚，盤子過水後隨即接著用，手裡剛接過鈔票搔完頭上的癢接著抓飯入口，舊報紙包著小吃到處吃……一切的一切都引領著我們走向拉肚子這條不歸路。漫漫旅途要如何自保？方法如下：

水要循序漸進的喝：初來乍到時，小店隨餐附上的杯水不入口，短期旅行者，礦泉水請隨身，長期抗戰者，初期喝水小口微量混合礦泉水試，再依身體回報狀況，適時加重當地飲用水量。

香蕉吐司和果醬：自備吐司一條，可將路邊過度調味的小吃夾入其中，調和出人間美味；香蕉在腹瀉時有止瀉之效，同時補充病人所需的體力；早餐以吐司搭配果醬，可讓腸胃在連串重口味的攻擊下，有了小小的休息空間。

移動式小廚房：每日三餐辛辣油膩也不是辦法，湯匙小刀小便當外加電力熱水壺就成了移動式小廚房，開始到菜市場討價還價與人廝殺，不管煮麵煮茶還是蔬菜湯，印度之旅也可以吃得很健康。

人在印度

職業	職業騙子
相遇地點	卡修那荷的巷弄間
事件	
自稱爲大學畢業生剛返鄉，喜好廣結四海好友八方志士，生性熱情好客信甘地，最愛請人入室喝奶茶，一杯過後，拿出相簿感性分享，出示貧童照片及其等捐助證據，隨而進行唱作俱佳的即興演出，進行愛心詐騙之實。	

職業	醫生
相遇地點	前往德里的火車上
事件	
從火車相遇後一路相伴愉快，下車後有如母雞帶小雞般，聯手（手牽手以防擠散）殺出重圍逃離火車站，跳上嘟嘟車到達市中心捷運站，堅持付全額車資以示在地人歡迎之意，最後在人山人海的捷運裡說再見，揮手離去。	

職業	退休歷史老師
相遇地點	邦迪 拱門旁的菜市場
事件	在挑著哪個番茄大哪攤價錢低的同時，看上同家菜攤也看到對方，短暫寒暄後提供免費遊城導覽，雖兄妹疑遇詐騙，但爲免遺珠之憾，加上老師英文不夠好（辨別騙子方法：英文越溜越危險），提高戒心後仍跟他走，事實證明他除了是位好人，肯定也是位會說故事的好老師。

職業	商人
相遇地點	哈沛眷村旁的大樹下
事件	在烈日當頭的無名小鎮等著前往南方的公車，坐在大樹下的紅磚上，寫著給遠方的明信片，聽著激動的狗衝著人吠，他循聲開門一探究竟，招呼問候後突然因不知名原因歌興大發，我們成了他個人演唱會的 VIP，台上時而深情時而輕快，台下不時鼓掌叫好，消磨了一段好時光。

職業	駐外職員
相遇地點	Meenkunnu 臨海小鎮寺廟廣場前
事件	衝動下失去理智在黑夜中抵達無名小鎮，路上無人，前頭是一片黑，心灰意冷之際忽見光明，是家族聚會開露天趴。他見兄妹金光黨大吃大喝後依舊賴著不走，心生不忍好心收留，雖因親戚來訪導致已無空房，抱歉僅能提供門口庭院處，但在光潔磁磚上以天爲被，滿天星光下入眠，再無所求。

交通無極限

No1. 人力車

穿著襯衫戴著金條掛鍊的乘客一臉不耐坐在車上，豔陽下瘦弱的車伕身上套著濕透的汗衫，下襬包塊布，穿著拖鞋的腳奮力踏開步伐拉著車向前跑。另一旁是將身軀微微向前傾，使勁踩著三輪車，老舊的齒輪不斷磯嘎作響，不甘心的發出滿腹的抱怨。價錢不高速度有限，人力車伕多出身貧窮，白天在路上載客拉車，晚上在路旁車下蜷曲休息。有時車伕會提供低廉的價錢，條件是帶你參觀紀念品商家或手藝工廠等，假如客人待超過一定時間或有消費行爲，車伕可另外獲利。

↑加爾各答的人力拉車。

↑人力腳踏車。

No2. 嘟嘟車

嘟、嘟、嘟……只聞其聲，還沒看到個影就知道是嘟嘟車從遠方駛來，嘟嘟車（auto rickshaw）是在印度各地絕不會錯過的風景，不論在高樓林立的城市或是瀰漫綠樹青草的鄉間，郵差綠頂著一頭鮮豔的黃，它們是最在地的三輪計程車，由三輪摩托車改裝而成的載客車。不是在車站前成群結隊的守株待兔就是在街上瘋狂亂竄，有的照錶計費，更多的是漫天喊價，省錢方式除了貨比三家外，還可以找同路人共乘，分享保證刺激的乘車時光外，也分享費用。切記，上車前確認價錢、地點、時間外，也別忘確認共乘人數，否則有可能在人上車後，車伕仍原地打轉不走，四處尋客。

由於僅有三個輪子又喜歡「嚴重」超載，常常有快要翻車的錯覺。我曾試過含司機共 8 個人加一個小孩與眾多行李同坐一車，在 30 分鐘的車程裡有一半的身體就掛在車外（反正也沒車門），碰到不平的路面還眞是變成「跳跳車」。

↑被嘟嘟車四面埋伏的德里火車站。

No3. 公車

南北公車大不同，從東印充滿民俗彩繪、佈滿花草鳥獸圖騰的公車，車內有如兒時回憶的木頭座椅，到南印現代感十足、嶄新的外殼上貼著時尚名牌廣告海報，包著皮的軟沙發，就連儀表板上頭的天花板角落也由隨車小神壇成了預告下一站的電子跑馬燈。公車形式不一但收費方式雷同，採車掌隨車收費制，價格低廉親民。上車付費後會給予公車票根，多爲棉紙材質，顏色從桃紅、青黃、寶藍或是葡萄紫等極具特色。車掌如遇零錢不足會在票根後做標記，待湊足後還清。多數車掌人品端正，但也遇過未歸還零錢，到站後隨即人間蒸發等狀況。

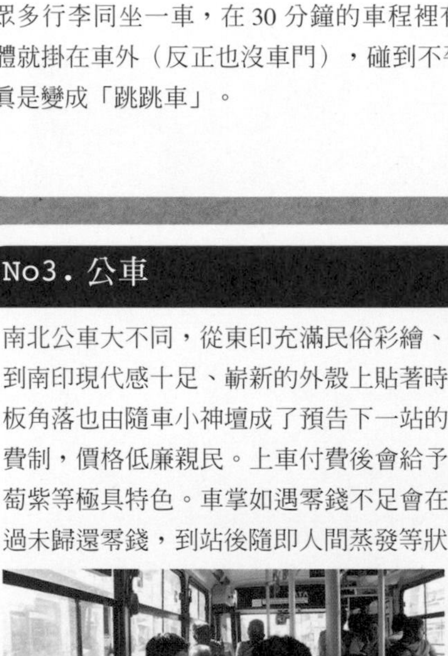

↑城市新款。

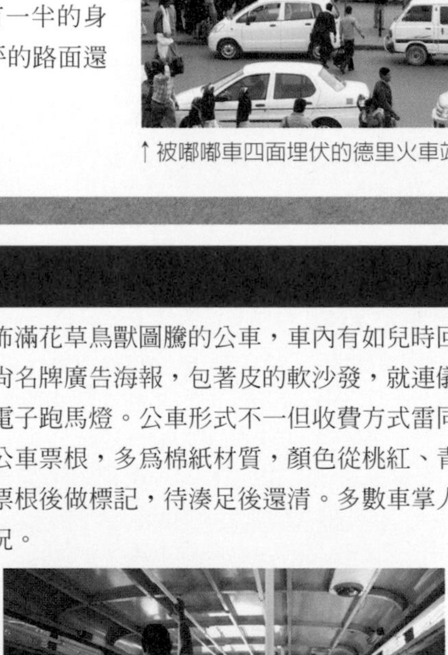

↑鄉間懷舊版。

↑神像貼的很滿，
可惜還是拋錨。

↑黃藍相配用色大膽，
彩繪連窗戶都不放過。

No4. 火車

印度地廣人稠，火車成了上億人口、全民移動的最佳管道，火車從英國殖民時期開到印度獨立，跑了超過150年，移動間點與點的距離動輒上百里，也發展出各式不同等級的車種，可依需求選擇。

一條長長的列車可以看到各樣的人生，列台上穿著紅衣的行李搬運工忙碌的來回穿梭，頭頂著碩大的行李箱，汗水沿著黝黑的臉滴下，肩上放著發黃的白毛巾但沒有多餘的手去擦；小販嘶聲力竭的叫賣，不放棄離站前的最後一筆生意；頭纏鮮藍色頭巾、西裝筆挺的錫克人（Sikh，錫克教信徒），反覆看著手錶，嘴裡嘟噥著火車永遠不準時。當列車終於進站時，人潮喧囂，依著支付的不同票價分頭進了各自的車廂，這頭是頭等車廂豪華的冷氣包廂對號臥鋪附被單，另一頭是萬頭亂鑽舉步維艱尿急了直接灑車上的二等車廂，想睡了直接爬上行李架或鑽進座位下。

印度列車等級繁多，價錢也以倍數攀升，二等車廂（2nd Class）價格最便宜，無須預約不必劃位，採先搶先贏制；臥鋪（Sleeper Class）需要預約，沒有空調但設有電風扇在上頭轉、3A（AC 3-Tier Sleeper）爲臥鋪升級空調版，價錢是一般臥鋪的兩三倍，緊接著2A（AC 2-Tier sleeper）、CC（AC Chair car），售價隨等級依次升高，價格逐漸與飛機票價雷同。建議長途旅行的背包客選擇臥鋪，在夜裡入眠時隨火車行進，省時也省住宿費。搭乘夜車時，建議購買上舖（UB）或中舖（MB）較爲安全，下舖（LB）雖出入便利，但對「有心人」而言，相對成了「便利」的目標。假如路程短，也可以考慮二等車廂，車廂絕對很擠、背包肯定要抱很緊，但價錢絕對包君滿意。

火車內有時會見到閹人（hijra）穿著妖冶的莎麗，滿臉塗上濃妝，一身掛飾叮噹作響，沿著車廂幫人祈福對人乞討，賣鎖的勾著成串的鐵鍊不斷來回穿梭車廂間，「Chai- Masala Chai ！ Chai- Masala Chai ！」賣茶郎扯著嗓子叫賣，坐在下舖的老人盤起腿、打開便當吃著咖哩撕著餅……火車裡時時刻刻上演著印度生活縮影，是旅人最不可錯過的印度體驗。

↑入夜後，二等車廂的置物架成了臥鋪，採「先搶先贏」制。

↑隔日清晨人去車空，只剩滿地果殼垃圾（2nd Class）。

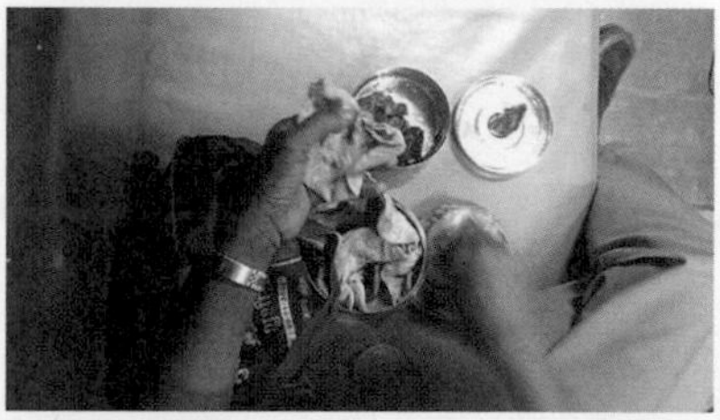

↑老人與便當（2nd Class）。

↑ 切記入夜前先爬上置物架佔位置（2nd Class）。

No5. 船

這次在印度搭船的經驗不太多，初體驗是在東印的加爾各答市胡格利河（Hooghly）上的渡船。胡格利河爲恆河的支流，也因而被視爲聖河，渡船上可見河岸兩旁站著虔誠的印度教徒洗浴祈禱；剃頭師傅爲剛喪親的兒子剃去髮鬚，僅留腦勺後方的一小撮；河上飄浮著節慶過後破敗毀損的神像……渡船上人們井然有序的坐著，行進四平八穩，價格則如公車般實惠。另一次則是在喀拉拉邦的迴水瀉湖之旅，坐上一葉扁舟，船伕撐著長竹竿穿梭在千迴百轉的水道上，看著河岸人家洗澡洗衣平靜的生活，看著兩旁滿溢的綠無限延伸，因爲是觀光行程，收的當然是觀光客的價格，建議在街上轉一圈，就可以知道公定價。

↑ 印度教習俗之一，喪親的兒子需剃去髮鬚。

↑ 渡船上的百態人生。

↑ 水道上的船伕，眼神莫名的銳利（但其實人好又害羞）。

↑ 清晨時分的恒河渡船碼頭。

No6. 走路

地圖、指南針外加兩條腿，即使說著滿嘴的破英文，很多景點其實沒有遠到走不到。印度的街頭是永遠的車潮洶湧，有時步行也不見得比搭車慢多少，即使眞的延長了行進時間，但也看清了過路風景，偶而在茶攤停下腳步，喝杯茶後再轉進巷弄間的無名小店，看鐵匠認眞的磨著刀，老先生在旁推著眼鏡看著報，小孩好奇又害羞的衝著你笑又一溜煙轉身跑掉，走路不只讓你省了盧比也給予驚喜發生的可能。但請隨時提高警覺、注意安全，並只在白天走路，夜路畢竟是危險啊！

138 天的片尾曲

坐在書桌前慢慢的從回憶中抽離，隨著這本書的寫作，好似從頭到尾將旅程重走了一趟。在記憶之海中，像是持著篩子的淘金客撿選細沙裡的流金片刻，一寸寸光陰沙金在書寫中由深層的記憶裡淘選出來，將之細微輕放的點綴在書頁裡，一頁頁翻過，旅程的點點滴滴華美光輝讓眼睛微瞇了起來，那是多麼陽光燦爛溫暖美麗的時光曳影？

抬起頭無意看到了月曆上的日期「2010 年 9 月 16 日」，思緒不意間翻騰不己，時間的軸快速回轉，轉過印度翻過雪山來到廣闊的中國大陸，最後忽地停格在 2009 年 9 月 16 日，在機場大廳帶著全副行囊等待搭機出國的兩兄妹，那是一年前的事了嗎？為何那時緊張期待的心情還是那麼鮮明？恍惚之間彷彿昨日，這將近半年的旅行，走過陝西貫穿甘肅將新疆畫了個橫線，又在印度由東到西走南向北的流浪大半圈後回到台灣，用了幾個月重新整理了深埋記憶細沙裡的點滴，而現在坐在書桌前，靜靜打下幾個字，準備將這一趟白馬換鐵馬，重訪西遊記的旅程作個結尾。

多麼巧合，2009年的出發與2010年這本書的結尾竟是同一個日子，回想出發的初衷，我有達成心底最深切的渴望嗎？想起出發前9月15日看的那部老片〈刺激1995〉（The Shawshank Redemption）裡主角說的那句話「我想我只有一個選擇，汲汲於生或是汲汲於死」。而我做出了選擇，在這趟旅行裡，每一刻都努力的呼吸、感受每分每秒發生的每一件事，走過中國與印度半年之後，在返回台灣前的最後一夜，印度德里破舊小旅社的電視裡竟播出了〈刺激1995〉這部電影，一瞬間如霧似電，好似一切早被註寫，靜靜的看完電影，知道這如美夢一場的旅行走到了句號，腦海裡仍不斷回響著那句話「我想我只有一個選擇，汲汲於生或是汲汲於死」……於是旅程的句號化為了生命的引號，引向不確定與不可知的未來，但我確信一件事，這一段由記憶沙金點綴而成的旅行將是我生命裡一段極為光輝燦爛的美麗註腳，當寫下這最後一段文字，它們將化為藍天裡鼓動的勁風，帶領著我抬頭向上，這一陣風將帶著我盤旋往上越飛越高、越飛越高……

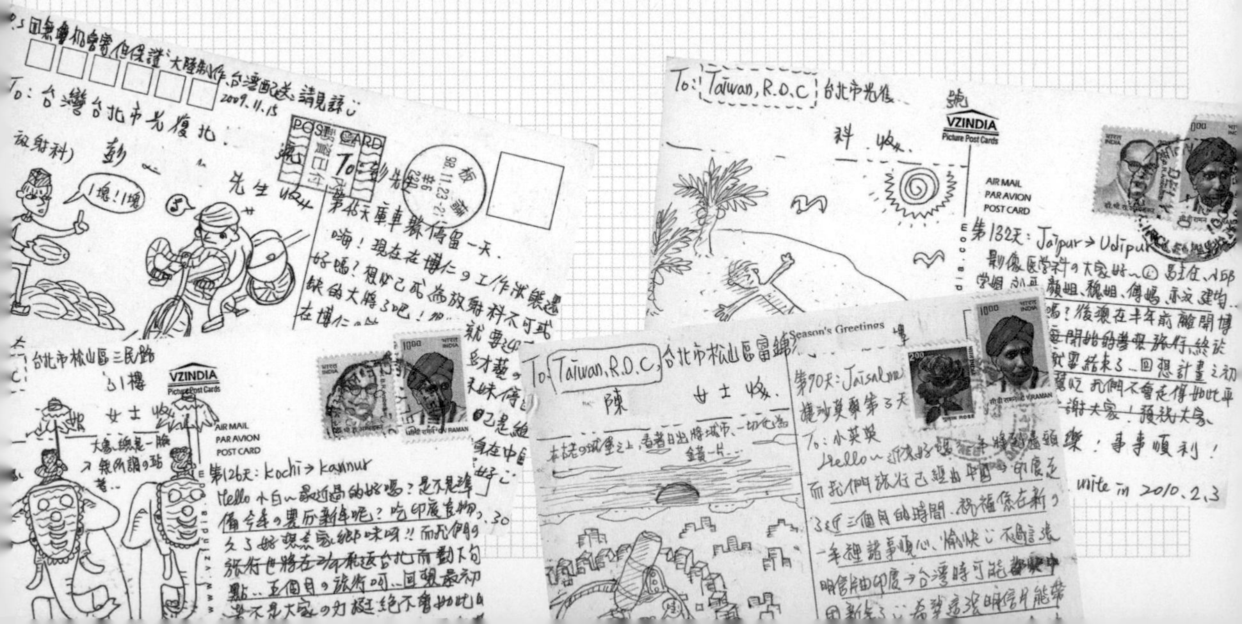

謹以此書，獻給你們

在這本書的最後，希望能向許多關心、愛護我們的夥伴與親朋好友們致上最高的謝意，這麼一個兩兄妹的天真夢想從萌芽到茁壯，受到了好多人的協助與幫助，不管是在失意時的鼓勵或是各類恐嚇性質濃厚的「提醒」，大家都付出了心力與資源來幫助這件事情成為真實。
感謝爸爸與媽媽在十年前，我和妹妹出發去自行車環島時力排眾議力挺到底，也才能種下重返西遊記的因，半年不在家裡，讓您擔心了，我們兄妹平安回來，還您一雙兒女了！

感謝捷安特的自行車，可靠的夥伴一直陪在身旁。
感謝博仁醫院支持一路上的醫療用品，讓我們有吃不完的止瀉藥（在拉個不停時超重要的）。
感謝名世電子的碼錶，高度溫度都靠它呢！
感謝優人神鼓的雪衣、帳篷與睡袋，貨真價實的救了兩條小命。
感謝單車友達，每次輪胎破了車子掛了都靠你們的維修零件（真想把修車技術一流的店長也帶上）。
感謝咻啦團購網的蕭勝陽先生，您的支持是我們莫大的力量來源！
感謝李日中師伯與鄭宗瑞師伯，因為你們的保護才讓初到大陸的兩兄妹能順利踏上旅途。
感謝博仁醫院的同事、社區大學的朋友、老鄰居宜進車行與眾家親朋好友，您們的水袋、車衣、護身符、手電筒與各類資源都緊緊的在旅程中跟著我們一路走來，相隨相依。

有太多太多的善意與鼓勵在背後支持著我們勇敢向前，因此在出發前這個旅程就已不是我們獨有，而是所有幫助、關心我們的人們所共有的了，所前進的每一吋都帶著大家的祝福與期待，也讓我們在前進的過程，每一天都努力留下記錄、刻下痕跡，在 138 天的旅行裡，每天都寄出一張明信片，希望能將在路上發現的所有不可思議分享給大家，讓我們一起歡笑、感動。
這本書也是因為這個期許而誕生的，沒有你們就不會有這一趟如此豐富多彩的冒險故事，因為你們讓這趟旅行多了更加絢麗的色彩，那是友情、祝福、關愛的顏色，這是我們共同描繪出的美麗記錄集。
因為有你們，夢想成真，真誠的感謝您的支持與鼓勵，謝謝您。
謹以此書，獻給你們。

Catch173 白馬換鐵馬—重返西遊記

作　者｜李後璁、李怡臻
設　計｜ant's summer 螞蟻夏天
責任編輯｜林明月
法律顧問｜全理法律事務所董安丹律師
出 版 者｜大塊文化出版股份有限公司
地　址｜台北市 105 南京東路四段 25 號 11 樓
網　址｜www.locuspublishing.com

讀者服務專線｜0800-006689
電 話｜（02）87123898 傳 真｜（02）87123897
郵撥帳號｜18955675 戶名｜大塊文化出版股份有限公司

總經銷｜大和書報圖書股份有限公司
地 址｜台北縣新莊市五工五路二號
電 話｜（02）89902588
傳 真｜（02）22901658

初版一刷｜2010 年 11 月
ISBN ｜978-986-213-207-4

定價｜新台幣 399 元
Printed in Taiwan

國家圖書館出版品預行編目資料

白馬換鐵馬：重返西遊記／李後璁，李怡臻著
-- 初版　-- 台北市：大塊文化，2010.11
384 面：17x22 公分 --(catch：173)
ISBN 978-986-213-207-4（平裝）
1 遊記 2 腳踏車旅行 3 中國 4 印度
690　　　　99019772